구로사와 아키라
자서전 비슷한것

구로사와 아키라 지음 　 김경남 옮김

서문

어느 새 내 나이도 이달 23일(1978년 3월)로 예순여덟이 된다.

지난 세월을 돌아보면 한 마디로 다양한 일들이 있었다고 할 수 있다. 자서전을 쓰라는 사람도 많았지만, 새삼스럽게 그런 글을 쓸 마음은 들지 않았다. 내 이야기가 글로 써서 남길 정도로 재미있다고는 생각하지 않기 때문이다. 그리고 쓴다면 영화 이야기밖에 없을 것 같다. 말하자면 내게서 영화를 빼면 제로인 셈이다.

그런데 이번에는 그 권유를 그만 거절하지 못하고 말고 말았다. 어쩌면 장 르누아르(1894~1979, 프랑스의 영화감독-역주)의 자서전을 읽은 영향인지도 모르겠다.

장 르누아르와는 한 번 만나서 저녁식사를 대접받으면서 여러 가지 이야기를 나눈 적이 있다. 그때 받은 느낌으로는 자서전 같은 건 쓸 것 같지 않은 인상이었는데, 그 분이 굳이 자서전을 썼다는 사실이 자극이 되었다.

장 르누아르는 자서전 머리말에서 다음과 같이 말했다.

적지 않은 사람들이 자서전을 쓰라고 권한다. (중략) 그들은 이제 한 사람의 예술가가 카메라와 마이크의 도움을 빌려서 자유롭게 자신을 표현했다고 하는 것만으로는 만족하지 못한다. 도대체 이 예술가가 어떤 사람인지 알고 싶은 거다.

우리가 그토록 자랑스럽게 여기고 있는 개성은, 실은 유치원에서 만난 소꿉친구나, 처음 읽었던 소설 속 주인공이나, 또는 사촌 위젠느가 기르던 사냥개에 이르는 각종의 잡다한 요소로 이루어져 있다. 우리는 절대 자기 자신만으로 온전히 사는 게 아니다. (중략) 나는 내 기억 속에서, 지금의 나를 있게 해준 사람이나 사건에 관한 추억을 뽑아보았다. (『장 르누아르 자서전』에서)

장 르누아르의 이 문장, 그리고 그를 만났을 때 받은 깊은 인상, 말하자면 나도 이 사람처럼 나이들고 싶다고 느낀 그 강한 감동이 지금 내게 자서전 비슷한 것을 쓸 생각을 갖게 했다.

그리고 내가 저렇게 늙고 싶다고 생각한 또 한 사람은 존 포드(1894~1973, 미국의 영화감독-역주)인데, 그의 자서전이 없어서 아쉽다고 느낀 점도 내 마음을 적잖이 움직였다.

물론 나는 이 두 대선배에 비하면 햇병아리나 마찬가지다. 하지만 여러 사람들이 내가 어떤 인간인지 알고 싶다고 한다면 뭔가 쓰는 것이 의무일 것이다.

재미있게 쓸 자신은 없지만, 평소 후배들에게 창피당하는 것을 두려워해서는 안 된다고 하던 말을 내 자신에게 들려주면서 써볼까 한다.

이 자서전 비슷한 것을 쓰기에 앞서 과거의 기억을 떠올리기 위해 많은 사람들과 여러 차례 무릎을 맞대고 이야기를 나누었다.

우에쿠사 게이노스케(소설가. 시나리오 작가. 희곡 작가. 소학교 때부터의 친구), **혼다 이시로**(영화감독. 조감독 시절부터의 친구), **무라키 요시로**(미술감독. 스태프), **야노구치 후미오**(녹음기사. 도호[東宝] 영화주식회사의 전신인 P.C.L.의 동기), **사토 마사루**(음악감독. 고[故] 하야사카 후미오의 제자이자 스태프), **후지타 스스무**(배우. 내 첫 작품 <스가타 산시로>의 주인공), **가야마 유조**(배우. 내게 혹사당한 배우의 대표), **가와키타 가시코**(도호 도와[東宝東和] 주식회사 부사장. 해외와 관련된 일이 있을 때마다 여러모로 신세를 졌기 때문에, 해외에서의 내 작품에 대해 잘 아는 사람), **오디 벅**(미국의 일본영화 연구가. 영화에 관한 한, 내 작품에 대해 나보다 잘 아는 사람), **하시모토 시노부**(프로듀서. 시나리오 작가. <라쇼몽>, <7인의 사무라이> <살다> 등의 시나리오 집필을 도와주었다), **이데 마사토**(시나리오 작가. 최근 내 영화의 시나리오는 주로 이 사람에게 도움을 받고 있다. 장기와 골프에서는 라이벌), **마쓰에 요이치**(프로듀서. 도쿄 대학과 이탈리아의 치네치타 영화 대학을 나온 천재인데, 행동이 매우 불가사의하고 기이하다. 나의 외국 생활은 언제나 이 미남 프랑켄슈타인과 함께였다), **노가미 데루요**(나의 오른팔이자 스태프. 이 글에 관해서도 처음부터 끝까지 고생한 사람).

이 지면을 빌려 깊이 감사드린다.

목차

제1장
옛 친구와의 한 때

유아기

나는 알몸으로 대야 속에 들어가 있었다.

좀 어두컴컴한 곳이었는데, 따뜻한 물에 몸을 담근 채 대야 가장자리를 잡고 흔들고 있었다.

대야는 경사진 낮은 마룻바닥 한가운데서 뒤뚱뒤뚱 흔들려서 물이 찰랑찰랑 소리를 냈다.

아마 그게 재미있었나 보다.

열심히 대야를 흔들었다.

그리고 홀라당 뒤집혔다.

그때 느꼈던 왠지 모를 불안과 충격, 알몸에 닿은 바닥의 미끌미끌한 감촉과, 올려다봤을 때 머리 위에 무척 환한 물건이 매달려 있던 것을 생생하게 기억한다.

철이 든 뒤에도 가끔 그 일을 떠올렸지만, 별로 대단한 일도 아니라 어른이 될 때까지 잠자코 있었다.

아마 스무 살이 넘은 뒤였을 텐데, 나는 무슨 말끝에 이런 기억이 있다면서 어머니께 여쭤보았다.

어머니는 깜짝 놀란 표정으로 나를 바라보시더니, 그건 내가 한 살 때 할아버지 제삿날 아키타에 있는 아버지의 고향집에 갔을 때의 일이었다고 했다. (본문 중의 연령은 '만 나이'에 따라 표기-역주)

어두컴컴한 곳이란 그 집의 부엌 겸 욕실이었다. 어머니는 나를 씻기려고 더운 물을 받은 대야 속에 나를 담그고, 당신은 옆방에서 옷을 꿰매고 있었다. 그런데 갑자기 우는 소리가 들려서 황급히 욕실로 뛰어가 봤더니 내가 뒤집혀져서 울고 있었다고 한다.

그리고 어머니는 '머리 위에서 밝게 빛난 건 욕실에 매달려 있던 석유램프겠지'라고 말씀하시면서, 그때 이미 키 180센티미터, 몸무게 60킬로그램으로 자란 나를 신기하다는 듯이 빤히 바라보셨다.

대야 속에 들어가 있던 한 살 때의 그 일이 내게는 가장 오래된 기억이다.

당연히 태어났을 때의 기억은 없다.

다만 지금은 돌아가신 큰누님 말에 따르면 나는 특이한 아기였다고 한다.

어머니 배 속에서 응애 소리도 없이 나와서 두 손을 꼭 쥔 채 한동안 펴지 않기에 억지로 펴보았더니 양쪽 손바닥에 멍이 들어 있었다는 것이다.

이 이야기는 아마 거짓말일 거다.

막내인 나를 놀리려고 지어낸 이야기가 틀림없다.

왜냐하면 정말로 내가 아기 때부터 구두쇠(구두쇠를 주먹을 꽉 쥐는 사람이라고 표현-역주)였다면 지금쯤 갑부가 되어 롤스로이스 정도는 타고 다녔을 거다. (여담이지만, 그런 말로 나를 놀리던 큰누님은 돌아가시기 얼마 전에 TV에서 로스프리모스[1961년부터 2010년까지 활동한 라틴음악 그룹-역주]의 구로사와 아키라를 나라고 생각하고 '아키라 잘 있구나'라고 했단다. 조카들이 '저 사람은 아키라 삼촌이 아니에요'라고 해도 막무가내로 우겼다고 한다. 그러고 보니 어렸을 때 누나들은 가끔 나에게 노래를 시켰다. 만년의 누님께 나 대신 노래를 불러드린 로스프리모스의 구로사와 아키라에게 이 지면을 빌려 감사한다)

한 살 때 있었던 그 일 이외의 유아기의 기억은 지금은 초점이 안 맞는 몇몇 짧은 필름 조각처럼 생각날 뿐이다.

그리고 그건 전부 할멈의 등에 업혀서 본 것들이다.

그중 하나는 철조망 너머에서 흰 옷을 입은 사람들이 막대기를 휘둘러 공을 치고, 날아오르거나 굴러가는 공을 쫓아가서 잡고 던지고 하는 광경이었다.

나중에 알았지만, 우리 집은 아버지가 근무하시던 체육학교의 야구장 그물 뒤에 있었다.

이렇게 어릴 때부터 야구를 봤으니, 내가 야구를 좋아하는 것도 역사가 길다고 하지 않을 수 없다.

또 다른 기억도 할멈 등에 업혀서 본 먼 화재 광경이다.

불이 난 곳과 우리들 사이에는 어두운 바다가 있었다. 우리 집이 오모리에 있었으니까 그 바다는 오모리 해안이었고, 불이 까마득히 멀리 보였으니까 하네다 근처에서 난 화재였을 것이다.

그런데 나는 그렇게 멀리서 일어난 화재에도 겁에 질려서 울었다.

지금도 화재는 참 싫다.

특히 밤하늘을 태우는 빨간 불빛을 보면 몹시 무서워진다.

아기 때의 또 한 가지 기억은 할멈 등에 업혀서 가끔 작고 어두운 방에 들어간 일이다.

그건 대체 뭐였을까?

커서도 가끔 떠올리고 궁금해했다.

그런데 어느 날 갑자기 셜록 홈즈처럼 그 수수께끼를 풀었다.

그건 할멈이 나를 업은 채 화장실에 들어간 거다.

얼마나 무례한 노인인가!

하지만 언젠가 나를 만나러 온 할멈이 180센티미터, 70킬로그램의 나를 올려다보며 "도련님, 이렇게 자라셔서"라며 내 무릎을 껴안고 울음을 터뜨렸을 때는, 할멈의 과거의 무례를 나무라기는커녕, 별안간 눈앞에 나타난 낯선 노파의 모습에 가슴이 저려 망연히 내려다볼 뿐이었다.

유년기

걸음을 떼고 나서 유치원에 들어갈 때까지의 일은 왜 그런지 아기 때의 기억보다 선명도가 떨어진다.

그런데 그중에 어떤 한 장면만은 강렬한 색채와 함께 기억한다.

그 장면은 전차 건널목이었다.

차단기가 내려와 있는 건널목 선로 건너편에 아버지와 어머니와 형과 누나가 있고, 나 혼자 건널목 이쪽에 있었다.

하얀 개가 꼬리를 치면서 가족과 나 사이의 선로를 왔다 갔다 했다.

그러기를 몇 번인가 반복하던 개가 마침 내 쪽으로 달려오는데, 눈앞을 쾅 하고 전차가 지나갔다.

그리고 내 눈앞에는 반으로 잘린 하얀 개가 굴러다니고 있었다.

완전히 두 동강 난 개의 몸은 방금 칼질한 참치 몸통처럼 둥글고 새빨갰다.

그 강렬한 광경 다음으로는 기억이 전혀 없다.

아마도 경련을 일으키고 기절했던 모양이다.

그런 일이 있고 난 뒤에, 사람들이 하얀 개를 바구니에 담거나 안거나 줄에 묶어서 몇 마리인가 내 앞에 데려왔다가 데려가곤 하던 일이 어렴풋이 생각난다.

아버지와 어머니가 죽은 개와 비슷하게 생긴 하얀 개를 구해오게 한 모양이다.

누나 말에 따르면, 그런데도 나는 하얀 개를 보여주기만 하면 막무가내로 '싫어, 싫어' 하면서 미친 듯이 울고불고 했다고 한다.

하얀 개보다 검은 개가 낫지 않았을까?

하얀 개는 그 끔찍한 정경을 상기시키기만 하지 않았을까?

어쨌든 그 뒤로 30년 이상을 나는 붉은 살 생선으로 만든 회와 초밥을 먹지 못했다.

아무래도 기억의 선명도는 충격의 강도에 비례하는 것 같다. 다음 기억도 작은 형이 머리에 피에 젖은 붕대를 감고 사람들에게 업혀 온 장면이다.

형은 나보다 네 살 위니까 소학교 1학년 아니면 2학년 때였으리라고 생각한다. 체육학교에 있는 높은 평균대를 건너다가 바람에 날려서 하마터면 목숨을 잃을 뻔했던 모양이다.

그때 피투성이가 된 형을 보고 제일 밑의 누나가 갑자기 "내가 대신 죽을래"라며 울음을 터뜨린 것을 똑똑히 기억한다.

아무래도 우리 집안에는 감정과다에 이성결핍이라고 할까, 쉽게 감정이입하고 사람 좋고 감상적이고 엉뚱한 피가 흐르는 것 같다.

유치원은 시나가와에 있는 모리무라 학원 부설 유치원에 들어간 것만은 확실한데, 뭘 하고 놀았는지 거의 기억이 없다.

유일한 기억은 다 같이 텃밭을 만든 적이 있는데 내가 땅콩을 심었다는 것이다.

그 시절에 나는 땅콩을 좋아했는데 위가 약해서 조금밖에 먹지 못했다. 그래서 땅콩을 잔뜩 만들겠다고 생각했다.

하지만 땅콩이 많이 열린 기억은 없다.

그 무렵이었다고 생각하는데, 나는 처음으로 영화(활동사진)라는 것을 보았다.

오모리에 있는 집에서 다치아이가와 역까지 걸어가서 시나가와행 전차를 타고 아오모노요코초라는 곳에서 내리면 영화관이 있었다.

그 2층 한가운데에 카펫이 깔려 있는 곳에서 온가족이 영화를 보았다.

유치원 때 무슨 영화를 보고 소학교 때 무슨 영화를 보았는지는 모르겠다.

기억하는 것은 익살스러운 코미디가 무척 재미있었다는 점뿐이었다.

아마 〈지고마〉라고 생각하는데, 탈옥한 남자가 높은 건물을 기어올라 지붕 위에서 어두운 운하로 뛰어드는 장면이 있었다.

또 배 위에서 남자아이와 여자아이가 친해졌는데, 배가 침몰하려고 할 때 꽉 찬 보트에 타려던 남자아이가 배에 남아 있는 여자아이를 보고, 여자아이를 대신 보트에 태우고 자기는 배에 남아 손을 흔드는 장면도 있었다. (이건 아마 <쿠오레>)

그리고 한 번은 코미디가 나오지 않는다고 때를 쓰며 울었던 일도 있었다.

그래서 누나한테 "네가 너무 말을 안 들어서 순경 아저씨가 잡으러 왔어"라고 협박당하고 겁을 먹었던 일도 생각난다.

하지만 그 시절에 가진 영화와의 만남이 훗날 영화계에 들어가는 데 반드시 결부되는 것은 아니라고 생각한다.

단순히 움직이는 화면을 보고 웃고 무서워하고 슬퍼서 눈물짓고 하는 일들이 평범한 일상생활에 변화 있는 기분 좋은 자극과 흥분을 주는 것을 순수하게 즐겼을 뿐이다.

그래도 돌이켜 보면, 군인 출신의 엄격한 아버지가 영화 관람이 교육상 그다지 바람직하지 않다는 풍조가 있던 그 시절에 기꺼이 가족을 데리고 영화를 보러 가셨다는 점이나, 그 뒤에도 영화 관람이 교육면에서도 유익하다는 태도를 바꾸지 않으셨다는 점이 지금의 내게 하나의 길을 열어주었으리라고 생각한다.

그리고 또 한 가지 여기서 말하고 싶은 것은 스포츠에 대한 아버지의 사고방식이다.

아버지는 군인을 그만둔 뒤에 체육 학교에 근무하면서, 일본 고유의 유도나 검도 외에도 여러 가지 체육 기구를 갖추셨다. 일본에서 최초로 수영장을 만들고 야구를 보급하는 데에도 힘을 쓰는 등, 스포츠를 적극 장려하셨다.

나는 아버지의 그런 사고방식을 그대로 물려받았다.

나는 스포츠를 보는 것과 하는 것 모두 좋아한다.

그리고 스포츠를 일종의 수행이라고 생각하는 고지식한 성격이다.

이건 분명히 아버지의 영향이다.

내가 어릴 때는 많이 허약했던 모양이다. 아버지는 가끔 "튼튼하게 자라라고 아기 때 요코즈나(일본의 국기[國技]인 스모에서 가장 높은 등급-역주) 우메가타니에게 안아달라고 부탁까지 했는데 말이야……" 라고 투덜거리시곤 했다.

그러고 보니 국기관 스모판에서 아버지가 무슨 연설을 하시는 모습을 관람석에서 본 기억이 있는데, 그건 내가 몇 살 때였을까?

어머니의 무릎 위에 앉아 있던 기억이 나니까 아직 꼬마였던 건 확실하다.

모리무라 소학교

내가 영화감독이 된 뒤의 일이다.

니치게키日劇(도쿄 유라쿠초에 있던 '일본극장'의 약칭-역주)에서 지적장애아를 소재로 한, 이나가키 히로시 감독의 〈잊혀진 아이들忘れられた子等〉이라는 영화를 보고 있었다.

그 한 장면에서, 학교 교실에서 다른 아이들은 수업을 받고 있는데 혼자 뚝 떨어진 책상 앞에 앉아서 제멋대로 놀고 있는 아이가 있었다.

나는 그 장면을 보다가 묘한 우울함과 마음의 동요를 느끼고 불안해졌다.

저 아이를 어디선가 본 적이 있다.

누구더라?

그리고 퍼뜩 생각이 났다.

저건 나다.

그리고 바로 자리에서 일어나 복도로 나가서 소파에 주저앉았다.

현기증이 날 것 같아서 누웠다.

극장 여직원이 걱정스러운 듯이 다가왔다.

"어디가 안 좋으세요?"

"아니, 괜찮아요."

라며 일어서려고 하는데 가슴이 메슥거려서 토할 것 같았다.

결국 택시를 불러달라고 해서 집에 돌아갔다.

그때 나는 왜 별안간 기분이 나빠졌을까?

그건 〈잊혀진 아이들〉을 보고 별로 기억하고 싶지 않은 불쾌한 기분을 떠올렸기 때문이다.

모리무라 소학교 1학년에 다닐 무렵, 내게 학교란 곳은 감옥과 같았다.

나는 그저 괴롭고 고통스런 기분으로 교실 안에 가만히 앉아서,

집에서 학교까지 날 데려다준 하인이 복도에서 걱정스러운 듯이 왔다 갔다 하는 모습을 유리문 너머로 바라보고 있을 뿐이었다.

지적장애아였다고 생각하고 싶지는 않지만 지능 발달이 더딘 것은 확실했다.

선생님이 말하는 것을 전혀 이해하지 못해서 마음대로 놀고 있었던 듯, 결국에는 다른 아이들과 떨어진 곳으로 책상을 옮겨서 특별 취급을 받게 되었다.

그리고 수업하던 선생님이 가끔 내 쪽을 보면서 "구로사와 군은 모르겠지만"이라거나 "이건 구로사와 군한테는 도저히 무리겠지만"이라고 말했다.

그때마다 다른 아이들이 나를 보고 킥킥거리는 것이 무척 괴로웠지만, 선생님 말대로 선생님이 하는 설명이 무슨 소린지 전혀 모른다는 사실이 슬프고 답답했다.

그리고 조례 때 "차렷!"이라고 하면 나는 조금 뒤에 으레 푹 하고 쓰러졌다.

아마 차렷과 동시에 몸에 힘을 주면서 숨을 멈춘 모양이다.

그 뒤에는 반드시 양호실 침대에 누워 있고 간호사가 들여다보고 있었다.

이런 기억도 있다.

비오는 날에 실내 체육관에서 피구를 하고 있었다.

나는 공이 날아와도 못 잡았다.

다른 아이들은 그게 재미있었나 보다.

공은 자꾸만 내게 날아와서 부딪혔다.

나는 아프기도 하고 기분이 나빠서, 공을 주워서 비 내리는 체육관 밖으로 던져버렸다.

"뭐하는 거야!"

선생님이 큰 소리로 화를 냈다.

지금이야 선생님이 왜 화를 냈는지 알지만, 그때는 나를 불쾌하게 만드는 공을 내다버리는 게 왜 나쁜지 도무지 이해할 수가 없었다.

이런 식으로 소학교 1학년에서 2학년에 걸쳐서 내게 학교생활은 지옥 같은 고통이었다.

의무교육이라고 해서 지능 발달이 더딘 아이를 학교에 보내는 것은 죄악이다.

아이들도 저마다 다르다.

다섯 살이라도 일곱 살만한 지능을 가진 아이가 있는가 하면, 일곱 살이라도 지능이 다섯 살 정도밖에 안 되는 아이도 있다.

지능의 발달에는 완급이 있다. 더도 덜도 없이 1년 동안 1년치가 발달한다고 정하고 들어가는 것은 잘못이다.

조금 흥분했지만, 그만큼 일곱 살 무렵의 좀 덜떨어졌던 내게 학교생활이 고통스러웠기 때문에 나도 모르게 그런 아이들을 대신해서 쓰는 심정이 됐다.

내 경우, 머리를 어슴푸레 감싸고 있던 안개 같은 것이 갑자기 바람에 날리듯 사라지고 지능이 눈을 뜬 것은, 집이 고이시카와로 이

사해서 구로다 소학교로 전학한 뒤 3학년이 되었을 무렵의 일이다.

그 뒤의 일은 팬 포커스(촬영용어, 화면 전체에 초점을 맞춘 것)처럼 뚜렷하게 기억한다.

구로다 소학교

구로다 소학교로 전학한 것은 2학년 2학기 아니면 3학기 때였다.

그리고 나는 그곳이 모리무라 소학교와 전혀 딴판이라는 사실에 깜짝 놀랐다.

학교 건물도 흰 페인트칠을 한 양옥집이 아니라, 메이지 시대(1868~1912년)의 군대 막사 같은 투박한 목재 건물이었다.

모리무라 소학교 학생들은 옷깃을 접은 세련된 교복을 입었는데, 이곳 학생들은 모두 기모노에 하카마袴(일본 전통의 남자 하의-역주) 차림이었다.

모리무라에서는 가죽 책가방을 멨는데 여기는 무명 가방을 들고 다녔다.

모리무라에서는 구두를 신었지만 여기는 모두 나막신이다.

무엇보다 생김새가 사뭇 달랐다.

그도 그럴 것이, 모리무라에서는 머리를 길렀지만 여기는 하나같이 까까머리였다.

하지만 색다른 분위기에 놀란 건 나보다도 구로다 소학교의 학생들이었을지도 모른다.

순 일본식 풍습의 집단 속에 별안간 도련님 같은 머리를 하고, 벨트 달린 더블 재킷에 반바지, 빨간 양말에 고리가 달린 반화를 신은 아이가 뛰어들어 왔으니 말이다.

게다가 여전히 멍하고 여자아이처럼 얼굴이 해끔했던 나는 당장 모두의 놀림거리가 되었다.

긴 머리를 잡아당기는가 하면 뒤에서 책가방을 쿡쿡 쑤시고 옷에 코딱지를 붙이고 해서 나는 자주 울었다.

나는 워낙에 울보였지만, 구로다 소학교에서도 금세 '별사탕'이라는 별명이 붙을 정도로 걸핏하면 울었다.

'별사탕'이라는 별명은 당시에 있던 이런 노래에서 유래한다.

우리 집 별사탕은
큰일이에요, 큰일이에요
언제나 눈물을
뚜~욱 뚝, 뚜~욱 뚝

지금도 나는 별사탕이라는 별명을 떠올릴 때마다 심한 굴욕을 느낀다.

함께 구로다로 전학한 형이 그 천재성으로 학교 전체를 압도하고 그 위엄으로 나를 지원해주지 않았다면, 이 별사탕은 훨씬 많이 울었을 것이다.

별사탕이 더 이상 별사탕이 아니게 되기까지는 그 뒤로 1년이 걸린다.

1년 뒤의 나는 더 이상 남들 앞에서 우는 일도 없고, 누구에게도 별사탕이라고 불리지 않고 '구로 짱'이라고 불리는 당당한 존재가 되었다.

1년 동안 있었던 나의 변화는 그 사이에 지능이 자연스럽게 눈을 떠서 그때까지 뒤처진 것을 만회하려는 듯 급속하게 성장하기 시작한 것도 있겠지만, 그런 성장에 박차를 가한 세 가지 뒷심이 있었다는 사실을 잊을 수 없다.

그 가운데 하나가 형의 힘이다.

우리 집은 고이시카와의 오마가리 근처에 있어서, 나는 매일 아침 형과 함께 에도 강변을 따라서 구로다 소학교에 다녔다.

저학년이던 나는 형보다 수업을 일찍 마치기 때문에 집에 돌아갈 때는 혼자였지만, 학교에 갈 때는 어김없이 형과 어깨를 나란히 하고 걸었다.

그때마다 형은 나를 철저하게 매도했다.

어쩌면 그렇게 다양한 표현이 있는지 놀랄 정도로 온갖 욕지거리를 퍼부었다.

그것도 크게 말하지 않았다. 나에게만 겨우 들리고 지나가는 사람들에게는 들리지 않는 작은 소리로 그렇게 했다.

큰 소리라면 되받아 소리치거나 울면서 도망가거나 두 손으로 귀를 막을 수도 있겠지만, 그렇게 못하도록 조용한 말투로 나를 호되게 골탕을 먹이곤 했다.

그리고 내가 이런 고약한 형의 처사를 어머니나 누나에게 고자질하려고 해도 학교 근처까지 오면 꼭 "너는 비겁하고 미련하고 우유부단한 놈이니까 틀림없이 어머니나 누나에게 나를 일러바칠 거야. 알고 있어. 어디 해봐. 그러면 나는 너를 더 경멸할 테니까"라며 교묘하게 못을 박으니까 나는 꼼짝달싹할 수가 없었다.

그런데 이런 심술궂은 형이, 쉬는 시간에 아이들이 나를 못살게 굴면 어디서 보고 있었는지 반드시 나타났다.

학교 전체의 주목을 받는 형이었다. 나를 괴롭히는 아이들은 형의 하급생이니까 다들 형을 보고 꽁무니를 뺐다.

형은 그런 놈들은 거들떠보지도 않고,

"아키라, 좀 와봐."

하고 걷기 시작한다.

내가 얼씨구나 하고 형을 쫓아가며

"왜?"

라고 물으면 형은

"아무것도 아냐."

하고 성큼성큼 어디론가 가버렸다.

이런 일이 거듭되는 사이에 나의 둔한 머리도 등굣길이나 학교에서의 형의 행동이 무엇을 의미하는지에 대해 조금은 생각하게 되었다.

그러자 등굣길에 형에게 듣는 욕지거리도 그다지 얄밉다고 생각하지 않고 순순히 들을 수 있게 되었다.

지금 생각하면, 그때부터 어린아이의 머리에서 소년의 머리로 성장하기 시작한 것 같다.

형에 대해서 또 한 가지 쓰고 싶은 것이 있다.

내가 아직 별사탕이던 어느 여름방학, 아버지가 갑자기 나를 아라 강에 있는 스이후류水府流(일본 영법의 한 유파-역주) 수영 훈련장에 데리고 가셨다.

형은 그때 이미 거기서 흰 수영모에 검은 줄 세 개를 달고 누키테영법抜き手(물을 헤친 손을 번갈아 물 위로 빼돌려 빨리 헤엄치는 영법-역주)으로 수영을 하고 있었다. 아버지는 친구인 듯한 그곳 사범에게 나를 맡겼다.

아버지는 막내인 내 응석을 받아 주시기는 했지만, 늘 여자아이처럼 누나들과 공기놀이나 실뜨기를 하고 있는 내게 애가 달았을 것이다.

수영을 배우고 햇볕에 타서 검게 되면 될수록 상으로 뭔가를 사 주시겠다고 했다.

하지만 물이 무서웠던 나는 훈련장에서도 좀처럼 물에 들어가지 않았다.

사범에게 야단을 맞고 배꼽 언저리까지 들어가는 데도 며칠이나 걸린 것 같다.

형은 훈련장에 다닐 때도 함께였다. 하지만 그곳에 도착하면 뿌리치듯이 나를 혼자 내버려두고 부리나케 강 중류에 있는 다이빙대 쪽으로 헤엄쳐갔다가 돌아갈 때까지 내 옆에 오지 않았다.

내게는 쓸쓸한 며칠이 흘렀다. 그리고 겨우 초보자들 틈에 섞여서 강에 띄운 통나무를 붙들고 물장구를 치는 연습을 시작한 어느 날이었다. 갑자기 형이 보트를 저어 다가왔다.

그리고 보트에 태워준다고 했다.

나는 좋아서 손을 내밀어 보트에 올라탔다.

나를 태운 형은 자꾸만 강의 중류로 노를 저었다. 그리고 갈대밭을 두른 훈련장의 오두막이며 깃발이 조그맣게 보이는 곳까지 오더니, 느닷없이 나를 물속으로 밀어 넣었다.

그때부터 나는 제정신이 아니었다. 필사적으로 물을 젓고 발버둥을 쳐서 형이 있는 보트로 가까이 가려고 했다.

하지만 겨우 보트에 다가가면 형은 노를 저어 멀어졌다. 몇 번인가 같은 일을 반복하고 나서 더 이상 보트도 형도 보이지 않고 강바닥으로 가라앉기 시작했을 때, 형이 내 속옷을 잡아 보트에 끌어올렸다.

의외로 물을 약간 토했을 뿐 별일은 없었다. 멍하니 있는 내게 형이 이렇게 말했다.

"아키라, 이제 수영할 줄 아네."

정말 그때부터 나는 더 이상 물이 무섭지 않았다.

헤엄을 칠 줄 알게 되었을 뿐 아니라 수영이 좋아졌다.

그날 집에 가는 길에 형은 내게 팥빙수를 사주면서 이런 말을 했다.

"아키라, 사람이 물에 빠져 죽을 때 히죽히죽 웃는다더니 진짜였어. 너도 웃더라."

나는 약이 올랐지만 그런 것 같기도 했다.

물속으로 가라앉기 직전에 왠지 묘하게 편안한 기분이 든 기억이
있었기 때문이다.

나의 성장을 도와준 또 다른 힘은 구로다 소학교의 담임 선생님
이었다.

선생님의 이름은 다치카와 세이지였다.

내가 전학하고 나서 2년 반쯤 지났을 때, 다치카와 선생님은 그
참신한 교육 방침 때문에 융통성 없는 교장과 정면으로 충돌해서
사임하고 그 뒤 교세이 소학교로 가서 많은 인재를 배출하셨다.

다치카와 선생님에 대해서는 뒤에도 이것저것 쓰겠지만, 여기서
는 우선 지능 발달이 더뎌서 주눅 들어 있던 나를 감싸며 처음으로
자신감을 갖게 해주신 일화를 소개한다.

미술 시간에 있었던 일이다.

그 시절의 미술 교육은 참으로 단조로웠다. 누가 봐도 실물과 비
슷하기만 한 무미건조한 그림을 모범으로 삼아 오로지 충실하게 흉
내를 내고, 그 모범에 근접할수록 높은 점수를 준다는 방침이었다.

하지만 다치카와 선생님은 그런 바보 같은 일은 하지 않았다.

그저 좋아하는 것을 자유롭게 그리라고 하셨다.

모두 도화지와 크레용을 꺼내서 그리기 시작했다.

나도 그리기 시작했다.

뭘 그렸는지는 생각나지 않지만, 어쨌든 크레용이 부러질 정도로

힘을 주어 열심히 색칠하고, 칠한 색을 손가락에 침을 발라 문질러서 손이 갖가지 색으로 물들었던 것만은 기억한다.

그리고 다치카와 선생님은 우리가 그린 그림을 한 장 한 장 칠판에 붙이고 아이들에게 자유롭게 감상을 말하게 했다. 그런데 내 그림을 볼 차례가 되자 아이들이 깔깔거리며 웃어댔다.

하지만 다치카와 선생님은 무서운 얼굴로 웃는 아이들을 둘러보더니 열심히 내 그림을 칭찬해주셨다.

내용은 생각나지 않는다.

다만 손가락에 침을 발라서 문지른 부분을 무척 칭찬하신 기억이 어렴풋이 난다.

그리고 그 그림에 빨간 펜으로 커다란 동그라미 세 개를 그려주신 일을 똑똑히 기억한다.

그 뒤로 나는 학교가 별로 좋지는 않았지만 미술시간이 있는 날은 그 시간이 기다려져서 서둘러 등교했다.

동그라미 세 개를 받고 나서, 나는 그림 그리는 것이 좋아졌다.

뭐든 닥치는 대로 그렸다.

그러자 그림 실력이 정말로 늘었다.

동시에 다른 과목의 성적도 급속히 오르기 시작했다.

다치카와 선생님이 구로다 소학교를 떠날 때, 나는 반장이 되어 가슴에 보라색 리본이 달린 금색 배지를 차고 있었다.

다치카와 선생님에 관한 또 한 가지 잊지 못할 추억이 있다.

공작 시간이었다고 생각하는데, 선생님은 커다란 판지를 들고 교실에 들어오셨다.

선생님이 펼친 종이에는 도로 평면도가 그려져 있었다.

선생님은 각자 그 위에 마음에 드는 집을 지어서 모두의 마을을 만들자고 하셨다.

다들 그 작업에 열중했다.

여러 가지 아이디어가 튀어나와서, 각자의 집뿐만 아니라 가로수 며 오래된 거목이며 꽃이 핀 울타리도 만들었다.

이윽고 반 아이들의 개성이 절묘하게 발휘된 아름다운 마을이 완 성되었다.

그것을 둘러싸고 우리들은 상기된 얼굴로 눈을 반짝이며 스스로 의 마을을 자랑스럽게 바라보았다. 그때의 정경을 나는 어제 일처 럼 기억한다.

선생님이라고 하면 무서운 사람의 대명사였던 시절에, 이렇게 자 유롭고 신선한 감각과 창조적인 의욕을 가지고 교육에 전념하신 다치카와 선생님 같은 분을 만날 수 있었던 것은 내게 더없는 행복 이었다.

나의 성장을 도와준 세 번째 힘은, 나보다도 울보였던 같은 반 친 구다.

내게 그 아이의 존재는 거울을 들이댄 것처럼 나 자신을 객관적 으로 바라보게 했다.

말하자면 나와 비슷한 그 아이를 보고, 나는 이대로는 안 되지 않 을까 하고 생각하게 됐다.

몸소 자기반성의 기회를 제공해준, 이 울보의 대표 같은 아이의 이름은 우에쿠사 게이노스케다. (화내지 마, 게이 짱. 둘 다 지금도 울보잖아. 다만 게이 짱은 로맨틱한 울보가 되고 나는 휴머니스틱한 울보가 됐을 뿐)

우에쿠사와 나는 소년기부터 청년기에 걸쳐 기묘한 인연으로 이어져서 두 줄기 등나무 덩굴처럼 얽히면서 성장하게 된다.

저간의 사정은 우에쿠사의 소설 『그래도 새벽에—내 청춘의 구로사와 아키라けれど夜明けに—わが青春の黒澤明』에 자세히 나와 있다.

하지만 우에쿠사에게는 우에쿠사 나름의 관찰이 있고, 내게는 나 나름의 관찰이 있다.

그리고 사람은 자기 자신에 대해서는 '이랬으면' 하는 희망을 '이러했다'는 사실로 믿어버리는 곤란한 성질이 있다. 그러니까 나 나름의 우에쿠사와의 젊은 날의 이야기를 써서 우에쿠사의 소설과 대조하면 가장 진상에 근접할지도 모른다.

어쨌든 우에쿠사가 나에 대해 쓰지 않고는 소년기에서 청년기의 자신에 대해서 쓰지 못했던 것처럼, 나 역시 우에쿠사에 대해 쓰지 않고서는 나에 대해서 쓸 수 없다.

우에쿠사의 소설과 중복되는 부분은 양해를 구한다.

옛 친구와의 한 때

비 내리는 날, 가파른 콘크리트 언덕길 중턱에 60대 중반의 남자 둘이 한 우산을 쓰고 서 있고 카메라맨이 그들을 찍는다.

그중 언덕길 위로 이어지는 벽돌담을 바라보던 남자가 낡은 벽돌 표면을 쓰다듬으며 다른 남자를 돌아본다.

"게이 짱, 이건 옛날 그대로야."

게이 짱이라는 남자는

"응."

하고 끄덕이고 묻는다.

"구로 짱, 기억나? 이 집 아이."

"응, 같은 반에 있던 뚱보 말이지? 그 친구 지금 뭐해?"

"죽었어."

두 사람은 한동안 말이 없다.

플래시 빛과 셔터 소리.

카메라맨 옆에 서 있던 남자가,

"여긴 이걸로 됐겠죠? 그럼 이제 저쪽을 배경으로."

라며 벽돌담 반대쪽을 가리킨다.

한 우산을 쓴 두 남자가 얼굴을 마주본다.

"저쪽을 배경으로 해도 의미 없지 않나?"

"그러게. 옛날 모습이 하나도 없어."

"학교가 옛날 그대로 남아 있을 거라고는 생각지 않았지만, 구로다 소학교 자체가 없어진 줄은 몰랐어."

그들은 말하면서 언덕길을 대각선으로 가로질러 신사 경내로 들어간다.

"이 돌계단은 그대로네."

"도리이鳥居(신사 입구에 세우는 일종의 문-역주)도 그대로야."

"그래도 이 은행나무는 옛날보다 작아진 것 같은데."

"우리가 큰 거지."

이것은 분게이슌주샤文藝春秋社에서 마련한 「옛 친구와의 한 때」라는 기획에 쓸 사진을 촬영하기 위해 우에쿠사와 내가 20년 만에 얼굴을 마주했을 때의 풍경이다.

그날은 11월 15일 시치고산七五三(3세, 5세, 7세 아이들의 성장을 축하하며 절이나 신사에 참배하는 연중행사-역주)이었다. 신사 경내에는 차가운 비가 땅에 떨어진 노란 은행잎을 때리고 있었고, 부모가 받쳐주는 우산 아래로 때때옷을 입은 아이들의 모습이 두셋 보였다.

그런 분위기에 마음이 동한 우리는 사진 촬영이 끝난 다음에 출판사 차를 타고 소학교 시절 둘이 늘 걷고 놀던 장소를 지나갔다.

내게 차창 밖의 풍경은 온통 낯설기만 했다.

내가 노를 젓고 물고기를 잡으며 놀았던 에도 강에는 뚜껑을 덮은 것처럼 고속도로가 걸려 있고 하수도처럼 음울한 모습으로 변했다.

옆에서 우에쿠사는 소년 시절의 추억을 즐겁게 이야기하고 있었지만, 나는 차창 유리에 시선을 고정한 채 잠자코 있었다.

차창 유리에 빗물이 흘렀다.

창밖의 풍경은 변했지만 나는 조금도 달라지지 않았다.

나는 그 옛날의 별사탕처럼 울고 싶었다.

소년이 있는 풍경

구로다 소학교 시절의 우에쿠사와 나에 대해서 쓰려고 하면 왜 그런지 두 사람은 풍경화 속의 작은 점으로밖에 떠오르지 않는다.

바람에 꽃송이가 흔들리는 학교 등나무 울타리 밑에 있는 두 사람, 언덕길을 걸어가는 두 사람, 축시참배(새벽 1시부터 3시경에 미워하는 사람을 모방해서 만든 밀짚인형에 못을 박는 주술의 일종-역주)의 밀짚인형이 못 박혀 있는 커다란 느티나무 밑에 서 있는 두 사람. 이런 식으로 풍경은 선명하게 떠오르지만 우리는 실루엣으로만 보인다.

이것이 오랜 세월 탓인지 아니면 내 성향 때문인지 모르겠지만, 두 사람의 세부까지 생각해내기 위해서는 특별한 노력이 필요하다.

광각렌즈를 망원렌즈로 바꿔서 들여다보아야 한다.

또 두 사람에게 초점을 맞춘 다음 조명을 집중하고 조리개를 최대한 닫아야 선명하게 포착할 수 있다.

그렇게 망원렌즈로 들여다본 우에쿠사 게이노스케는 나와 마찬가지로 구로다 소학교 학생들 중에 이질적인 존재였다.

웃옷은 비단처럼 매끌매끌했고 하카마도 무명이 아니라 좀 더 부드러운 소재였던 것 같다.

전체적으로 아역 배우 같은 인상이었다. 지금 생각하면 쓰코로바시つっころばし(가부키의 배역 가운데 유약하고 미덥지 못한 남자. 본래 밀기만 해도 넘어질 것 같다는 의미-역주)의 모형 같다고나 할까. (화내지 마, 게이짱. 남들도 자네에게 그런 데가 있다고 하는 걸 보면 내 인상이 정확해)

쑷코로바시라는 말 그대로 그 시절 우에쿠사는 걸핏하면 넘어져서 울었다.

질퍽거리는 길에서 넘어져서 깨끗한 옷이 엉망진창이 된 채 울고 있는 우에쿠사를 집까지 바래다준 적이 있었다.

또 운동회 때 웅덩이에 자빠져 새하얀 체육복을 새까맣게 하고 훌쩍거리는 우에쿠사를 달래던 일도 기억한다.

동병상련일까, 두 울보는 서로에게 친근감을 느끼며 다가갔고 언제나 둘이 놀게 되었다.

그리고 나는 서서히 형이 나에게 대하듯이 우에쿠사를 대하게 되었다.

그런 관계를 단적으로 보여주는 것이 우에쿠사의 소설 속에 나오는 운동회 사건이다.

운동회에서 달리기를 하면 늘 꼴찌로 달리던 우에쿠사가 그날은 무슨 바람이 불었는지 2등으로 달리고 있었다. 내가 뛰어나가서 "좋아! 좋아! 힘내!"라며 함께 달려서 결승점에 뛰어들고, 기뻐하시는 다치카와 선생님 품에 안겼다는 이야기다.

그때 상으로 받은 크레용인가 그림물감인가를 가지고 병상에 있는 우에쿠사의 어머니에게 갔다. 어머니는 눈물을 흘리며 좋아하셨고, 내게 우에쿠사를 대신해서 몇 번이나 고맙다고 하셨다.

하지만 지금 생각하면 감사해야 하는 건 나였다.

겁쟁이 우에쿠사가 내게 누군가를 감싸는 기분을 알게 해주었고, 어느새 나를 골목대장도 인정하는 존재로 만들어주었으니 말이다.

다치카와 선생님은 그런 우리의 관계를 따뜻한 눈으로 바라보고 계신 것 같았다.

하루는 반장인 나를 교무실로 불러서 부반장을 두면 어떻겠느냐고 의논하듯이 물어보셨다.

나는 내가 반장으로서 부족해서 그런가 하고 마음이 무거워졌다.

선생님은 그런 나를 빤히 보면서 "너 같으면 누굴 추천하겠니?"라고 물으셨다.

나는 공부 잘하는 동급생의 이름을 댔다.

내 대답을 들은 선생님은 "나는 좀 부족한 녀석에게 시켜보고 싶은데"라고 이상한 말씀을 하셨다.

나는 깜짝 놀라서 선생님을 쳐다보았다.

선생님은 "부족한 녀석도 부반장이 되면 틀림없이 잘할 거야"라며 싱글싱글 웃으셨다.

그러고는 마치 친구처럼 "구로 짱"이라고 부르더니 "우에쿠사를 부반장으로 해보면 어떨까?"라고 하셨다.

거기까지 듣고 나는 선생님의 따뜻한 마음을 온몸으로 느낄 수 있었다.

나는 감격해서 다치카와 선생님을 바라보았다.

선생님은 "그럼 결정한 거다" 하며 일어서더니 내 어깨를 살짝 두드리고 "얼른 우에쿠사 어머니께 알려드려라. 좋아하실 거야"라며 웃으셨다.

그때 나는 선생님의 등 뒤에 후광이 비친 듯한 느낌이 들었다.

그다음부터 우에쿠사는 빨간 리본이 있는 은색 배지를 가슴에 달고 교실에서도 교정에서도 늘 내 옆에 있게 되었다.

그리고 금세 확고부동한 부반장이 되었다.

다치카와 선생님은 우에쿠사를 부족한 녀석의 대표처럼 말했지만, 실은 우에쿠사 속에 잠들어 있는 재능에 주목하셨다고 본다.

그리고 그런 우에쿠사가 하루 빨리 재능을 꽃피울 수 있도록 부반장이라는 화분에 심어서 양지에 두신 것이다.

우에쿠사는 나중에 다치카와 선생님도 깜짝 놀랄 만한 멋진 장편 소설을 쓴다.

회오리바람

형과 나는 지능 면에서는 열 살 정도 차이가 났지만, 실제로는 네 살 터울이었다.

그래서 내가 소학교 3학년이 되어 어린아이에서 그럭저럭 소년 다워질 무렵에 형은 중학교에 진학했다.

그때 예기치 못한 일이 일어났다.

앞에서 쓴 대로 형은 천재였다. 소학교 5학년 때는 도쿄 시에 있는 소학교 전체가 치른 학력시험에서 3등을 했고 6학년 때는 1등이 되었다.

그런데 그런 형이 당시의 명문이었던 부립府立 제1중학교 입시에서 떨어졌다.

그것은 아버지를 비롯해서 우리 가족 모두에게 악몽 같은 사건이었다.

나는 당시의 심상치 않았던 집안 분위기를 기억한다.

그것은 난데없이 회오리바람이 우리 집을 휩쓸고 지나간 것 같은 느낌이었다.

망연자실한 아버지, 안절부절 못하는 어머니, 소리죽여 이야기하며 애써 형을 보지 않는 누나들.

나도 그때 이유는 모르지만 무척 화가 나고 억울한 기분이었다.

(지금 생각해도 형이 떨어진 이유를 모르겠다. 시험에서 나쁜 점수를 받을 형이 아니었고, 시험을 치른 다음에도 자신만만한 표정이었다. 생각할 수 있는 건 최종 심사에서 그 학교 출신 자제를 우선시했거나, 아니면 면접시험 때 지나치게 자신감 넘치고 개성 있는 형의 언동이 심사 기준에서 벗어났거나 하는 두 가지뿐이다)

그런데 희한하게도 당시 형이 어땠는지는 생각이 나지 않는다.

다른 사람도 아니고 형이니까 아마 초연한 척했으리라고 생각하지만, 형에게도 큰 충격이었음은 분명했다.

그때를 경계로 형의 성격이 급격하게 변한 것을 봐도 알 수 있었다.

그 뒤 형은 아버지의 권유로 와카마쓰초에 있던 세이조 중학교에 들어갔다. 당시 그 학교의 교풍은 소년 육군 학교에 가까워서, 그런 부분에도 형이 반발을 느꼈을 거라고 본다. 형은 학업에 대해서는 될 대로 되라는 식이었고 소설에 빠져서 종종 아버지와 충돌했다.

아버지는 도야마 육군 학교 1기생이었고, 졸업한 뒤에 교관이 되었다. 제자 중에 대장이 된 사람도 나왔을 만큼, 아버지의 교육방침은 완전히 스파르타식이었다.

그런 아버지와 외국문학에 심취하기 시작한 형이 정면으로 충돌한 것은 당연했다.

하지만 당시에 나는 왜 아버지와 자식이 싸우는지 이해하지 못한 채 그저 안타깝게 바라볼 뿐이었다.

그리고 그런 거친 바람이 불기 시작한 우리 집에 또 다른 덧없는 찬바람이 지나간다.

나는 누나가 넷에 형이 셋이다.

제일 큰누님의 아이가 나와 동갑이니까, 그 누님은 내가 태어났을 때는 이미 출가해 있었다.

제일 큰형도 나보다 훨씬 위였는데, 내가 철이 들었을 즈음엔 벌써 집에서 나가 있어서 만난 일이 거의 없었다.

둘째 형은 내가 태어나기 전에 병에 걸려 일찍 죽었다.

그러니까 내가 같이 지낸 형제는 지금까지 여러 번 썼던 형과 세 누나들이었다.

누나들 이름은 진부 '요' 자로 끝난다.

시집 간 누나부터 순서대로 시게요, 하루요, 다네요, 모모요다.

그리고 나는 집에 있던 세 누나들을 나이순으로 큰누나, 가운데누나, 작은누나라고 불렀다.

앞에서도 썼듯이 형이 상대해주지 않았기 때문에, 나는 누나들하고만 놀아서 지금도 공기놀이와 실뜨기는 꽤 잘한다.

(가끔 지인이나 스태프 앞에서 그런 놀이를 하면 다들 깜짝 놀란다. 이 책을 읽고 나면 나의 별사탕 시절 이야기에 더 놀라겠지만)

그중에서 제일 잘 놀아준 누나가 작은누나였다.

유치원에 다닐 무렵 아버지가 근무하는 오모리에 있는 학교 건물의 막다른 구석에서 같이 놀고 있을 때였다. 회오리바람에 휩쓸려서 둘이 부둥켜안은 채 공중에 한 번 떴다가 다음 순간 털썩 땅에 떨어졌다. 작은누나의 손을 잡고 울면서 집에까지 달려간 일을 똑똑하게 기억한다.

작은누나는 내가 소학교 4학년 때 병에 걸려서, 회오리바람에 쓸려가듯 갑자기 저세상으로 가버렸다.

병문안을 갔을 때 준텐도 병원의 병실 침대 위에 누워 있던 누나의 쓸쓸한 미소를 잊을 수가 없다.

인형 축제雛祭り(여자 아이의 성장을 기원하는 연중행사-역주) 때 작은누나와 놀았던 기억도 잊히지 않는다.

집에는 오래된 다이리 인형内裏雛(천황과 황후의 모습을 본떠 만든 한 쌍의 인형-역주)과 세 궁녀, 다섯 악사, 애완견을 데리고 있는 궁녀, 우라시마 타로(용궁전설의 주인공-역주) 인형이 있었다.

또 금병풍 두 폭, 초롱 두 대, 작은 칠기 금쟁반 다섯 벌, 그 위에 칠기 식기 세트에, 손안에 들어갈 만큼 앙증맞은 은화로까지 있었다.

불을 끈 어두컴컴한 방에서 초롱 속 촛불의 은은한 조명 아래 보는, 융단을 덮은 다섯 단 선반 위에 늘어서 있는 다이리 인형은 당장이라도 말을 할 것만 같아서, 약간 무서우리만치 생생하고 아름다웠다.

작은누나는 나를 그 앞으로 불러서 화로를 쬐게 하고 쟁반을 꺼내 엄지손톱만 한 잔에 백주를 따라주었다.

작은누나는 세 누나 중에서 제일 예쁘고 지나칠 정도로 친절했다.

유리 같이 섬세하고 깨지기 쉬운, 뭔가 거부할 수 없는 아름다움이 있었다.

형이 크게 다쳤을 때 자기가 대신 죽겠다며 운 사람이 이 누나다.

작은누나에 대해 쓰다 보니, 눈시울이 뜨거워져서 몇 번이나 코를 풀고 있다.

작은누나의 장례식 날, 나는 가족 친지들과 절 본당에 앉아서 스님의 독경소리를 듣고 있었다. 그런데 독경소리에 목어와 징 소리가 가세해서 소리가 고조되었을 때 나는 갑자기 까르르 하고 웃음을 터뜨렸다.

아버지와 어머니와 누나들이 노려보는데도 도무지 웃음이 멎지 않았다.

형이 웃고 있는 나를 데리고 밖으로 나갔다.

나는 형에게 혼날 각오를 했다.

그런데 형은 전혀 화를 내지 않았다. 나를 밖에 두고 본당으로 돌아갈 거라고 생각했는데 그러지도 않고, 독경이 한창인 본당을 돌아보며,

"아키라, 저쪽으로 더 가자."

하며 성큼성큼 돌계단을 내려가 바깥쪽으로 걸어갔다.

나는 형 뒤를 쫓아갔다.

형은 걸어가면서 내뱉듯이 말했다.

"한심해!"

나는 기뻤다.

물론 내가 그런 생각을 가지고 웃은 건 아니었다.

그냥 웃겨서, 참지 못해서 웃었을 뿐이다.

그래도 형의 말을 듣고 가슴이 후련해졌다.

저런 걸 한들 작은누나가 기뻐할 리가 없다고 생각했다.

작은누나는 향년 16세였다.

신기하게 용케 기억하고 있지만, 계명戒名은 도림정광신녀桃林貞光信女였다.

검도

그 시절에는 소학교 5학년이 되면 정규 과목에 검도가 들어갔다.

1주일에 두 시간 정도였는데, 우선 죽도를 휘두르는 법부터 시작해서 타격 연습을 하고, 그러고 나면 오래 써서 땀내가 밴 학교의 검도 호구를 차고 삼판 시합에 들어간다.

대개 다소 검도에 소양이 있는 교사가 지도를 맡았는데, 가끔 도장을 운영하고 있는 검객이 사범 대리를 데리고 와서 연습을 봐주기도 했다.

그리고 소질이 있는 학생을 뽑아서 연습을 시키고, 때로 사범 대리가 실제로 검을 가지고 검법을 보여줄 때도 있었다.

그런 검객 중에 오치아이 마고사부로(마타사부로였던 것 같기도 한데, 양쪽 다 어지간히 검객다운 이름이라 어느 쪽이었는지 판단이 서지 않는다)라는 이름의 위풍당당한 대장부가 있었는데, 검법을 시범 보일 때 그 박력이 엄청나서 우리들은 마른침을 삼키며 지켜봤다.

그 검객이 나를 보고 소질이 있다면서 직접 연습을 봐주는 바람에, 나는 갑자기 의욕이 넘쳤다.

게다가 연습 때 죽도를 머리 위로 높이 쳐들고 '머리'라고 외치며 달려든 순간, 나는 공중에 날아오른 듯한 기분이 들었다. 다리를 버둥거렸지만 허공을 찰 뿐 발이 바닥에 닿지 않았다. 오치아이 마고사부로가 그 굵은 한 쪽 팔로 가볍게 나를 어깨 위 높이로 들고 있었다. 그러니 깜짝 놀람과 동시에 검객에 대한 존경심이 과하게 솟아오른 것도 당연했다.

나는 당장 아버지에게 가서 오치아이 도장에 입문하고 싶다고 말했다.

아버지는 기뻐하셨다.

그런데 이것이 아버지의 몸속을 흐르는 사무라이의 피를 끓어오르게 했는지 아니면 육군 교관 시절의 정신을 일깨웠는지는 모르겠지만, 내게는 당치도 않은 일이 되었다.

지금 생각해보면, 그건 촉망받던 형이 반항하기 시작한 무렵이었다.

아버지는 형에게 걸었던 기대를 그때만 해도 아직 응석받이였던 내게 기울이기 시작했는지도 모른다.

그때부터 아버지는 내게 더없이 엄격한 아버지가 되었다.

아버지는 말씀하셨다.

"검도에 정진하는 것은 대찬성이다. 하지만 하는 김에 서예도 해라. 또 오치아이 도장에서 아침 연습을 마치고 돌아오는 길에 꼭 하치만 신사에 참배하고 와라."

오치아이 도장은 멀었다.

집에서 구로다 소학교까지도 아이 걸음으로는 넌더리가 날 만한 거리인데, 도장까지는 그 다섯 배가 넘었다.

다행히 아버지가 매일 아침 참배하라는 하치만 신사는 오치아이 도장에 다니는 길에서 그리 멀지는 않았다.

하지만 아버지의 명령에 따르려면, 오치아이 도장에 가서 아침 연습을 하고 하치만 신사를 참배한 다음, 일단 집에 돌아와 아침밥을 먹고, 다시 같은 길을 되짚어 구로다 소학교에 갔다가, 또 같은 길로 집으로 돌아와서 서예 선생님 댁에 가고, 그러고 나서 다치카와 선생님 댁에 가야 했다.

다치카와 선생님이 구로다 소학교를 그만둔 뒤에도, 우에쿠사와 나는 선생님 댁에 다니며 개성을 존중하는 선생님의 자유로운 교육과 사모님의 정성스런 대접으로 즐겁고 충실한 나날을 보내고 있었다.

나는 무슨 일이 있어도 그 귀중한 시간을 포기할 수는 없었다.

하지만 그러려면 아직 어두울 때 집을 나서서 어두워진 다음에 집에 돌아와야 했다.

신사 참배는 어떻게든 땡땡이치자고 생각했지만, 아버지는 기념이 된다면서 매일 신관에게 신사 도장을 받으라며 조그만 일기장을 내게 건네셨다.

다 틀렸다.

일이 커져버렸지만 내가 꺼낸 말이니 할 수 없었다.

아버지와 함께 오치아이 도장에 가서 입문을 부탁한 다음 날부터 구로다 소학교를 졸업할 때까지, 일요일과 여름방학 기간을 제외하고 이 중노동은 계속됐다.

아버지는 겨울에도 내게 버선을 신기지 않았다. 겨울마다 손발이 트고 동상에 걸렸다.

처참해진 내 손발을 더운 물에 담가서 치료해주신 건 어머니였다.

어머니는 전형적인 메이지 시대의 여인이었다.

그리고 사무라이의 아내였다.

(나중에 야마모토 슈고로의 『일본부도기[日本婦道記]』를 읽었을 때, 그 이야기 가운데 우리 어머니와 똑같은 사람이 나와서 무척 감동했다)

어머니는 아버지 몰래 감싸주듯이 내 응석을 받아주셨다.

이렇게 말하니까 마치 도덕 교과서에 나오는 미담 같아서 뭐하지만, 쓰려니 그렇게밖에 쓸 수 없었을 뿐 사실 어머니는 힘들이지 않고 자연스럽게 그렇게 하셨다.

무엇보다도 실상은 겉모습과 반대로, 아버지 쪽이 감상적이고 어머니는 현실적이었다고 생각한다.

훗날 전쟁 통에 아키타 시골에 피난가 계시던 아버지와 어머니를 찾아뵀을 때의 일이었다.

도쿄로 돌아오는 날, 나는 다시는 못 만날지도 모른다는 생각에 문 앞에서 배웅하고 있는 아버지와 어머니를 몇 번이고 뒤돌아보았다.

그때 부리나케 집안으로 들어가 버린 건 어머니였고, 아버지는 콩알처럼 보일 때까지 꼼짝하지 않고 배웅하고 계셨다.

전쟁 중에 '아버지여, 당신은 강했습니다'라는 노래가 있었지만, 나는 '어머니여, 당신은 강했습니다'라고 말하고 싶다.

특히 어머니의 강인함은 놀랄 만한 인내력으로 나타났다.

언젠가 어머니가 부엌에서 튀김을 만들고 있을 때였다.

갑자기 냄비 속 기름에 불이 붙었다.

그때 어머니는 냄비를 양손으로 붙잡고 손이 타고 눈썹이며 머리카락이 지글지글 타는데도, 태연하게 방을 가로질러 가서 나막신을 신고는, 마당 한가운데까지 가지고 가서 내려놓았다.

그 뒤에 의사가 달려와서 어머니의 새까맣게 탄 손바닥 껍질을 핀셋으로 벗겨내고 약을 발라 치료했다.

그것은 절로 고개를 돌리게 만드는 광경이었다.

하지만 어머니는 표정 하나 바꾸지 않았다.

어머니는 그 뒤로 한 달 가까이 붕대를 감은 두 손을 뭔가 안은 것처럼 가슴 앞에 나란히 하고, 끝까지 아프다거나 힘들다거나 하는 말 한 마디 없이 꼼짝하지 않고 조용히 앉아 계셨다.

아무리 생각해도 나 같으면 흉내도 못 낼 일이다.

이야기가 옆길로 빠졌는데, 오치아이 도장과 검도에 대해서 조금 더 쓰겠다.

오치아이 도장에 다니던 나는 완전히 소년 검객이 된 기분이었다.

어렸으니 무리도 아니다.

다쓰카와 문고(어린이를 대상으로 하는 문고판 시리즈-역주)에 나오는 쓰카하라 보쿠덴, 아라키 마타에몬 등 검객의 이야기를 잔뜩 읽은 영향도 있었다.

그 무렵의 내 모습은 모리무라 소학교 스타일이 아니라 구로다 소학교 풍이었다. 즉 비백무늬 기모노와 무명 하카마 차림에 굽이 박힌 나막신을 신고 머리는 박박 깎고 있었다.

후지타 스스무가 연기한 스가타 산시로(첫 작품 <스가타 산시로>의 주인공-역주)를 세로로 3분의 1, 가로로 2분의 1로 축소한 다음, 띠로 동여맨 도복을 죽도에 질러서 매게 하면 쉽게 그려질 것이다.

아직 동쪽 하늘도 어두운 새벽에, 나는 외등이 켜진 에도 강변로를 매일 나막신 굽을 울리며 걸어 다녔다.

고자쿠라 다리를 지나고 이시키리 다리를 건너서 전찻길로 나가 핫토리 다리에 접어들 무렵에 시발 전차가 지나가고, 에도가와 다리를 건넌다.

여기까지가 대략 30분이다.

그리고 오토와 쪽으로 15분쯤 걷다가 왼쪽으로 꺾어서 메지로 방향으로 완만한 언덕길을 오른다. 길을 따라 20분쯤 걷다 보면 오치아이 도장에서 아침 북 소리가 들린다. 그 소리에 걸음을 재촉해서 15분쯤 가면 왼쪽에 오치아이 도장이 나온다.

집을 나와 한눈도 팔지 않고 걸어서 1시간 20분이다.

검도 훈련은 먼저 오치아이 마고사부로 사범 이하 제자들 전원이 촛불을 밝힌 가미다나神棚(신위를 모시는 선반-역주)를 향해 정좌하고 단전에 힘을 주어 잡념을 떨치는 것부터 시작한다.

앉아 있는 바닥이 차고 딱딱해서, 겨울에는 그 차가움을 견디기 위해서라도 배에 힘을 줄 필요가 있었다. 맨살에 도복 한 장 걸친 몸이 추워서 이가 딱딱 부딪칠 정도니까, 말은 잡념을 떨친다고 하지만 애초 잡념을 떠올릴 여유도 없다.

정좌를 마치면 타격 연습에 들어간다. 겨울에는 오직 몸을 빨리 덥히고 싶은 마음에, 따뜻한 계절에는 잠을 쫓기 위해서 제법 열심히 한다.

그다음에는 급수별로 나눠서 30분간 일대일 승부를 겨루고, 다시 정좌하고 사범에게 절을 하고 나면 아침 훈련이 끝난다. 추운 겨울날도 그때쯤이면 몸에서 김이 난다.

하지만 도장을 나서서 신사로 향할 때는 아무래도 발걸음이 무겁다.

배가 고파서 어서 집에 돌아가 아침밥을 먹고 싶은 일념으로 신사로 발걸음을 재촉한다.

맑은 날은 그 시간이 되면 신사 경내의 은행나무 꼭대기에 아침 햇살이 비치기 시작한다.

배전 앞에서 와니구치鰐口(금속제로 둥그렇고 안이 비어 있고 아래쪽에 길쭉한 구멍이 있다. 천으로 꼰 줄을 흔들어 소리를 낸다)를 울리고 손바닥을 마주쳐서 참배를 마치면, 경내 한구석에 있는 신관의 집으로 간다.

현관에 서서 큰 소리로 "안녕하세요"라고 인사를 한다.

그러면 머리부터 기모노와 하카마까지 온통 하얀 신관이 나와서, 내가 내미는 작은 일기장을 뒤적여 날짜 옆에 말없이 신사 도장을 찍어준다.

신관은 언제 봐도 입을 우물거렸는데 그때가 딱 식사시간이었을 것이다.

그러고서 나는 신사의 돌계단을 내려가, 곧 다시 돌아와야 하는 구로다 소학교 앞을 지나서 아침밥을 먹으러 집으로 간다.

이시키리 다릿목으로 나가서 에도 강변에 있는 우리 집에 도착할 즈음에 겨우 해가 떠서, 나는 그 빛을 정면으로 맞는다.

나는 아침 햇살을 받을 때마다 '다른 아이들은 이제부터 하루를 시작할 텐데' 하는 생각을 하곤 했다.

하지만 그것은 억울함이 아니라 일종의 자족으로 가득한 상쾌한 기분이었다.

그리고 그 시간부터는 내게도 보통 아이들과 같은 하루가 시작된다.

아침밥을 먹고 학교에 가서 수업을 듣고 오후에 집에 돌아오는 일과다.

그런데 다치카와 선생님이 안 계시고부터 내게 학교 수업은 왠지 허전하고 무미건조하고 괴로운 것이 되었다.

가시와 독

새로운 담임 선생님과는 사이가 좋지 않았다.

마음속으로 서로 적대시하는 관계가 졸업할 때까지 이어졌다.

이 선생님은 다치카와 선생님의 교육 방침이라면 무턱대고 반대해서, 툭하면 다치카와 선생님이 지금까지 하신 방식에 대해 빈정거렸다.

뭘 하든 "다치카와 씨는 이렇게 말했겠지만", "다치카와 씨라면 이렇게 했겠지만" 하고 비웃는 표정으로 말하곤 했다.

그때마다 나는 옆에 앉아 있는 우에쿠사의 발을 걸어찼다.

그러면 우에쿠사는 씩 웃는 것으로 답을 했다.

이런 일도 있었다.

미술 시간에 있던 일이었다.

그날은 교실에서 코스모스가 꽂혀 있는 흰 항아리를 그리고 있었다.

나는 항아리의 입체감을 표현하고 싶어서 짙은 보라색으로 그림자 부분을 강조했다. 그리고 가벼운 코스모스 잎은 한 무더기의 녹색 연기처럼 그린 다음, 그 위에 뿌리듯이 분홍색과 흰색 꽃을 그렸다.

선생님은 학생들이 쓴 서예나 작문이나 그림 중에 잘된 것을 붙여두는 게시판에 내 그림을 붙이고는 말했다.

"구로사와, 일어서."

나는 기뻤다.

칭찬을 받을 거라고 생각하고 자랑스러운 기분으로 일어났다.

그런데 선생님은 내 그림을 가리키며 나를 완전히 몰아붙였다.

"항아리의 이 그림자는 뭐야? 이런 짙은 보라색 그림자가 도대체 어디에 있지? 이 구름 같은 녹색은 또 뭐야? 이걸 코스모스 잎이라고 하는 놈이 있으면 바보 아니면 미친 녀석이다."

선생님의 말에는 가시와 독이 너무 많았다.

그 태도는 악의로 가득했다.

나는 얼굴에서 핏기가 가시는 것을 느끼면서 우두커니 서 있었다.

어떻게 저런 말을!

방과 후, 심하게 상처를 받고 묵묵히 핫토리 언덕길을 내려가는 나를 우에쿠사가 쫓아왔다.

"구로 짱, 저건 너무했어. 너무 심하잖아. 말도 안 돼. 용서할 수 없이."

우에쿠사는 그 말을 되풀이하면서 집까지 따라왔다.

나는 그날 처음으로 사람의 마음속에 있는 가시와 독을 접한 기분이 들었다.

그런 선생님과의 시간이 즐거울 리가 없었다.

다만 학업 면은 그 선생님에게 흠을 잡히지 않으려고 오기로 노력했다.

그래서 오후에 집에 돌아갈 때가 되면 왠지 지긋지긋해져서, 집에 가는 길이 아침보다 세 배는 더 길게 느껴졌다.

그 뒤에 있는 서예 시간도 즐겁지 않았기 때문이다.

서예

아버지가 서예를 좋아하셔서 도코노마床の間(방 위쪽에 바닥을 한 층 높게 만들어 족자나 화병을 두는 곳-역주)에는 대개 글씨가 걸려 있었다. 그림을 걸어둔 일은 거의 없었다.

그런 족자는 주로 중국 비석의 탁본이거나 아버지와 친교가 있던 중국 사람이 쓴 글씨였다.

지금도 기억하는 것 가운데, 군데군데 돌이 깨져서 공백이 있는, 한산사寒山寺(중국 쑤저우에 있는 임제종 사원-역주)에 있는 비석의 탁본이 있다.

아버지는 가끔 그 공백을 채워가면서 당나라 시인 장계張繼가 지었다는 「풍교에 하룻밤 배를 대고楓橋夜泊」라는 시를 가르쳐주셨다.

그 시라면 지금도 줄줄 외고 붓글씨로도 쓸 수 있다.

언젠가 어느 연회에 갔을 때 수려한 필체로 적힌 그 시가 걸려 있기에 내가 짐짓 태연하게 소리 내어 읽었더니 배우 가야마 유조가 깜짝 놀라서 "선생님 대단하시네요!"라며 내 얼굴을 쳐다보았다.

〈쓰바키 산주로椿三+郎〉를 찍을 때 "마구간廐 뒤에서 기다리게"라는 대사를 "뒷간厠 뒤에서 기다리게"라고 읽었던 가야마이니 놀라는 것도 무리가 아니었다. 다만 실상을 밝히자면, 한산사의 시니까 읽을 수 있었지 다른 시였다면 어림없었다.

마찬가지로, 아버지가 좋아하시던 한시 족자 중에 지금도 기억하는 건 '검劍은 청룡언월도를 쓰고 글은 춘추좌씨전을 읽는다'라는 구절뿐이다.

또 옆길로 샜지만, 그 정도로 글씨를 좋아하시던 아버지가 왜 나를 그런 서예 선생님에게 보냈는지 알 수가 없었다.

아마도 그 서예 교실이 같은 동네에 있고 형도 거기에 다녔기 때문일 것이다.

아버지를 따라 처음 그곳에 갔을 때, 서예 선생님이 아버지에게 형에 대해 물으면서 다시 다니게 하지 그러냐고 권하던 일이 생각난다. 형은 거기서도 실력이 남달랐던 모양이다.

하지만 나는 그 선생님의 글씨가 재미없었다.

굳이 말하면 곧고 근엄하다고 할 수도 있겠지만, 솔직히 인쇄체처럼 무미건조한 글씨었다.

그래도 아버지의 명령이라 나는 매일 그곳에 가서 학생들과 책상을 나란히 하고 선생님의 글씨를 따라 썼다.

아버지와 서예 선생님은 둘 다 메이지 시대에 유행하던 수염을 기르고 있었다.

다른 점이라면 아버지는 원로처럼 콧수염과 턱수염을 길렀고, 서예 선생님은 관리처럼 콧수염만 있었다.

서예 선생님은 언제나 나란히 앉은 학생들을 마주 보는 자리에서 근엄한 표정으로 앉아 있었다.

선생님 뒤로 정원이 보이고, 그 정원을 차지하고 있는 큼직한 여러 칸 선반 위에 분재 화분들이 앙증맞은 가지 모양을 자랑하며 늘어서 있었다.

나는 그것을 보고 선생님 앞에 책상을 나란히 하고 있는 학생들도 분재 같다는 느낌이 들었다.

학생들은 마음에 드는 글씨가 써지면 그것을 가지고 선생님 앞에 가서 공손히 보인다.

선생님은 그것을 보고 붉은 묵을 묻힌 붓으로 마음에 들지 않는 부분을 고친다.

그것을 몇 번인가 반복한다.

그러다 마음에 들면, 예서隷書로 되어 있어 무슨 말인지 알 수 없는 도장에 파란 인주를 묻혀서 학생의 글씨 옆에 찍어 준다.

다들 그것을 파란 도장이라고 불렀는데, 파란 도장을 받으면 그날은 돌아가도 좋았다.

나는 어서 끝내고 다치카와 선생님에게 가고 싶은 마음에, 아무리 해도 좋아지지 않는 서예 선생님의 서체를 흉내 내며 글씨를 썼다.

하지만 싫은 건 싫은 거다.

6개월쯤 뒤에 나는 아버지에게 그 서예교실에 다니기 싫다고 말했고, 형이 옆에서 거들어준 덕에 겨우 그만둘 수 있었다.

그때 형이 했던 말이 지금은 잘 생각나지 않지만, 선생님의 글씨에 대해 내가 막연하게 느끼던 불만을 논리정연하게 해명하면서 그게 정당하다는 결론을 이끌어낸 형의 논법을 어안이 벙벙해서 남의 일처럼 듣고 있던 기억이 있다.

서예 학교를 그만둘 무렵에는 반지半紙(가로 33cm, 세로 25cm 크기의 종이-역주)에 해서楷書를 네 자 정도 쓰곤 했다.

그래서 지금도 그 정도 크기의 글씨는 잘 쓴다.

하지만 그것보다 작은 글씨나 초서草書는 정말 못 쓴다.

영화계에 들어간 뒤에 어떤 선배가 이런 말을 했다.

"구로 씨 글씨는 글씨가 아냐, 그림이지."

무라사키 시키부와 세이 쇼나곤

이 자서전 비슷한 것을 쓰느라고 우에쿠사 게이노스케와도 옛날 이야기를 나눴는데, 그때 우에쿠사가 이런 이야기를 했다.

구로다 소학교 앞에 있는 핫토리 언덕에서 내가 우에쿠사에게 이런 말을 했다고 한다.

"너는 무라사키 시키부紫式部고 난 세이 쇼나곤淸少納言이야(두 사람 모두 헤이안 중기에 활약한 여성 문인-역주)."

나는 기억이 없다.

무엇보다 소학교 때 『겐지모노가타리源氏物語』(무라사키 시키부가 지은 장편소설-역주)나 『마쿠라노소시枕草子』(세이 쇼나곤이 지은 일본 수필문학의 효시-역주)를 읽었을 리가 없다.

아마도 다치카와 선생님 댁에 다녔을 때 선생님으로부터 일본의 고전문학에 대해 이것저것 들어서 알고 있었던 것 같다.

그런 말을 나눈 것도, 아마 서예를 마치고 다치카와 선생님 댁에 들러 먼저 와 있던 우에쿠사와 선생님과 즐거운 시간을 보내고 나서 함께 돌아가던, 덴쓰인에서 에도 강 쪽으로 내려가는 언덕길에서였을 것이다.

무라사키 시키부와 세이 쇼나곤이라니 분수를 모르는 터무니없는 비유였지만, 그런 어린애다운 발상이 튀어나온 이유를 알 것도 같다.

당시에 작문을 하면, 우에쿠사는 소설처럼 긴 글을 썼고 나는 한결같이 짧은 감상문 같은 글만 썼기 때문이다.

어쨌든 당시의 친구라고는 우에쿠사밖에 떠오르지 않을 정도로 나는 늘 우에쿠사와 함께였다. 하지만 두 사람의 가정환경은 전혀 달랐다.

우에쿠사의 집안은 상인 분위기였고 우리 집안은 무인 분위기였다. 추억담도 우에쿠사가 기억하는 것과 내가 기억하는 것의 성격이 판이하다.

우에쿠사는 옷자락 밑으로 보인 어머니의 하얀 종아리가 강렬하게 인상에 남았다거나, 같은 학년의 여자 반 반장 중에 학교에서 제일 예쁜 아이가 에도가와의 오타키 옆에 살았고 이름이 아무개인데 구로 짱을 좋아했던 것 같다고 하지만, 나는 그런 일에 대해선 전혀 기억이 없다.

내가 확실하게 기억하는 것은, 검도 실력이 늘어서 5학년 3학기에 부주장이 됐을 때 아버지가 상으로 검은색 검도 호구를 사주신 일이나, 대항 시합에서 왼허리치기로 다섯 명을 제친 일이나, 그때 상대 쪽 주장이 염색집 아들이었는데 서로 휘두른 칼을 날밑으로 받아서 마주 밀어댈 때 감색 염료 냄새가 심하게 났다든가 하는, 전부 딱딱한 이야기뿐이다.

그중에서도 단연 잊지 못할 사건은 다른 학교 아이들에게 불시에 공격을 당한 일이다.

오치아이 도장에서 돌아오는 길이었는데, 에도가와 다리 근처에 있는 생선 가게 앞에 6학년 정도로 보이는 낯선 아이들 일고여덟 명이 죽도며 대나무 봉이며 나무 작대기 따위를 들고 모여 있었다.

아이들에게는 나름의 구역이 있었는데, 그 근방은 구로다 소학교의 구역이 아니었다. 나를 쳐다보는 놈들의 분위기가 심상치 않아서 나도 모르게 걸음을 멈췄다.

하지만 소년 검객 기분에 젖어 있던 내가 그깟 일로 벌벌 떨어서 야 스스로를 용서할 수 없기에, 나는 태연한 얼굴로 생선 가게 앞을 지나갔다. 그리고 놈들에게 등을 보이고도 아무 일도 일어나지 않아서 안심했다.

그 직후였다. 뭔가가 머리로 날아오는 것을 느끼고 손으로 막으려고 했을 때 쿵하고 머리를 때리는 것이 있었다.

돌아보니 돌이 비처럼 쏟아졌다.

놈들은 입을 다문 채 일제히 돌을 던지고 있었다.

그 침묵이 대단히 박력 있었다.

순간 도망칠까 하고 생각했지만 '그러면 이 죽도가 운다'고 마음을 먹고 메고 있던 죽도를 눈높이로 겨누었다.

그 죽도 끝에 도복이 매달려 있었으니 폼이 말이 아니었다.

그래도 놈들은 그런 나를 보더니 제각기 뭐라고 외치며 무기를 휘두르면서 덤볐다.

나도 정신없이 죽도를 휘둘렀다.

도복이 날아가자 죽도가 가벼워졌다.

놈들이 소리를 지르기 시작하자, 잠자코 있었을 때의 무시무시함은 사라졌다.

나는 가벼워진 죽도로 '머리'라든가 '허리'라든가 '손목'이라고, 연습할 때처럼 소리를 올리며 놈들을 쳤다.

놈들은 나를 포위하지 않고 정면에서 무더기로 마구 무기를 휘두르며 공격했기 때문에 별 거 없었다.

놈들이 휘두르는 무기가 조금 방해가 되기는 했지만, 물러섰다가 덤벼들기만 해도 머리와 허리와 손목을 간단히 칠 수 있었다. 찌르는 것만은 위험할 것 같아서 하지 않은 기억이 나는 걸 보면, 어지간히 여유가 있었나 보다.

이윽고 놈들은 뿔뿔이 흩어져서 생선 가게로 내뺐다.

그 뒤를 쫓아가던 나는 다음 순간 쏜살같이 도망쳤다.

생선 가게 주인이 멜대를 들고 뛰어나왔기 때문이다.

나는 대대적인 난투극을 치르는 와중에 벗어젖혔던 나막신을 주워 들고 도망쳤다.

좁은 골목을 달려서, 골목 한가운데를 흐르는 도랑과 그 위에 덮인 썩기 시작한 널빤지를 피해 왼쪽으로 오른쪽으로 지그재그로 뛰면서 도망친 기억이 뚜렷하게 남아 있다.

그곳을 빠져나간 뒤에 겨우 나막신을 신었다.

도복은 어떻게 됐는지 모른다.

아마 놈들의 전리품이 됐을 거다.

나는 그 일을 어머니에게만 말했다.

아무에게도 말하고 싶지 않았지만, 도복을 잃어버렸으니 그걸 해결하기 위해서 어머니에게만은 털어놓지 않을 수 없었다.

내 이야기를 들은 어머니는 말없이 붙박이장 속에서 안 입는 형의 도복을 꺼내 주셨다.

그리고 커다란 돌에 맞은 머리의 상처를 씻기고 연고를 발라주셨다.

그밖에는 아무 데도 다치지 않았다.

그런데 그때 머리에 입은 상처가 아직까지 남아 있다.

(지금 이 글을 쓰다 보니 생각났는데, 그때 잃어버린 도복이나 나막신에 대한 기억이 내 첫 작품 <스가타 산시로>에서 나막신이 나오는 장면에 무의식중에 재현되었다. 창조가 기억에서 태어나는 일례일 것이다)

이 습격 사건 이후, 오치아이 도장에 다니는 길이 조금 바뀌었다.

그 생선 가게 앞은 두 번 다시 지나가지 않았다.

놈들이 무서웠던 건 아니다.

생선 가게 주인의 멜대와 대적할 생각이 없었기 때문이다.

당연히 우에쿠사에게는 이 이야기를 했을 텐데, 우에쿠사는 기억이 없다고 한다.

'하여간 너는 여자밖에 기억 못하는 바람둥이라니까'라고 말했더니, '아냐. 학교 검도 시간 뒤에 둘만 남아서 실내 체육관에서 쫓고 쫓기는 난투극을 벌인 건 기억해'라고 한다.

어떻게 기억하느냐고 물었더니 '아팠으니까'란다.

'맞아. 넌 검도로 나한테 이긴 적이 한 번도 없었지'라고 했더니 딱 한 번 있다고 한다.

언제냐고 묻자 '구로 짱이 게이카 중학교에 다니고 내가 게이카 상업학교에 다니던 시절 검도 대항시합을 했을 때'란다.

'그때 난 안 나갔는데?'라고 했더니 '부전승도 이긴 건 이긴 거야'라고 우에쿠사는 버틴다.

하여간 이 반반한 쏫코로바시는 주제파악을 못해서 큰일이다.

소학교 6학년 때, 구제 산에서 다른 학교 아이들과 맞붙었을 때의 일이다.

적들은 조금 높은 봉우리 위에 진을 치고 계속 돌과 흙덩이를 던졌다. 아군은 거기로 오르는 비탈길의 움푹 들어간 곳에서 그것을 피하고 있었다.

내가 아군 몇 명을 적 뒤로 돌려야겠다고 생각하고 있는데, 갑자기 우에쿠사가 소리를 지르면서 튀어나갔다.

무모하다는 게 바로 이런 거다.

하나도 세지 않은 놈이 혼자 적중에 뛰어들어서 뭘 어쩌겠다는 건가?

게다가 그 비탈길은 붉은 흙이 줄줄 미끄러져서 조금만 기어오르면 그 두 배만큼 미끄러져 내렸기 때문에 오르려면 상당한 각오가 필요한 곳이었다.

그런데도 우에쿠사는 그저 용맹하게 뛰쳐나가서 돌과 흙덩이의 집중공격을 받고, 결국 머리에 커다란 돌을 맞고는 비탈에서 굴러 떨어졌다.

뛰어가 보니 입술을 굳게 다물고 눈 흰자를 허공 한 구석에 고정한 채 뻗어 있었다.

장한 용사라고 해야겠지만, 아무리 생각해도 못 말리는 놈이라고밖에는 할 말이 없었다.

고개를 돌려 올려다보니 적군도 벼랑 위에 서서 어처구니없다는 듯이 내려다보고 있었다.

나는 우에쿠사를 어떻게 집까지 데려가야 할지 생각에 잠겨서 한참 그의 모습을 내려다보며 서 있었다.

말이 나온 김에 이야기하면, 우에쿠사는 열여섯 살 때도 이 구제 산에서 참으로 우에쿠사다운 일을 했다.

어느 날 밤, 우에쿠사는 구제 산에 홀로 서 있었다.

어느 여학생에게 연애편지를 보내고 기다리는 중이었다.

그는 정상으로 이어지는, 염마당이 있는 언덕길을 내려다보면서 기다리고 있었다.

하지만 약속한 시간이 지나도 여학생은 나타나지 않았다.

'10분만 더 기다려보자.'

다시 '10분만 더' 하며 길을 응시하고 서 있는데, 문득 돌아보니 사람 그림자가 있었다.

'아아, 와주었구나' 하고 가슴을 두근거리면서 그 그림자를 살펴보니 얼굴에 수염이 있었다.

그 다음은, 우에쿠사의 말을 빌리자면 자기는 용기가 있었기 때문에 도망가지 않고 그 사람에게 다가갔다는 것이다.

그 사람은 우에쿠사에게 '이걸 쓴 게 자넨가?'라고 물으면서 우에쿠사가 쓴 연애편지를 보이더니, 그 여학생의 아버지라며 명함을 내밀었다.

'경시청 건축과'라는 직함이 먼저 눈에 들어왔다.

하지만 우에쿠사는 용기가 있었기 때문에 그 여학생에 대한 자신의 애정이 얼마나 순수한 것인지를 의연하게 이야기했다고 한다.

게다가 베아트리체에 대한 단테의 사랑을 인용해가며 구구절절 말했다니까 기가 막힌 남자다.

"그 다음에 어떻게 됐어?"

"그 애 아버지도 겨우 나를 이해해줬지."

"그래서 그 뒤로 그 아이하고는?"

"그걸로 끝이었어. 둘 다 아직 학생이었고."

알다가도 모를 이야기다.

이 무라사키 시키부가 『겐지모노가타리』를 짓지 않은 건 주인공 히카루 겐지에게 정말 다행스런 일이라고 본다.

소학교 6학년, 무라사키 시키부 우에쿠사는 꾸준히 장편 소설을 쓰고, 세이 쇼나곤인 나는 검도부의 주장이 된다.

제2장
붉고 긴 벽돌담

메이지의 향기

내가 소학교에 다니던 다이쇼 시대(1912~1926년) 초기에는 아직도 메이지 시대(1868~1912년)의 향기가 감돌고 있었다.

학교에서 배우는 노래도 전부 밝고 경쾌했다.

'해군 병영' 같은 노래는 지금도 좋아한다.

곡조가 발랄하고 가사가 평이해서 놀랄 만큼 단순하면서도, 사실을 충실하게 서술하고 쓸 데 없는 감정을 강요하지 않는다.

나는 조감독들에게 "이 가사야말로 콘티(촬영대본)의 모범이다, 이 서술 방법에서 잘 배워라"라고 말했었는데, 지금도 그렇게 생각한다.

그 밖에도 당시에는 좋은 노래들이 많이 있었다. '적십자赤十字', '바다海', '새 잎若葉', '고향故鄉', '스미다 강隅田川', '하코네 산箱根山', '고이노보리鯉のぼり(남자아이의 성장과 출세를 기원하며 다는 잉어 모양의 깃발-역주)' 등등.

이 가운데 '바다'와 '스미다 강'과 '고이노보리'를 미국의 유명 악단 '원 헌드레드 원 스트링'이 연주한 적이 있다. 그 연주를 들어봐도 곡들이 평온한 아름다움이 와 닿아서 선곡한 이유를 알 것 같다.

시바 료타로의 『언덕 위의 구름坂の上の雲』에 나오는 대로, 메이지 시대 사람들은 언덕 위 저 멀리 보이는 구름을 향해 언덕길을 오르는 듯한 기분으로 생활한 것 같다.

소학교 때의 어느 날, 나는 누나들과 함께 아버지를 따라 도야마에 있는 육군 학교에 간 적이 있다.

그때 우리는 절구처럼 생긴 원형극장에서 계단식 잔디 위에 앉아 광장에서 연주하는 군악대의 음악 소리를 들었다.

군악대의 빨간색 바지, 금관악기의 광택, 잔디 위에 피어 있는 선명한 철쭉꽃 색깔, 여자들이 들고 있는 화사한 양산의 색깔, 그리고 절로 박자를 밟고 싶어지는 취주악의 선율.

지금도 나는 그 광경에서 메이지 시대의 환영을 보는 듯한 기분이 든다.

어려서 그랬는지도 모르지만, 그때는 군국주의의 어두운 그림자 같은 것은 조금도 느끼지 못했다.

하지만 다이쇼 시대 말기가 되자 들리는 노래마다 한탄과 실의로 가득해서 칙칙했다.

예를 들면 '나는 강변의 마른 억새俺は河原の枯れすすき'나 '흘러흘러 流れ流れて' 같은 노래에서 '땅거미가 지면夕闇せまれば'으로 변해갔다.

(여기에 한 가지 쓰고 싶은 말이 있다. 15년 혹은 조금 더 전의 일이다. 어떤 젊은 감독이 무슨 자리에서, 메이지 시대에 태어난 사람들이 어서 죽어서 자리를 내주지 않으면 우리는 앞으로 나가려야 나갈 수가 없다고 말했다. 다행히 나는 그 자리에 없었는데, 나중에 나루세 미키오 감독[메이지 시대 출생]에게 듣고 기가 막혔다. 말수 적은 나루세 감독이 그 이야기를 하면서 '그렇다고 죽을 수도 없고'라며 쓴웃음을 지었다. 어이가 없다. 그 젊은 감독 같은 자들은 자기 자신에 대해서는 제쳐두고 남에 대해서만 왈가왈부한다. 걸핏하면 '저만한 시간과 돈만 있으면 나도 그 정도 영화는 만들 수 있다'고 말한다. 하지만 시간과 돈을 버리는 것은 누구나 할 수 있어도, 그것을 제대로 쓰기 위해서는 재능과 노력이 필요하다. 스스로 전진할 힘도 없

고 노력도 하지 않는 자가, 남이 죽어 그 자리가 빈다 한들 거기까지 올 수 있을 리가 없다. 메이지 시대에 태어난 미조구치 겐지 감독과 오즈 야스지로 감독과 나루세 미키오 감독이 죽고 일본 영화계가 기울었을 때, 너는 도대체 무엇을 했나? 그 빈자리를 채웠나? 내가 메이지 시대에 태어났다고 이런 말을 하는 게 아니다. 다만 세상의 이치를 말하는 거다. 남에게 의존하는 나약하고 썩은 정신은 모든 것을 망친다는 말을 하고 싶을 뿐이다. 이 짱구야!)

다이쇼의 소리

내가 소년 시절에 듣던 소리는 요즘 듣는 소리와 전혀 달랐다.

우선 그 시절에는 기계적인 소리가 하나도 없었다.

축음기도 전기 축음기가 아니었다.

모두 저절로 들리는 소리였다. 개중에는 지금은 전혀 들을 수 없는 소리도 많이 있다. 떠오르는 대로 나열해본다.

정오를 알리는 '쾅' 하는 소리.

그건 구단에 있는 우시가후치 육군부대에서 매일 그 시간에 쏘는 대포 소리다.

화재를 알리는 경종 소리. 야경꾼의 딱따기 소리. 화재 위치를 알리는 야경꾼의 목소리와 북소리. 두부 장수의 나팔소리. 담뱃대 수리공의 피리 소리. 약장수의 문갑 쇠고리 소리. 풍경 장수의 풍경 소리. 나막신 굽갈이의 북소리. 염불하는 징소리. 엿장수의 북소리. 소방차의 종소리. 사자춤의 북소리. 원숭이 쇼의 북소리. 법회

의 북소리. 바지락 장수. 낫토 장수. 고추 장수. 금붕어 장수. 장대 장수. 모종 장수. 메밀국수 장수. 꼬치구이 장수. 군고구마 장수. 칼 갈이. 땜장이. 나팔꽃 장수. 생선 장수. 정어리 장수. 콩자반 장수. 벌레 장수. 잠자리 애벌레. 연줄 스치는 소리. 하네쓰키羽根つき(제기 같은 것을 나무채로 쳐서 주고받는 설날의 전통놀이-역주). 공놀이 노래. 동요.

이런 사라진 소리는 내 소년 시절의 추억에서 빠질 수 없다.

그리고 이들 소리는 전부 계절과 관련된다. 추운 소리, 따뜻한 소리, 더운 소리, 시원한 소리. 또 여러 가지 감정과도 관계가 있다. 즐거운 소리, 쓸쓸한 소리, 슬픈 소리, 무서운 소리.

나는 화재가 싫었기 때문에, 경종 소리나 화재 위치를 알리는 야경꾼의 목소리와 북소리가 왠지 무서웠다.

두웅, 두웅. 간다 진보초에서 화재. 그런 소리를 이불 속에서 웅크리고 듣던 기억이 난다.

별사탕 시절의 어느 날 밤, 별안간 누나가 깨웠다.

"아키라, 불났어. 빨리 옷 입어."

급히 옷을 입고 현관에 나갔더니 대문 맞은편이 새빨갰다.

그다음 일은 전혀 기억이 없지만, 정신을 차리고 보니 나 혼자 가구라자카를 걷고 있었다. 당황해서 집에 돌아갔더니 집 앞의 불은 이미 꺼져 있었지만, 순경이 화재 현장에 비상선을 치고 못 들어가게 했다.

저기가 우리 집이라며 가리켰더니 순경이 놀란 표정으로 나를 쳐다보고는 들여보내주었다.

집에 들어간 내 머리 위로 느닷없이 아버지의 불호령이 떨어졌다. 나도 어떻게 된 영문인지 몰라서 누나에게 물어봤더니, 내가 불을 보더니 밖으로 나가기에 "아키라! 아키라!" 하고 불렀지만 쪽문을 열고 사라져버렸다고 한다.

화재 이야기를 하니까 생각나는 것이 또 있다.

그것은 당시의 소방 마차다.

예쁜 말이 끌고 커다란 놋쇠 술병 같은 것을 얹은 우아한 것이었다.

화재는 싫어도 그 마차가 달리는 건 늘 다시 보고 싶었는데, 언젠가 '20세기 폭스 사'의 오픈세트에서 그것을 보았다.

뉴욕의 오래된 마을을 재현한 세트였는데, 보라색 라일락꽃이 핀 교회 앞에 그 마차가 서 있었다.

다이쇼의 소리 이야기로 돌아가자.

그 소리에는 전부 추억이 있다.

애절한 목소리로 외치며 바지락을 팔러 다니는 아이를 보면서 나는 행복하다고 느낀 일, 고추 장수가 지나다니던 한여름 낮에 매미채를 들고 올려나보던 노빌삿밤나무, 연술 스치는 소리, 풍덩 빠질 것 같던 겨울 하늘, 연줄을 잡고 그 하늘을 올려다보고 서 있던 나카노 다리 위의 나.

소리가 떠올려주는 어딘지 서글픈 어린 시절의 추억을 쓰다 보니 한이 없다.

이 글을 쓰고 있는 내 귀에 지금 들리는 것은 TV 소리와 난방 소리와 넝마장수의 스피커 소리 등 하나같이 기계음뿐이다.

이래서야 요즘 아이들은 풍부한 추억을 마음속에 새길 수 있을까.

그렇게 생각하니까, 나는 그 옛날 바지락을 팔러 다니던 아이보다 요즘 아이들이 더 불쌍하게 느껴진다.

가구라자카

앞에서도 썼지만 아버지는 무척 엄격하셨다.

오사카의 상인 집안에서 태어난 어머니도 밥상에 오르는 생선 때문에 아버지께 자주 혼이 나곤 하셨다.

"멍청하긴! 날 할복시킬 셈이야?"

할복할 사람에게 내주는 밥상에는 특별한 법도가 있어서, 생선을 평상시와는 다르게 올렸던 모양이다.

아버지는 어릴 때 상투를 틀었다고 하고, 내가 어릴 때도 도코노마 앞에 정좌한 채 검을 수직으로 들고 숫돌 가루로 칼날을 손질하던 분이다. 그러니 화를 내는 것도 당연하겠지만, 나는 '생선머리가 어디를 보든 무슨 상관이람' 하는 생각에 언제나 혼나는 어머니를 동정했다.

하지만 어머니도 줄기차게 틀렸기 때문에 그때마다 아버지에게 야단을 맞으셨다.

지금 생각하면, 어머니는 야단을 너무 많이 맞다 보니 아버지의 잔소리를 흘려들으신 것 같다.

나는 할복하는 사람에게 내주는 밥상의 법도에 대해서 지금도 잘 모른다.

아직 할복 장면을 찍은 적이 없기 때문이다.

평소 밥상 위의 생선은 머리를 왼쪽으로 두고 배를 앞으로 향한다.

할복 전에 밥상에 오르는 생선은 머리를 오른쪽으로 하고 등을 앞으로 하지 않았을까?

이제 곧 할복할 사람에게 잘린 생선 배를 보이는 건 너무 잔혹하니까.

물론 이건 내 추정에 지나지 않는다.

하지만 어머니가 생선 배를 바깥으로 해서 올리는, 상식적으로 생각하기 힘든 일을 하셨을 것 같지는 않다.

그렇다면 어머니는 단지 생선 머리의 좌우를 틀렸을 뿐일 텐데, 그것만 가지고도 아버지에게 야단을 맞으셨다는 얘기다.

나도 어릴 때 식사 예절에 관해 곧잘 혼이 났다.

젓가락을 잘못 잡으면 아버지는 젓가락을 거꾸로 들고 그 젓가락 머리로 내 손을 탁하고 때리셨다.

그런 아버지였지만 영화는 자주 보여주셨다.

그것도 주로 서양 영화였다.

가구라자카에 우시고메칸이라는 서양 영화 상설관이 있어서, 거기서 나는 활극 시리즈나 윌리엄 S. 하트가 나오는 영화를 자주 봤다.

활극 시리즈 중에서는 〈호랑이 발자국〉, 〈허리케인 하치〉, 〈철 손톱〉, 〈심야의 사람〉 등이 기억난다.

윌리엄 S. 하트가 주연한 영화는 대개 존 포드의 서부극과 비슷한 남성적인 터치였지만, 무대는 서부보다 알래스카가 많았던 것 같다.

쌍권총을 들고 있는 윌리엄 S. 하트, 금장식이 달린 칼자루의 가죽끈, 카우보이모자를 쓰고 말 위에 있는 그의 모습, 털모자에 가죽옷을 입고 눈 덮인 알래스카 삼림을 가는 그의 모습이 지금도 눈에 선하다.

남자다운 듬직한 기개와 땀내가 가슴속에 남아 있다.

당시에 채플린을 봤는지 어떤지 잘 모르겠지만, 채플린의 흉내를 낸 기억이 없는 걸 보면 그건 좀 더 뒤의 일인지도 모른다.

그 무렵이었는지 아니면 좀 더 뒤였는지 확실하지 않지만, 영화에 관한 잊지 못할 기억이 하나 있다.

큰누나를 따라 아사쿠사에 가서 남극탐험대에 관한 영화를 봤을 때였다.

썰매견 한 마리가 병들어 움직이지 못하게 됐다. 탐험 대원들은 할 수 없이 그 개를 남겨두고 썰매를 출발하려고 한다.

그러자 죽어가던 썰매견이 비실비실 뒤따라와서 자기의 자리인 썰매의 선두에 서는 것이 아닌가.

비틀거리는 다리로 서 있는 썰매견의 모습을 보고 나는 가슴이 찢어지는 것 같았다.

개의 눈은 눈곱으로 덮여 있었다.

고통스러운 숨과 함께 비어져 나온 혀가 축 처져서 흔들렸다.

그건 너무나 처참하고 비통하고 고귀한 얼굴이었다.

나는 흘러넘치는 눈물 때문에 화면이 잘 보이지 않았다.

흐릿해진 화면 속에서 그 개는 대원에게 끌려 비탈 반대편으로 가서 사살되고, 총성에 놀란 개들이 대열을 벗어난다.

나는 울음을 터뜨렸다.

누나가 달래도 소용이 없었다.

누나는 할 수 없이 나를 영화관에서 데리고 나왔다.

그래도 나는 계속 울었다.

돌아가는 전차 안에서도 울고, 집에 돌아가서도 하염없이 울었다.

누나에게 다시는 나를 데리고 영화관에 가지 않겠다는 말을 듣고도 계속해서 울었다.

나는 아직도 그 개의 얼굴이 잊히지 않는다. 그리고 그 개를 떠올릴 때마다 경건한 기분이 든다.

그 시절에 본 일본 영화는 서양 영화에 비하면 어린 눈에도 유치해 보여서 별로 관심이 가지 않았다.

아버지는 영화뿐만 아니라 가구라자카에 있는 라쿠고落語(일본의 전통적인 구연예술-역주) 공연장에도 우리를 자주 데리고 가셨다.

고상小さん과 고카쓰小勝와 엔유円右가 기억난다.

엔유는 너무 차분해서 어린 내게는 별로 재미가 없었다.

고카쓰는 특유의 중얼거리는 마쿠라바나시枕話(본 줄거리와 관련된 짧은 도입부-역주)가 재미있었다.

그중에서 "요즘 숄이라나 뭐라나 하는 게 유행이던데, 그런 게 그렇게 좋으면 포렴 사이로 목을 내밀고 다니면 되겠네"라고 한 대목이 생각난다.

나는 명인이라 불리던 고상이 좋았다.

특히 '포장마차 국수'와 '말 된장구이'가 잊히지 않는다.

고상이 포장마차를 끄는 국수 장수를 연기하면서 "냄비국수"라고 목소리를 높이면, 바로 꽁꽁 얼어붙은 겨울밤의 정감 속으로 끌려들어간 기억이 난다.

'말 된장구이'는 고상이 하는 것밖에는 못 들어봤는데, 마부가 된장을 실은 말을 밖에 매놓고 길가에 있는 주점에서 술을 마시다가 그 말이 없어진다는 이야기다.

마부가 말을 찾아서 사방으로 수소문하며 돌아다니는 사이에 점점 질문이 짧아진다. 마지막에는 역시 술 취한 사람에게,

"된장 얹은 말 못 봤소?"

라고 묻자 술 취한 자가

"엥? 난 이 나이가 되도록 말 된장구이는 못 봤네."

라고 했다는 이야기다.

나는 마부가 말을 찾아다니는 북풍이 부는 소나무 가로수 길이며 해 질 녘의 정감이 피부로 느껴져서 굉장하다고 생각했다.

나는 공연장에서 듣는 라쿠고도 재미있었지만, 집에 가는 길에

들르는 국수집의 튀김 국수가 더 좋았다.

특히 추울 때 먹은 튀김 국수의 맛을 잊을 수가 없다.

나는 요즘도 해외에 나갔다가 돌아오는 비행기 안에서 하네다가 가까워지면 늘 생각한다.

"그래, 튀김 국수 먹어야지."

하지만 요즘 튀김 국수는 맛이 옛날 같지 않다.

그리고 보니 옛날에는 국수집 앞에서 국물을 우려내고 남은 건더기를 말려서 그 앞을 지나면 냄새가 풍겼다.

가끔 그 생각이 난다.

지금도 건더기를 말리는 가게가 없는 건 아니지만 냄새가 전혀 다르다.

높은 콧대

졸업이 얼마 남지 않았을 때였다.

나는 다이쇼 스케이트(앞바퀴 하나와 뒷바퀴 두 개가 달린 판자에 오른발을 올리고, 판자에 달린 손잡이를 집고 왼발을 차서 달린다)를 타고 학교 앞에 있는 핫토리 언덕의 급경사를 신나게 내려가다가, 앞바퀴가 가스관 쇠뚜껑에 직각으로 부딪쳐서 공중제비를 넘으면서 허공으로 날아올랐다.

정신이 들고 보니 언덕 밑에 있는 파출소에 누워 있었다.

그때 오른쪽 무릎을 심하게 부딪쳐서 한동안 앉은뱅이와 다름없는 상태가 되어 학교도 쉬었다.

(지금도 오른쪽 무릎이 좋지 않다. 그쪽을 보호하려는 의식이 있어서 그런지, 오히려 툭하면 어딘가에 부딪쳐 다친다. 내가 골프 퍼팅이 서툰 것도 그래서다. 쭈그리고 앉는 게 힘들어서 필드의 기복을 잘 읽지 못한다. 좋은 기회라 변명해둔다)

무릎이 거의 나았을 무렵이었다. 하루는 아버지와 대중목욕탕에 갔다가 머리도 수염도 하얀 노인을 만났다.

아버지는 그 분과 아는 사이인 듯 인사를 나누고 있었다.

그때 그 노인은 벌거벗은 나를 보고,

"아드님인가?"

라고 물었다.

아버지가 끄덕이자

"어째 허약해 보이는군. 내가 근처에 검도 도장을 차렸는데 거기에 다니게 하시게."

라고 말했다.

나중에 아버지에게 들으니까 그 사람은 지바 슈사쿠의 손자라고 한다.

지바 슈사쿠는 막부 말기에 오타마가이케에 있던 검도 도장 주인으로, 갖가지 일화를 남긴 검객이다.

그 노인의 도장이 바로 옆 동네에 있다는 말을 듣고, 검도 수행에 욕심을 내던 나는 거기에도 다니기 시작했다.

그런데 지바 슈사쿠의 손자라는, 머리와 수염이 하얀 이 분은 한 단 높은 사범 자리에 앉아 있을 뿐 한 번도 연습을 봐주지 않았다.

연습을 봐준 사람은 사범 대리였는데, "초—초—, 얏타! 초—, 얏타" 하는 기합 소리도 어쩐지 전통 무용에 곁들이는 추임새 같아서 썩 존경이 가지 않았다.

제자들도 동네 아이들이라, 술래잡기를 하는 것 같이 정말 소박했다.

게다가 도장 주인이 당시는 보기도 힘든 자동차에 치이는 사건이 일어났다.

이건 마치 미야모토 무사시宮本武蔵(에도시대 초기의 전설적인 무인-역주)가 말에 차였다는 것과 같은 이야기로, 지바 슈사쿠의 손자에 대한 존경심은 순식간에 사라졌다.

그 반동이었을지도 모르겠다. 나는 당시 검도로 일세를 풍미하던 고노 사자부로의 도장에 다닐 결심을 했다.

하지만 그 결심은 그야말로 작심삼일이었다.

소문은 익히 들었지만 고노 도장의 엄격함은 상상을 초월했다.

타격 연습 때 나는 "머리" 하면서 치고 들어갔다.

순간 벽에 나가떨어져 눈앞이 깜깜해졌고, 그 어둠 속에서 불꽃놀이처럼 별이 흩날렸다.

그리고 그 별처럼 검도에 대한 나의 자신감, 아니 자만심도 허공 속에 흩어지고 말았다.

세상은 호락호락하지 않다.

뛰는 놈 위에 나는 놈 있다.

우물 안 개구리.

차에 치인 검객을 비웃었던 나는 벽에 나가떨어지고 나서야 자신의 어리석음을 뼈저리게 깨달았다.

소년 검객의 높디높던 콧대는 똑 하고 부러져서 두 번 다시 자라지 않았다.

소학교 졸업을 앞두고 내 코가 납작해진 것은 검도에서만이 아니었다.

지원한 부립 제4 중학교 입학시험에서도 떨어졌다.

제1중학교 입시에서 실패한 형의 경우와 달라서, 이 결과에는 변명의 여지가 없었다.

구로다 소학교에서 수석이었다고 해도 역시 우물 안 개구리에 지나지 않았다.

국어, 역사, 작문, 미술, 서예 등 좋아하는 과목은 열심히 공부했기 때문에 절대로 남에게 지지 않을 자신이 있었다.

하지만 수학과 과학은 아무리 해도 좋아지지 않았다. 수석의 체면을 겨우 유지할 정도의 성적을 얻기 위해 마지못해 했으니 결과는 뻔했다.

입시 문제 중에서 수학과 과학은 완전히 속수무책이었다.

이렇게 좋고 싫은 것의 차이는 지금도 여전하다.

나는 아무래도 문과 계열이지 이과 계열은 아닌 것 같다.

예를 들면, 나는 숫자를 써도 꼭 초서체처럼 된다.

운전은 엄두도 못 내고, 일반 카메라 조작도 서툴고 라이터에 기름도 못 넣는다.

우리 아들이 말하기를, 내가 전화를 거는 모습은 꼭 침팬지가 전화를 거는 것 같단다.

사람은 못한다고 하면 자신감을 잃어서 점점 더 못하게 되고, 잘하는 일은 점점 자신감이 생겨서 잘하게 된다.

사람의 능력은 선천적인 것도 있지만 동시에 후천적인 요소에 좌우되는 부분도 적지 않다.

하지만 이제 와서 구차하게 변명한들 소용없다.

다만 하고 싶은 말은, 그 무렵부터 내가 가야할 길이 어렴풋이 보이기 시작했다는 점이다.

그것은 문학이나 미술의 길이었다.

그리고 그 두 개의 갈림길은 아직 한참 멀리 있었다.

졸업

소학교를 졸업할 날이 다가왔다.

당시의 졸업식은 일정한 관례에 따라 연출되었다.

그건 마치 NHK의 홈드라마처럼 예의 바르고 김성직이 있나.

졸업생의 앞길을 축복하고 격려하는 교장 선생님의 진부한 훈사, 내빈 대표의 형식적인 인사말, 졸업생 대표의 답사.

그러고 나면 오르간 반주에 맞추어 졸업생이

'우러르면 고귀한 스승의 은혜'

를 부르고, 이어서 5학년들이

'오랜 시간 형을 따르고'

를 부른다. 마지막으로 전교생이

'오랫동안 사귀었던 정든 내 친구여'

를 합창하고 여학생들이 훌쩍훌쩍 우는 것이 순서다.

나는 남학생 대표로 답사를 읽어야 했다.

담임은 자기가 쓴 답사를 내게 건네면서, 그것을 정서해서 멋지게 낭독하라고 명령했다.

그 답사는 형식적으로는 만점이었지만, 도덕 교과서에서 발췌한 것 같아서 감정을 담아 읽을 만한 내용이 아니었다.

특히 미사여구를 늘어놓으며 스승의 은혜를 칭송하는 대목을 읽고 나도 모르게 담임의 얼굴을 쳐다보지 않을 수 없었다.

앞에서도 말했지만 담임과 나는 내심 서로 미워하는 사이였다.

그런 내게 낯 뜨거운 표현으로 스승을 칭송하고 이별의 슬픔을 말하게 하는 이 교사는 도대체 어떻게 된 사람일까.

아니, 이렇게까지 자기 자신을 찬미하고 치장할 수 있는 이 사람의 마음속에는 도대체 뭐가 살고 있을까.

나는 소름 끼치는 듯한 기분으로 담임이 쓴 답사 초고를 들고 집에 돌아왔다.

그리고 관례니까 별 수 없다고 생각하고 좋은 종이에 초고를 베껴 쓰고 있는데, 형이 뒤에 서서 들여다보았다.

형은 내가 쓴 대목까지 눈으로 읽더니,

"좀 보자."

하며 초고를 빼앗아 선 채로 끝까지 읽고는 꾸깃꾸깃 뭉쳐서 던져버렸다.

"아키라, 이런 건 읽지 마."

내가 놀라서 뭐라고 말하려고 하자 형은

"답사는 내가 써줄게. 그걸 읽어."

라고 했다.

나도 그게 좋겠다고 생각했지만, 담임 성격에 정서한 답사를 보자고 할 게 뻔했다.

그렇게 말했더니 형이 대답했다.

"그럼 그 선생이 쓴 답사는 정서해서 보여주면 되잖아. 내 건 졸업식 때 그 사이에 끼워뒀다가 읽는 거야."

그때 형이 쓴 답사는 신랄하기 그지없는 내용이었다.

구태의연한 소학교 교육을 비판하고, 그것을 준수하는 교사들을 야유했다. 그리고 '그 굴레에서 벗어나는 우리 졸업생들은 지금까지 악몽을 꾸고 있었다. 이제부터 자유롭게 즐거운 꿈을 꾸자'는, 당시로서는 혁명적인 내용이다.

나는 기슴이 후련했다.

하지만 유감스럽게도 내겐 그것을 낭독할 용기가 없었다.

생각하건대 만약 그것을 읽었다면 교장을 비롯한 교사와 내빈 일동은 틀림없이 고골리의 『검찰관』의 막이 내릴 때와 같은 상태에 빠졌을 것이다.

그때 내빈 중에는 프록코트를 차려입은 아버지도 계셨다. 게다가 담임은 내가 정서한 답사를 졸업식 직전에 검열했을 뿐만 아니라 자기 앞에서 낭독하게 했다.

어쨌든 내 품 속에는 형이 쓴 답사가 있었다.

바꿔치기해서 읽는 것도 불가능한 일은 아니었다.

졸업식을 마치고 집에 갔더니 아버지가 말씀하셨다.

"아키라, 오늘 답사 좋더구나."

그걸로 형은 내가 무엇을 했는지 알았을 것이다.

나를 보고 빙긋 웃었다.

나는 부끄러웠다.

나는 비겁했다.

이렇게 해서 나는 구로다 소학교를 졸업했다.

구로다 소학교에서 교모에 다는 배지는 등꽃 모양이다.

그것은 교정에 있는 커다란 등나무 줄기를 본땄을 것이다.

구로다 소학교에서의 아름다운 추억은 그 넘실거리는 등꽃과 다치카와 선생님, 그리고 우에쿠사 게이노스케가 전부다.

그 우에쿠사는 게이카 상업학교로 진학하고 나는 게이카 중학교에 들어갔다.

오차노미즈

내가 입학했을 당시 게이카 중학교와 게이카 상업학교는 오차노미즈에 있었다.

지금도 있는 준텐도 병원과 도로를 사이에 두고 이웃하고 있었다.

그 무렵 오차노미즈의 풍경은, 게이카 중학교의 교가에도 '보라, 차가 흐르는 계곡…' 운운 하듯이, 좀 과장되기는 하지만 중국의 명승지에 비교되었다.

그런 오차노미즈의 풍경이나 게이카 중학교 1, 2학년 무렵의 나에 대해서는, 당시의 친구가 〈쇼니카이昭二会〉(쇼와 2년에 졸업한 동창회 회보)에 쓴 글이 있어서 그것을 인용한다.

글은 오차노미즈의 둑을 묘사하는 것으로 시작된다.

싱그럽고 빽빽하게 자란 들풀 향기를 잊을 수 없다. 정말 그리운 둑이다. 겨우 수업을 마치고 학교 교문(이라고 해봤자 뒷문 같은 통용문)을 빠져나간 뒤, 혼고 모토마치에 있는 전차 정류소 근처에서 큰 도로를 가로지른다. 그 다음에 기회를 틈타 출입금지라고 적힌 세움 간판이 붙어 있는 울타리를 뛰어넘어 재빨리 수풀 속으로 숨는다. 그러고 나면 아무 걱정 없다. 가파른 둑길을 친친히 조심조심 내려간다. 미끄러져 내릴 위험이 없는 곳에서, 가방을 던져 베개로 삼고 풀 위에 드러눕는다. 또 물가까지 가면 한 사람이 겨우 지나다닐 만한 평평한 흙길이 있었다. 그 길을 따라 스이도 다리 근처까지 가서 기어올라 도로로 나가는 것이 코스였다. (중략)

그저 학교에서 곧장 집으로 가고 싶지 않은 마음이 컸다. 그런 마음이 통하는 친구 중에 구로사와 아키라가 있었다. 구로사와는 두세 번 함께 이 둑을 내려갔다. 한번은 풀숲에서 뱀두 마리가 얽혀서 입체적인 소용돌이 모양을 한 채 교미하고있는 것을 발견하고 깜짝 놀랐다. 구로사와는 다른 과목은 몰라도 작문과 미술은 실력이 뛰어나서 곧잘 교우회 잡지에 작품이 실렸다. 그런 그림 중에 아마 과일을 그린 정물화였던 것같은데, 그 인상이 지금도 잊히지 않는다. 틀림없이 원화는 더좋았을 것이다. 젊고 빈틈없던 이와쓰 고로 선생님도 구로사와의 그런 재능을 높이 사서 예뻐하셨다고 들었다. 구로사와는 운동신경이 전혀 없었다. 철봉에 매달리면 양쪽 발이 내내 모래 위에 닿아 있어서 보는 내가 애가 탔다. 구로사와는목소리도 여성스러웠다. 얼굴이 하얗고 키가 큰 이 친구와 둘이 둑 비탈길을 내려가 후끈한 풀내음 속에 어깨를 나란히 하고 드러누워서 하늘을 바라보고 있으면, 묘하게 새콤달콤한기분이 들었던 기억이 난다.

이 글을 읽으면 당시의 나는 아직도 다분히 여성스러운 데가 있었던 모양이다.

별사탕 시절에 달기만 하던 내가 이 무렵에는 새콤달콤해졌으니, 조금은 성장한 셈이겠거니 하고 자신을 위로할 수밖에 없다.

어쨌든 스스로 생각하는 나와 남이 보는 내가 딴판이라서 놀랍다.

소년 검객의 기분을 낼 때부터 나는 굉장히 남자다웠다고 생각했건만!

그리고 위의 글에서는 내가 운동신경이 전혀 없다고 했지만, 거기에 이의를 제기하고 싶다.

완력이 지나치게 약해서 철봉에 매달린 채로 있었다든가 팔굽혀펴기를 전혀 못한 것은 사실이지만, 운동신경이 전혀 없었던 건 아니다.

별로 완력을 필요로 하지 않는 운동은 꽤 했다.

검도는 1급 정도까지 갔다.

야구에서는 투수를 맡아서 포수가 겁을 낼 정도의 볼을 던졌고, 투수를 하지 않을 때는 유격수를 했는데 땅볼 처리로 인정을 받았다.

수영도 일본 영법으로는 스이후류와 간카이류観海流(평영과 비슷하고 장거리에 적합한 영법-역주)를 배웠다. 나중에는 뒤늦게 수입된 자유형을 배워서, 빠르지는 않아도 이 나이에도 간단히 할 수 있다.

골프도 퍼팅은 서툴지만 봐줄 만하다.

하지만 반 친구들에게 운동신경이 없다는 인상을 준 것도 무리는 아니다.

왜냐하면 게이카 중학교의 체육 과목은 퇴역 군인인 교관이 맡아서 오직 완력을 중시한 것뿐이었기 때문이다.

하루는 얼굴이 붉어 비프스테이크라는 별명을 가진 교관이 철봉에 매달려만 있는 내게 조바심을 내서 나를 억지로 철봉 위로 밀어

올리려고 했다.

나는 기분이 상해서 철봉에서 손을 놓아 비프스테이크 선생을 모래 바닥에 깔아뭉갰다.

비프스테이크 선생은 모래 튀김옷을 입은 비프커틀릿이 되었다.

그 학기말에 나는 체육 빵점이라는, 게이카 중학교 창립 이래의 신기록을 세웠다.

또 비프스테이크 선생의 체육 시간에 이런 일도 있었다.

높이뛰기를 했는데, 누가 실패하지 않고 더 높이 뛰어넘는가 하는 시합이었다.

내 순서가 와서 달리기 시작했더니 아이들이 일제히 웃었다.

당연히 내가 제일 먼저 바를 떨어뜨릴 것을 기대하는 웃음이었다.

그런데 나는 훌쩍 뛰어넘었다.

다들 이상하다는 얼굴을 했다.

바의 위치가 계속 올라가면서 바를 떨어뜨리는 사람이 늘어나고 도전자는 줄었다.

그런데 도전자 속에 내가 끝까지 남아 있었다.

보고 있던 아이들이 묘하게 잠잠해졌다.

그리고 어떻게 된 노릇인지, 나 혼자 남아서 도전하고 있는, 전혀 뜻밖의 상황이 되었다.

비프스테이크 선생도 아이들도 어리둥절해서 그런 나를 보고 있었다.

어떻게 그런 일이 일어났을까?

나는 도대체 어떤 모습으로 바를 넘었을까?

처음에는 내가 바를 넘을 때마다 아이들의 킥킥거리는 웃음소리가 들린 걸 보면, 어지간히 이상한 모습으로 넘었을 것이다.

이 사건은 지금 생각해봐도 정말 희한하다.

꿈이었을까?

체육 시간마다 비웃음을 사곤 했던 나의 희망이 그런 꿈을 꾸게 했을까?

아니, 꿈은 아니었다.

분명히 나는 차례차례 바를 넘었다.

그리고 마지막에는 혼자 남아서 몇 번인가 계속 바를 넘었다.

천사가 빵점만 받던 나를 가엾게 여겨서 등에 날개를 빌려 주었는지도 모르겠다.

붉고 긴 벽돌담

중학교 시절의 추억 중에 빼놓을 수 없는 것이 당시 근처에 있던 포병 공창(군수품을 제조하고 수리하는 공장=역주)의 벽돌담이다.

나는 매일 그 길을 따라 학교에 다녔다.

원래는 고이시카와의 고켄마치에 있는 집에서 오마가리까지 가서 전차를 타고, 이다바시에서 갈아탄 다음 혼고 모토마치에서 내려서 걸어가야 했다. 하지만 나는 거의 전차를 타지 않았다.

전차에서 이상한 일이 있고부터 전차를 타는 것이 싫어졌다.

이상한 일이란, 스스로 저지른 일이긴 하지만 내가 생각해도 황당했다.

아침에는 전차가 늘 만원이었다.

차장이 서 있는 입구에는 항상 넘쳐난 사람들이 잔뜩 매달려 있었다.

어느 날 나도 난간에 매달려서 가고 있는데, 오마가리에서 이다바시로 향하는 도중에 왠지 모든 것이 다 우습고 하찮게 느껴져서 잡고 있던 손을 놓았다.

내 양쪽 옆에 대학생 두 명이 있었는데, 그 사이에 끼어 있지 않았으면 나는 단박에 전차에서 떨어졌을 것이다.

아니, 두 사람 사이에 끼어 있었는데도 나는 한 쪽 발을 발판에 디딘 채 뒤로 젖혀져서 떨어질 뻔했다.

순간 놀란 대학생 한 사람이 소리를 지르며 한쪽 팔을 뻗어 내 어깨의 가방 끈을 잡았다. 나는 그 대학생에게 매달린 자세로 이다바시 정류장까지 갔다.

그사이에 나는 꼼짝하지 않고 대학생의 새파랗게 질린 얼굴을 보고 있었다.

이다바시에서 내렸을 때 두 대학생은 내 얼굴을 들여다보면서 숨을 헐떡이며 물었다.

"어떻게 된 거야?"

나도 어떻게 된 건지 모르니 그냥 머리를 꾸벅 하고 한 번 숙이고, 갈아탈 정류장 쪽으로 걷기 시작했다.

"너 괜찮아?"

두 대학생은 따라 올 것 같은 눈치였다.

나는 도망치듯이 뛰어서 마침 출발하는 오차노미즈 행 전차에 올라탔다.

전차 안에서 뒤돌아보니 두 대학생이 나란히 서서 기가 차다는 듯이 나를 바라보고 있었다.

당연했다. 나도 내가 한 일이 기가 차니까.

그런 일이 있고부터 나는 한동안 전차를 멀리 했다.

소학교 때 오치아이 도장에 다녀 버릇해서 걷는 것은 아무렇지도 않았다. 또 전차 요금을 아끼면 책을 사서 그 무렵부터 왕성해진 독서욕을 충족시킬 수도 있었다.

집을 나서서 에도 강을 따라 이다바시의 다릿목까지 가서, 거기서 전찻길을 따라 왼쪽으로 꺾어져서 한참 가다보면 왼쪽에 포병 공창의 붉고 긴 벽돌담이 나온다.

그 담장은 끝없이 이어지는데, 담이 끝나는 부근이 고라쿠엔(야구장이 아님. 미토[水戸] 공이 살던 저택의 정원)이다.

그리고 그것을 왼쪽으로 보면서 한참 가다 보면 스이도바시 사거리가 나온다. 그 왼쪽 건너편 모퉁이에 노송나무로 만든 커다란 영주 저택 같은 문이 보이는데, 그 모퉁이를 돌아서 오차노미즈 쪽으로 완만한 언덕길을 오르는 것이 나의 등굣길이었다.

나는 그 길을 오갈 때 책을 읽으면서 걸었다.

히구치 이치요, 구니키다 돗포, 나쓰메 소세키, 투르게네프도 그 길에서 읽었다.

형 책, 누나 책, 내가 산 책을 가리지 않고 이해되거나 말거나 닥치는 대로 읽었다.

그 시절의 나는 아직 사람에 대해서는 잘 몰랐지만 자연 묘사는 이해가 갔다. 그래서 투르게네프의 『밀회』 가운데 숲을 묘사하는, '숲에서 나는 나뭇잎 소리를 듣기만 해도 계절을 알 수 있었다'라고 시작하는 구절은 몇 번이고 되풀이해서 읽었다.

자연을 묘사한 문장을 즐겨 읽은 덕에, 그 뒤 나는 글을 써서 국어 담당이었던 오하라 요이치 선생님에게 게이카 중학교 창립 이래의 명문장이라는 칭찬을 받았다.

하지만 그 글은 지금 읽어보면 뭔가 겉멋 든 문장이라 얼굴이 화끈거린다.

지금 생각하면 그때 그런 글을 쓸 게 아니라, 등교할 때는 왼쪽을, 하교할 때는 오른쪽을 흐르듯이 지나가던 그 붉고 긴 벽돌담에 대해 왜 쓰지 않았는지 아쉽다.

그 담장은 겨울에는 북풍을 막아서 나를 지켜주었지만, 여름에는 맹렬한 태양의 복사열로 나를 괴롭혔다.

지금은 그 담장에 대해 써보려고 해도 이 정도밖에 쓰지 못한다.

그리고 그 담장은 대지진 때 무너져서 지금은 벽돌 조각 하나 남아 있지 않다.

1923년 9월 1일

중학교 2학년이었던 내게 이날은 마음이 무거운 날이었다.

왜냐하면 그 전날로 여름방학이 끝나서, 학생이면 누구나 '아아, 또 학기가 시작했구나' 하고 지긋지긋해하는 2학기 개학날이었기 때문이다.

개학식을 마치고, 나는 누나 심부름으로 니혼바시에 있는 마루젠 서점에 책을 사러 갔다.

그런데 마루젠은 아직 문을 열지 않았다.

그래서 더 짜증이 난 나는 오후에 다시 올 생각으로 집으로 돌아갔다.

마루젠 건물은 두 시간 뒤에 무참하게 무너져서, 그 잔해를 찍은 사진이 간토대지진의 무서움을 보여주는 일례로 세계의 주목을 받게 된다.

그때 마루젠이 열려 있었다면 나는 어떻게 됐을까 하고 생각해보게 된다.

두 시간의 여유가 있었으니까 누나에게 부탁받은 책을 찾는 시간을 넣어도 미루젠 건물에 깔리지는 않았겠지만, 도쿄 시내를 태운 대화재에 둘러싸여서 어떻게 됐을지 모를 일이다.

대지진이 일어난 날은 아침부터 구름 한 점 없었다. 늦여름의 햇살이 여전히 뜨거웠지만, 파란 하늘은 가을을 느끼게 할 정도로 맑았다.

그런데 11시경에 갑자기 아무런 전조도 없이 돌풍이 불었다.

그 돌풍에 내가 만든 풍향계가 지붕에서 떨어졌다.

그 돌풍과 지진이 어떤 관계가 있는지 모르겠지만, 나는 지붕 위에 올라가 풍향계를 다시 고정시키면서 이상하다고 생각하며 파란 하늘을 올려다본 기억이 난다.

역사적인 대지진을 당하기 직전에 나는 동네 친구와 집 앞 골목에 있었다.

집 바로 맞은편이 전당포였는데, 그 집의 광이 만드는 그늘 밑에 쭈그리고 앉아서 우리 집 옆에 묶여 있는 조선 황소를 향해 돌멩이를 던지고 있었다.

그 소는 히가시 나카노에서 양돈장을 하고 있는 옆집 주인이 잔반 등의 돼지 사료를 짐차로 나를 때 쓰고 있었는데, 전날 밤에는 뭔가 사정이 있어서 그 집과 우리 집 사이의 좁은 골목길에 묶어두는 바람에 밤새 시끄럽게 울었다.

그래서 나는 소에게 돌멩이를 던지며 잠을 설친 분풀이를 하고 있었다.

그때 땅 밑에서 우르릉 하는 소리가 들렸다.

나는 굽 박힌 나막신을 신은 채 소에게 돌팔매질을 하느라 몸을 움직이고 있어서 땅이 흔들리기 시작한 것을 느끼지 못했다.

옆에 있던 친구가 황급히 일어나기에 무슨 일인가 싶어서 올려다봤을 때, 뒤에 있는 광의 벽이 우르르 무너져 내리는 걸 보고서야 알아차렸다.

나도 당황해서 일어났다.

그런데 나막신을 신고 있어서 격렬하게 흔들리는 땅 위에 서 있을 수가 없었다.

나막신을 벗어서 양 손에 들고 보트 위에 서 있는 듯한 자세로, 친구가 잡고 있는 전봇대로 뛰어가서 겨우 붙들었다.

그 전봇대도 격렬하게 흔들렸다.

아니, 전봇대란 전봇대가 미친 듯이 날뛰어 전선을 찢었다.

그리고 바로 눈앞에 서 있던 전당포의 광 두 채가 세게 몸을 흔들어 지붕의 기와를 떨어뜨리고 두꺼운 벽을 벗어버리니 금세 나무 뼈대만 남았다.

이런 상황은 광뿐만이 아니었다.

집집마다 지붕의 기와가 체로 치는 것처럼 흔들리고 춤을 추듯이 튀어 오르다가, 앞다투어 지붕에서 미끄러져 내려와 자욱한 흙먼지 속에 지붕의 뼈대가 드러났다.

'역시 일본의 주택은 잘 생각해서 지었구나. 이렇게 되면 지붕이 가벼워지니까 집은 무너지지 않겠지.'

나는 전봇대를 붙든 채 격렬하게 흔들리면서 그런 생각을 하며 감탄했던 기억이 난다.

그렇다고 내가 냉정하고 침착했던 건 절대 아니다.

재미있는 것이, 사람은 너무 놀라면 뇌의 일부분이 그 상태에서 떨어져 나가서 이상하게 태연자약하게 엉뚱한 생각을 하기도 한다.

하지만 지진과 일본 가옥의 구조에 대해 생각하고 있던 내 머리도, 다음 순간에는 가족의 생사 걱정으로 뜨거워져서 정신없이 집을 향해 달렸다.

집 대문은 지붕이 반쯤 무너졌지만 기울어지지도 않고 서 있었다.

하지만 양쪽 옆집 지붕에서 떨어진 기와가 대문에서 현관까지 산더미처럼 쌓여 있어서 현관의 격자문도 거의 보이지 않았다.

아아, 모두 죽었구나.

엉뚱하게도 그때 나는 슬픔보다는 깊은 체념에 사로잡혀서 그 기와 더미를 바라보았다.

그리고 그 다음에 떠오른 생각은 이제 나는 외톨이라는 사실이었다.

어떡하나 하고 주위를 둘러보니, 아까 함께 전봇대를 붙들고 있던 친구가 집에서 뛰어나온 가족들과 길 한가운데에 모여 있는 것이 보였다.

나는 '할 수 없지. 우선 저 친구랑 같이 살자'라고 생각하고 그쪽으로 걸어갔다.

그들에게 다가갔을 때, 그 친구 아버지가 나를 향해 뭐라고 말하려다 말고 내 머리 너머로 우리 집 쪽을 바라보았다.

내가 따라서 돌아봤더니 우리 집에서 가족들이 나오는 것이 보였다.

나는 정신없이 뛰어갔다.

죽었다고 생각한 가족은 모두 무사했고, 오히려 나를 걱정한 듯 달려가는 나를 안심한 표정으로 맞았다.

달려간 나는 당연히 거기서 울음을 터뜨려야 했다.

하지만 울지 않았다.

아니, 울 수 없었다.

왜냐하면 그때 형이 내게 호통을 쳤기 때문이다.

"아키라, 꼴이 그게 뭐야! 칠칠치 못하게 맨발을 하고."

그러고 보니까 아버지와 어머니와 형과 누나는 모두 제대로 신을 신고 있었다.

나는 당황해서 나막신을 신었다.

몹시 부끄러웠다.

가족 중에 이성을 잃은 것은 나뿐이었기 때문이다.

아버지도 어머니도 누나도, 내 눈에는 전혀 놀란 것처럼 보이지 않았다.

형으로 말할 것 같으면, 침착하다기보다도 대지진을 재미있어 하는 것 같았다.

어둠과 사람

간토대지진은 나에게 무서운 경험이 동시에 귀중한 경험이기도 했다.

그것은 자연의 놀라운 위력과 함께 사람 마음속에 있는 기이함에 대해서 가르쳐주었다.

지진은 우선 주위의 모습을 바꿔서 나를 놀라게 했다.

에도 강 건너편 전찻길은 노면이 깨져서 균열이 이어졌고, 강에는 강바닥의 진흙이 솟아올라 모래톱이 생겼다.

무너진 집은 보이지 않아도 기울어진 집이 널린 에도 강 주변 일대는, 피어오른 흙먼지가 일식처럼 태양을 가려서 전혀 낯선 기묘한 풍경으로 변했다.

그리고 그런 풍경 속에서 우왕좌왕하는 사람들은 마치 지옥의 망자처럼 보였다.

나는 에도 강 기슭막이에 있는 벚나무 묘목을 붙잡은 채 떨면서 그런 광경을 바라보았다. 그리고 '아아, 이게 이 세상의 종말이구나'라고 생각했다.

그날은 그러고 나서 어떻게 됐는지 잘 생각이 나지 않는다.

다만 쉴 새 없이 땅이 흔들린 것과, 동쪽 하늘에 원자폭탄 구름처럼 뭉게뭉게 솟아오른 대화재의 연기가 하늘의 절반을 가릴 정도로 높이 치솟았던 것만은 확실하게 기억한다.

그날 밤은 화재를 모면한 야마노테山の手(높은 지대에 있는 주택가-역주) 일대도 정전으로 전기가 들어오지 않았지만, 시타마치下町(서민들이 많이 사는 상업지대-역주)에서 발생한 화재 때문에 의외로 밝았다.

그리고 다들 아직 수중에 초가 있었기 때문에 어둠에 떠는 일도 없었다.

그날 밤 사람들을 위협한 것은 포병 공창에서 나는 소리였다.

그 공창은 앞에서 쓴 대로 긴 벽돌담으로 둘러싸여 전체가 커다란 벽돌 건물처럼 늘어서 있었기 때문에, 뜻하지 않게 시타마치의 화재 앞에 버티고 서서 야마노테 일대를 지키는 방벽이 된 것 같다.

하지만 공창 자체는 화약을 저장하고 있었기 때문에, 간다에서 스이도바시로 번진 불기운으로 그야말로 불덩어리가 되어 있었다.

포탄에 불이 붙었는지, 가끔 무서운 굉음을 내며 불기둥이 솟았다.

사람들은 그 소리에 겁을 먹었다.

동네 사람 중에는, 그건 이즈에서 화산이 폭발하는 소리인데 그게 연속적으로 화산활동을 일으키면서 도쿄 쪽으로 접근하고 있다고 그럴 듯하게 말하는 사람도 있었다.

그 사람은 여차하면 필요한 물건을 싣고 도망가겠다며, 어딘가에 버려져 있던 우유배달차를 의기양양하게 사람들에게 보여줬다.

이건 그나마 애교 있는 이야기라 남에게 피해를 주지는 않는다.

정말 두려운 것은 공포에 사로잡힌 사람이 저지르는 법도를 벗어난 행동이다.

시타마치의 화재가 잦아들고 집집마다 초가 떨어지면서, 밤이 말 그대로 암흑의 세계가 되었다. 그러자 그 어둠에 겁을 먹은 사람들이 무서운 선동자의 포로가 되어 그야말로 고삐 풀린 말처럼 무분별한 행동에 나섰다.

어둠이라는 것이 얼마나 사람을 두렵게 만드는지 경험해보지 못한 사람은 상상이 가지 않겠지만, 그 공포는 사람의 이성을 빼앗는다.

사방을 둘러봐도 아무것도 보이지 않는 불안감은 사람을 정말 당황스럽게 만든다.

의심이 의심을 낳는 상태가 된다.

간토대지진 때 발생한 조선인 학살사건은 이런 어둠에 겁먹은 사람들을 교묘하게 이용한 선동자의 소행이다.

나는 수염을 기른 남자가 "저쪽이다, 아니 이쪽이다"라고 하면서 달려가고, 그 뒤를 쫓아서 한 무리의 어른들이 안색을 바꾸고 눈사태처럼 우왕좌왕하는 것을 내 눈으로 보았다.

화재로 집을 잃은 친척을 찾아서 우에노에 갔을 때, 아버지가 단지 수염을 기르고 있다는 이유로 조선인으로 몰려 몽둥이를 든 사람들에게 둘러싸였다.

나는 조마조마해서 함께 있던 형을 쳐다보았다.

형은 히죽히죽 웃고 있었다.

그때 아버지가

"한심한 놈들!"

하고 버럭 호통을 쳤다.

그러자 둘러싸고 있던 패거리가 슬금슬금 흩어졌다.

동네에서는 집마다 한 사람씩 나가서 야간 경비를 맡기로 했는데, 형은 코웃음을 치면서 나가려고 하지 않았다.

할 수 없이 내가 목도를 들고 나갔더니, 고양이가 간신히 지나갈 만한 하수도관 옆에 서 있으라고 했다.

그리로 조선인이 숨어들어올지도 모른다는 것이었다.

더 터무니없는 이야기가 있다.

동네에서 어느 집의 우물물은 마시면 안 된다고들 했다.

왜냐하면 그 우물 바깥 담장에 백묵으로 쓴 수상한 기호가 있는데, 그게 조선인이 우물에 독을 풀었다는 표시라는 것이다.

나는 어이가 없었다.

이실직고하자면 그 수상한 기호라는 건 내가 쓴 낙서였기 때문이다.

나는 그런 어른들을 보면서 인간이라는 것에 대해 고개를 갸우뚱하지 않을 수 없었다.

무서운 소풍

지진으로 인한 화재가 수그러들자 형이 기다렸다는 듯이 내게 말했다.

"아키라, 불탄 자리를 보러 가자."

나는 마치 소풍이라도 가는 것처럼 들뜬 기분으로 형을 따라 나섰다.

그리고 그 소풍이 얼마나 무서운 것인지를 눈치 채고 뒷걸음질 쳤을 때는 이미 늦었다.

형은 주저하는 나를 데리고 온종일 광대한 화재 현장을 끌고 다녔고, 겁먹은 내게 수많은 시체를 보여주었다.

처음에는 뜸하게 보이던 타 죽은 시체가 시타마치가 가까워질수록 늘어났다.

하지만 형은 내 손을 잡고 하염없이 걸어갔다.

화재 현장은 어디를 봐도 희부옇게 바랜 붉은 색을 띠고 있었다.

맹렬한 불기운으로 목재는 완전히 재로 변했고, 그 재가 가끔 바람에 날아올랐다.

그건 붉은 사막 같았다.

그리고 속이 메스꺼워질 것 같은 그 붉은 색 속에 다양한 시체가 뒹굴고 있었다.

까맣게 탄 시체, 반쯤 탄 시체, 도랑 속에 있는 시체, 강에 떠 있는 시체, 다리 위에 쌓여 있는 시체, 사거리를 가득 메우고 있는 시체…… 나는 죽음의 모든 모습을 보았다.

나도 모르게 시선을 돌렸더니 형이 나를 꾸짖었다.

"아키라, 똑바로 봐."

왜 싫은 걸 억지로 보라고 하는지, 나는 형의 의도를 알지 못하고 그저 고통스러울 뿐이었다.

특히 붉게 물든 스미다 강기슭에 서서 밀려오는 한 무더기의 시체를 보았을 때는, 무릎에서 힘이 빠져서 맥없이 쓰러질 뻔했다.

형은 그런 내 목덜미를 잡아 바로 세우고 되풀이했다.

"똑바로 봐, 아키라."

나는 할 수 없이 이를 악물고 보았다.

눈을 감아도 한 번 본 그 무시무시한 광경은 뇌리에 박혀서 어차피 보인다! 그렇게 생각했더니 조금은 배짱이 생겼다.

하지만 그 광경은 말로 표현할 수 없을 정도로 끔찍했다.

나는 그때 지옥에 있다는 피의 연못도 이것보다는 나을 거라고 생각했다.

'붉게 물든 스미다 강'이라고 썼지만, 그건 피로 물든 붉은 색이 아니었다.

화재 현장을 온통 물들이고 있는 희부옇게 바랜 붉은 색은 뭔가 썩은 생선 눈깔처럼 희고 탁했다.

스미다 강에 떠 있는 시체는 전부 터질 듯이 부풀어 올라서, 커다란 물고기 주둥이처럼 항문이 벌어져 있었다.

엄마 등에 업힌 아기도 그랬다.

그런 시체가 전부 일정한 리듬으로 물살에 흔들리고 있었다.

그리고 어디에도 살아 있는 사람의 모습은 보이지 않았다.

살아 있는 것은 형과 나, 둘뿐이었다.

나는 형과 내가 콩알만큼 작은 존재처럼 느껴졌다.

아니, 우리 둘도 이미 죽어 지옥 입구에 서 있는 거다.

그런 생각도 들었다.

형은 스미다가와 다리를 건너서 나를 피복 공장이 있던 광장으로 데리고 갔다.

그곳은 간도대지진으로 가장 많은 사람이 죽은 곳이다.

보이는 것이라고는 온통 시체뿐이었다.

시체들이 포개져서 여기저기에 작은 산을 이루고 있었다.

그 시체 더미 중 하나에 가부좌를 튼 채 까맣게 탄, 마치 불상 같은 시체가 있었다.

형은 그것을 응시하면서 한참을 움직이지 않았다.

그리고 불쑥 한 마디 했다.

"대단하다."

나도 그렇게 생각했다.

그때 나는 지겹도록 시체를 봐서 시체와 불탄 기와도 구별하지 못하는 묘하게 태연한 기분이 되어 있었다.

형은 그런 내게 말했다.

"슬슬 갈까?"

우리는 다시 스미다 강을 건너서 우에노 히로코지로 나갔다.

히로코지 근방의 화재 현장 한쪽 구석에 사람들이 잔뜩 모여서 뭔가 열심히 뒤지고 있었다.

형은 그걸 보고 쓴웃음을 지으며 말했다.

"정금당正金堂 자리야. 아키라, 기념품으로 금반지라도 찾아볼까?"

나는 그때 우에노 숲의 초록색에 시선을 둔 채 움직이지 못했다.

몇 년 만에 초록색 나무를 보는 것 같은 기분이었다.

그리고 오랜만에 공기가 있는 곳에 나온 듯한 기분이 들어서 크게 심호흡을 했다.

화재 현장에는 초록색이 하나도 없었기 때문이다.

그때까지 초록색이 이렇게 귀중한 것인 줄은 알지도 못했거니와 생각해본 적도 없었다.

그 무서운 소풍을 마친 날 밤에, 나는 잠이 올 리도 없고 잠든다고 해도 틀림없이 무서운 꿈을 꿀 거라고 각오하고 잠자리에 들었다.

그런데 베개에 머리를 붙였다 싶었는데 벌써 아침이었다.

그만큼 푹 잤고 무서운 꿈도 꾸지 않았다.

너무 신기해서 형에게 그런 이야기를 하면서 어떻게 된 건가 하고 물어보았다.

형은 말했다.

"무서운 것에 대해 눈을 감으니까 무서운 거야. 똑바로 보면 무서운 것 따위는 없어."

이제 와서 생각하면 그 소풍은 형에게도 무서운 소풍이었다.

무섭기에 그 무서움을 극복하기 위한 원정이었다.

제3장
미로

스승의 은혜

오차노미즈에 있던 게이카 중학교는 대지진 때 불타 없어졌다.

나는 학교가 불탄 자리를 보고 '아아, 이리되었으니 여름방학이 길어지겠구나'라고 생각하고 좋아했다.

이렇게 쓰면 나쁜 놈으로 보여서 체면을 구길지도 모르지만, 별로 성실하지 못한 중학생의 기분을 솔직하게 쓰자니 할 수 없다.

나는 원래 고지식해서, 장난을 치고 나서 담임 선생님이 누가 이런 장난을 쳤느냐고 하면 정직하게 손을 들었다. 그러면 담임 선생님은 성적표의 품행란에 0점이라고 썼다.

담임이 바뀐 뒤에도 여전히 정직하게 손을 들었는데, 그 선생님은 솔직해서 좋다며 품행란에 100점이라고 적었다.

어느 선생님이 맞는지 모르겠지만 나는 100점을 준 선생님이 더 좋다.

그 선생님은 내 글을 게이카 중학교 창립 이래의 명문장이라고 칭찬해주신 오하라 요이치 선생님이었다.

당시 게이카 중학교는 제국 대학(지금의 도쿄 대학) 합격률이 꽤 높았고, 그것을 자랑스러워했다.

오하라 선생님은 우리들에게 말하곤 했다.

"사립대학은 바보도 들어갈 수 있다."

지금의 사립대학은 바보라면 못 들어간다.

하지만 돈이 있으면 들어간다.

나는 국어를 담당하던 오하라 선생님도 좋았지만, 역사를 맡은 이와마쓰 고로 선생님도 좋았다.

동기가 동창회보에 나를 무척 예뻐했다고 쓴 바로 그 선생님이다.

이와마쓰 선생님은 정말 멋진 분이었다.

정말 좋은 선생님은 선생님이라는 느낌이 안 드는 법인데, 이분이 그랬다.

선생님은 수업 중에 한눈을 팔거나 소곤소곤 이야기를 하는 학생이 있으면 분필을 던졌다.

발끈해서 계속 던져대니까 분필이 금세 바닥난다.

그러면 "분필이 없으면 수업을 못하지"라고 웃고는 잡담을 시작한다.

그런데 그 잡담이 교과서보다 훨씬 내용이 있었다.

이와마쓰 선생님의 천진난만함이 유감없이 발휘되는 건 기말고사 때였다.

시험 때는 시험 과목과 관계없이 여러 교사들이 나눠서 감독을 들어가는데, 이와마쓰 선생님이 들어간 교실에서는 "와아" 하고 환성이 오르곤 했다.

왜냐하면 이와마쓰 선생님에게 학생을 감독한다는 건 불가능했기 때문이다.

문제를 못 풀고 쩔쩔매는 학생이 있으면 같이 그 문제를 들여다보다가는, 이렇게 된다.

"뭐야, 너, 이런 것도 못 풀어? 봐, 이건 말이야……."

라며 진지하게 그 학생과 함께 문제를 풀기 시작한다.

결국에는,

"그래도 몰라? 돌대가리!"

하고는 칠판에 정답을 쓴다.

"어때? 이제 알겠지?"

이렇게 하면 어떤 돌대가리라도 알 수 있다.

수학에 약한 나도 이와쓰 선생님이 감독한 날에는 100점 만점을 받았다.

어느 학기말 역사 시험 때였다.

열 문제쯤 나왔는데, 나한테는 거의 다 모르는 문제뿐이었다.

그때는 시험 감독이 이와쓰 선생님이 아니었기 때문에 나는 완전히 포기하고 있었다.

나는 궁여지책으로 '3종의 신기神器(일본 천황가에 대대로 계승되었다고 하는 검과 거울과 구슬-역주)에 대해 감상을 적으시오'라는 10번 문제만 골라서 답안지 세 장에 걸쳐 제멋대로 썼다.

이런 내용이었다. 3종의 신기에 대한 이야기는 이것저것 들었지만 내 눈으로 직접 본 건 아니니까 감상을 적으라고 한들 무리다. 야타 거울八咫の鏡(지름 23cm 전후의 둥근 거울-역주)만 해도 실물을 본 사람이 아무도 없으니, 실은 사각형인지도 모르고 삼각형인지도 모른다. 나는 내 눈으로 확실히 본 것에 대해서만 말할 수 있고, 증명된 것밖에 믿지 않는다.

그런데 이와쓰 선생님은 채점한 역사 답안지를 학생들에게 돌려줄 때 큰 소리로 말했다.

"여기에 특이한 답안이 하나 있다. 열 문제 가운데 하나밖에 쓰지 않았지만, 그게 꽤 재미있다. 나는 이런 독창적인 답안은 처음 봤다. 이걸 쓴 녀석은 장래성이 있어. 100점이다. 구로사와!"

라며 그 답안지를 내게 내밀었다.

모두 일제히 나를 쳐다봤다.

나는 얼굴이 빨개져서 잠시 움직이지 못했다.

옛날 선생님들 중에는 자유로운 정신을 가진 개성 넘치는 분이 많이 계셨다.

거기에 비하면 요즘 교사들은 단순한 샐러리맨이 너무 많다.

아니, 샐러리맨이라기보다 관료주의적인 사람이 너무 많다.

그런 교사가 하는 교육은 아무 도움도 안 된다. 무엇보다도 재미가 없을 것이다.

학생들이 만화책만 보는 것도 무리가 아니다.

나는 소학교 때는 다치카와 선생님이라는 훌륭한 분을 만났다.

그리고 중학교 때는 오하라 선생님, 이와마쓰 선생님 같은 훌륭한 분들이 계셨다.

그분들은 나의 개성을 이해해주시고 그것을 발휘할 수 있도록 따뜻한 손길을 내밀어주셨다. 나는 정말 선생님 복이 있다.

영화계에 들어간 뒤에도 야마 상(야마모토 가지로 감독)이라는 최고의 스승을 만났다. (스승에 대한 존중과 친근함을 동시에 표현하는 어감을 살리기 위해, 우리말 '씨'에 해당하는 '상[さん]'을 그대로 사용-역주)

직접 지도를 받지는 않았지만 이타미 만사쿠 감독에게도 따뜻한 격려를 받았다.

또 모리타 노부요시라는 뛰어난 프로듀서 밑에서 성장했다.

존 포드도 나를 아껴주었다.

그 밖에 시마즈 야스지로, 야마나카 사다오, 미조구치 겐지, 오즈 야스지로, 나루세 미키오 등, 용하다 싶을 정도로 훌륭한 스승들을 많이 만났다.

나는 그분들을 생각하면 소리 높여 노래를 부르고 싶어진다.

우러르면 고귀한

스승님 은혜

하지만 지금 그분들은 모두 이 세상에 안 계신다.

나의 반항기

간토대지진이 일어난 중학교 2학년 때의 마바기 무렵부터, 나는 상당히 말 안 듣는 말썽꾸러기가 되었다.

화재로 학교건물을 잃은 게이카 중학교는 우시고메 가구라자카에서 가까운 물리 학교 건물을 빌렸다.

그곳은 당시 야간학교였기 때문에 낮에는 비어 있었다.

하지만 교실이 부족해서 우리 학년 네 반을 한꺼번에 대강당에 집어넣었다.

강당 뒤쪽 자리에 앉은 학생들에게는 교단에 있는 선생님이 조그맣게 보이고 목소리도 잘 들리지 않았다.

내 자리도 뒤에 있었기 때문에 나는 공부보다 장난에 열을 올렸다.

1년 뒤에는 하쿠산 근처에 학교 건물을 새로 지었지만, 한 번 불붙은 장난기는 수그러들기는커녕 점점 더 심해졌다.

물리 학교 시절은 장난이라고 해봤자 아주 소박한 장난에 불과했지만, 신축 건물로 옮기고부터는 조금 도를 넘기 시작했다.

화학 시간에 배운 다이너마이트의 성분을 그대로 맥주병에 채워서 교단 위에 올려놓은 적도 있었다.

맥주병의 내용물을 들은 화학 선생님은 창백해져서 덜덜 떨면서 그 병을 받쳐 들고 교정에 나가 연못 바닥에 가라앉혔다.

지금도 게이카 중학교의 연못 바닥에는 그 맥주병이 잠들어 있을 것이다.

같은 학년에 수학 교사의 아들인데 수학을 못하는 아이가 있었다. 나는 수학 시험 전에 수학 교사가 아들에게 미리 시험문제를 가르쳐줄 가능성이 크다고 보고, 동지들을 모아서 그 아이를 학교 뒤로 불러내 닦달했다.

그 아이는 처음에는 모른다고 버텼지만, 딱하게도 결국 시험문제를 불었다.

우리는 신나서 동급생 전원에게 문제를 가르쳐주었고, 다들 수학

시험에서 100점을 맞았다.

하지만 그 일은 당연히 의심을 사서, 이번에는 수학 교사가 아들을 다그쳐서 자백을 받아낸 듯, 재시험을 치르게 되었다.

그 결과, 수학 교사의 아들도 나도 수학에서 낙제점을 받았다.

또 내가 하지 않은 장난도 으레 내 소행이라고 오해를 받고 분개해서, 야구화를 신은 채 강당에 있는 책상 위를 뛰어다닌 적도 있었다.

하지만 그 일은 내가 생각해도 너무 심한 것 같아서 털어놓지 않고 잠자코 있었더니, 오히려 품행 점수가 올라서 깜짝 놀랐다.

나는 게이카 중학교 시절에 게이카 상업학교에 다니던 우에쿠사 게이노스케와 거의 만나지 못했다.

상업학교의 수업은 중학교 수업이 끝나고 나서 시작하기 때문이다.

중학교 3학년 때, 하루는 수업 중인 교실 창밖에 우에쿠사가 서 있었다. 우에쿠사는 웃으면서 내게 손을 흔들고 가버렸다.

나중에 우에쿠사의 신변에 뭔가 중대한 일이 생겼는지 상업학교를 그만두었다는 것을 알았지만, 그 뒤로 둘이 재회하기까지는 5년 가까운 세월이 흐른다.

중학교 3학년이 끝나갈 무렵에는 중학교에서도 군사훈련을 실시해서 현역 육군대위가 파견되었는데, 그 대위와는 끝까지 사이가 좋지 않았다.

관계가 악화된 것도 내 장난 때문이었다.

어느 날 같은 패거리 가운데 한 아이가 내게 양철통을 보여주면서, 그 속에 사격 훈련용 총탄의 화약이 가득 차 있다고 했다. 그러면서 "이걸 찌그러뜨리면 소리가 굉장할 텐데, 그걸 할 만한 용기 있는 녀석이 없단 말이야"라고 말했다.

"네가 하면 되잖아?"라고 했더니 "나도 용기가 없어서. 구로 짱은 어때?"라고 물었다.

그런 말을 듣고 물러서는 건 자존심이 상해서 "좋아"라고 말했다. 나는 양철통을 학교 1층 계단 밑에 두고, 커다란 돌을 들고 2층에 올라가서 양철통을 향해 던졌다.

상상했던 것보다 엄청나게 큰 소리가 났다.

그 소리가 건물 콘크리트 벽을 울리고 채 사라지기도 전에 창백해진 대위가 달려왔다.

군대가 아니라 맞지는 않았지만, 그 대위를 따라 교장실에 가서 일장 연설을 들어야 했다.

다음 날은 아버지도 불려왔다.

하지만 아마 아버지의 군인 경력이 작용한 모양이다. 나는 당연히 퇴학을 각오하고 있었는데, 사건은 그대로 무마되었다.

그 뒤에 딱히 아버지에게 야단맞은 기억은 없다. 대위에게 설교를 들었을 때 교장 선생님도 그 자리에 있었지만 교장 선생님께 혼난 기억도 없다.

지금 생각하면 교장 선생님과 아버지는 군사훈련에 대해 비판적이지 않았나 싶다.

물론 예외는 있겠지만, 교육자든 군인이든 메이지와 다이쇼, 그리고 쇼와(1926~1989년) 각 시대마다 그 식견이 전혀 다르다.

군인 출신에 사회주의를 싫어하시던 아버지도 오스기 사카에(1885~1923, 작가이자 사회운동가-역주) 암살사건을 신문에서 읽었을 때,

"무슨 멍청한 짓을!"

이라며 화내시던 것을 기억한다.

나와 그 대위의 관계는, 소학교 시절 다치카와 선생님 후임으로 왔던 교사와의 관계와 비슷했다.

그 대위는 걸핏하면 모범이 될 리 없는 나를 지명해서 각개훈련 동작을 시키고 구경거리로 만들어 내가 틀리는 것을 즐겼다.

나도 머리를 써서, 학생 수첩의 학부모 통신란에 '이 아이는 몸이 약하고 폐에 질환이 있으니 무거운 총을 드는 것은 면제해주었으면 한다'는 내용을 한문 조로 쓰고 아버지의 도장을 찍어서 대위에게 건넸다.

마지못한 대위는 그 뒤로는 내게만 총을 들려서 '목표 정면, 무릎 쏴'라든가 '목표 오른쪽 전방, 엎드려 쏴' 등 구령을 붙이면서 들들 볶는 일을 그만두었다.

하지만 상대도 만만치 않았다. "총은 무거워도 양검은 가벼우니까 괜찮겠지?"라며 내게 양검을 들려서 훈련에 끌어냈다.

내 구령에 따라서 우리 학년 전체가 움직였다. 그런데 내 구령은 순서를 혼동하기도 하고 가끔 입에서 얼른 나오지 않아서 이상해졌다.

아이들은 그걸 재미있어 해서, 구령을 틀리지 않았는데도 일부러 반대로 움직이고 구령이 틀리면 야단스럽게 과장했다.

예를 들어 '앞으로 가'라고 하면 총을 메고 전진해야 하는데 총을 끌면서 가기도 했다.

한번은 전진하던 행렬이 거의 담에 부딪히게 생겼는데 내가 순간적으로 방향 전환 구령이 안 나와서 당황해하고 있자, 다들 신나서 담에 부딪히고 발로 벽을 박박 긁기도 했다.

이왕 이렇게 된 것, 나도 될 대로 되라고 내버려두었다.

대위가 뭐라고 하든지 모르는 척 잠자코 있었다.

그걸 본 아이들은 점점 더 내 구령에 충실히 따라 담을 기어오르는 녀석까지 나왔다.

보다 못한 대위가 구령을 내릴 때까지 아이들은 멈추지 않았다.

아이들의 그런 행동은 나를 모욕하려는 것보다 심보 나쁜 대위를 골탕 먹이려는 의도가 다분했던 것 같다.

그것은 군사훈련의 사열관 앞에서 돌격 연습을 했을 때 분명해졌다.

나는 돌격 연습의 차례를 기다리면서 아이들에게 말했다.

"좋아. 저 대위를 깜짝 놀라게 해주자. 사열관이 서 있는 자리 앞에 웅덩이가 있거든. 저기서 내가 엎드려 구령을 내릴 테니까 다들 멋지게 해줘."

모두 끄덕였다.

그리고 나의 "돌격!" 구령에 모두 무서운 기세로 달려갔고, 웅덩이 앞에서 내가 "엎드려!"라고 외치자 맹렬하게 웅덩이 속으로 몸을 던졌다.

흙탕물이 물보라를 일으키고 다들 진흙으로 범벅이 되었다.

사열관의 커다란 목소리가 들렸다.

"잘했다."

나는 얼른 사열관 옆에 긴장하고 서 있는 대위의 얼굴을 보았다.

대위는 똥 씹은 것 같은 표정을 하고 있었다.

대위와 나의 이런 험악한 관계는 내가 중학교를 졸업할 때까지 계속되었다.

지금 생각해보면 이건 나의 제2의 반항기였다.

소년의 반항 정신은 그 대위 한 사람에게 집중된 것 같았다.

왜냐하면 그 무렵에 나는 가족이나 다른 사람들에 대해서는 조금도 반항한 적이 없었고, 오직 그 대위에게만 철저하게 반항했기 때문이다.

게이카 중학교를 졸업할 때 군사훈련에서 낙제점을 받아 사관 자격증을 받지 못한 사람은 나 혼자뿐이었다.

졸업식에 가면 대위에게 잡혀서 무슨 말을 들을지 모른다는 생각에, 나는 졸업식에 가지 않았다.

그런데 나중에 졸업 증서를 받으러 갔다가 교문을 나서서 돌아가려고 하는데, 대위가 기다리고 있었다는 듯이 눈을 치켜뜨고 쫓아왔다.

그러고는 내 앞을 가로막고 노려보면서 "너는 불충한 놈이다!"라고 크게 소리쳤다.

지나가던 사람들이 깜짝 놀라서 걸음을 멈추고 우리를 쳐다봤다.

대위에게 욕을 먹은 나는, 아마 이런 일이 있을 거라 싶어 미리 준비해둔 말을 바로 내뱉었다.

"나는 이제 게이카 중학교를 졸업했습니다. 중학교 소속의 당신은 내게 무슨 말을 할 권리도 의무도 없습니다. 이상!"

대위의 얼굴은 카멜레온처럼 다양한 색으로 변했다.

나는 그 얼굴에 둘둘 만 졸업 증서를 들이대고는 몸을 돌려 걸어갔다.

한참 가다가 돌아보니 대위는 여전히 그 자리에 버티고 선 채 나를 노려보고 있었다.

아득히 먼 마을

아버지의 고향은 아키타다.

그래서 나도 아키타 출신이라고 해서 아키타 향우회에 이름이 올라가 있는 모양이다.

하지만 어머니는 오사카 태생이고 나는 도쿄 오모리에서 태어났기 때문에, 아키타가 고향이라는 의식은 없다.

무엇보다 요즘 같은 세상에 향우회다 뭐다 해서 안 그래도 좁은 일본을 더 좁게 만들 필요가 어디에 있는지 모르겠다.

나는 비록 말은 잘 못하지만 세계 어디를 가도 아무런 위화감도 느끼지 않아서, 지구가 내 고향이라고 생각하고 있다.

세상 사람들이 모두 이렇게 생각한다면, 지금 전 세계에서 자행되고 있는 어리석은 일들이 정말 얼마나 어리석은지를 깨닫고 그만둘 텐데.

그리고 이제는 슬슬 지구 중심의 사고도 얕은 소견이라고 생각해도 좋을 때다.

인간은 우주에 위성을 쏘아올릴 정도가 되었지만, 그 정신은 위를 올려다보지 않고 들개처럼 발밑만 보고 우왕좌왕한다.

도대체 우리의 고향 지구는 어떻게 될까?

아버지의 고향 아키타의 시골마을도 무참하게 변해버렸다.

아버지가 태어난 마을에 있는, 예쁜 물풀과 함께 흐르던 개울 속에는 지금은 밥공기며 접시며 맥주병 조각에 빈 양철통이나 작업화나 고무장화까지 버려져 있다.

자연은 조신하다.

스스로 그 몸가짐을 흐트러뜨리는 일은 거의 없다.

자연을 추하게 만드는 것은 추한 인간의 소행이다.

중학교 시절에 찾아갔던 아키타의 시골 사람들은 정말 순박했다.

자연도 특별히 경치가 빼어난 건 아니었지만, 평범하면서도 소박한 아름다움이 넘쳤다.

아버지가 태어난 마을은 정확하게 말하면 아키타 현 센보쿠 군 도요카와다.

오우 선 오마가리에서 오보나이 선(지금은 다자와코 선)으로 갈아타고 가쿠노다테에서 내려서 8킬로미터 정도 걸어가면 그 마을이 나온다.

기차를 타고 가다 보면 중간에 '고산넨後三年'이나 '젠쿠넨前九年' 같은 이상한 이름의 역이 있다(후자는 지금은 없다). 이것은 그 부근에서 있었던 하치만 타로(헤이안 시대의 무장 미나모토 요시이에[源義家]의 별칭-역주)의 두 번의 싸움, 젠쿠넨 전투와 고산넨 전투에서 따온 이름이다.

계속해서 가쿠노다테로 가다 보면 왼쪽으로 야마토에大和絵(일본 풍속화의 한 유파-역주)에 나올 것 같은 산줄기가 보이는데, 그중 한 곳에서 하치만 타로가 진을 치고 있었다고 전해진다.

나는 어릴 때부터 지금까지 딱 여섯 번 아버지의 고향에 가봤다.

중학교 때 두 번 갔고 그중 한 번이 3학년 때였다는 건 기억하는데, 나머지 한 번이 몇 학년 때였는지는 생각나지 않는다.

뭐가 언제적 일인지 뒤섞여서 구분이 안 된다.

왜 그런가 하고 가만히 생각해보니, 그 사이에 마을의 외관이 전혀 변하지 않았기 때문인 것 같다.

그거다. 틀림없이 그래서다.

마을의 집이며 길이며 개울과 나무와 돌과 풀과 꽃이 두 번 다 똑같아서, 두 개의 추억을 구별할 근거가 안 된다.

마을뿐만이 아니다. 마을 사람들도 마치 시간이 정지한 것처럼 하나도 변하지 않았다.

말하자면 그 정도로 세상에 뒤쳐진 조용한 마을이었다.

커틀릿이나 카레라이스를 먹어본 적 없는 사람이 허다했고, 소학

교 선생님도 도쿄에 가본 일이 없었다. 그 선생님은 내게 도쿄에서
는 남의 집을 방문했을 때 뭐라고 인사하느냐고도 물었다.

그 마을에는 캐러멜도 과자도 팔지 않았다. 일단 가게가 없었다.

나는 아버지의 편지를 들고 어느 집을 찾아갔다. 그 집에서 나온
노인이 내 용건을 듣더니 황망히 들어가고, 대신에 노파가 나와서
정중하게 나를 방으로 안내해서 상석에 앉히고는 물러났다.

조금 있으니까, 처음에 나왔던 노인이 가문家紋을 넣은 하오리羽
織(기모노 위에 입는 짧은 겉옷-역주)와 하카마 차림으로 나와서 내 앞에
엎드려 절을 하고 내가 건넨 아버지의 편지를 공손하게 받아서 읽
었다.

그날 밤, 나는 다른 집에 가서 또 한 번 상석에 앉았다.

내 주위에 마을 노인들과 어른들이 죽 늘어앉고 연회가 시작되었
다.

마을 사람들은 곱게 차려입고 시중을 드는 마을 처녀들에게 앞다
투어 잔을 건네며 말했다.

"도쿄에."

"도쿄."

"도쿄."

무슨 일인가 했더니 마을 처녀들이 그 잔을 받아 내게 가지고 와
서 내밀었다.

내가 잔을 받았더니 술을 따랐다.

술을 마셔본 적이 없는 내가 그 잔을 보고 난처해하고 있자, 다른

처녀가 또 술잔을 내밀었다.

내가 눈을 질끈 감고 술을 마시고 나서 다른 처녀의 잔을 받자, 그 처녀도 술을 따랐다.

그리고 또 다른 처녀가 잔을 내밀어서 나는 할 수 없이 술을 마셨다.

그러는 사이에 눈앞이 흐릿해지고

"도쿄"

"도쿄"

하는 소리도 메아리처럼 점점 작아지면서 심장이 몹시 뛰었다.

결국 도저히 가만히 앉아 있을 수가 없어서 휘청거리며 일어서서 밖에 나갔다가 밭에 빠졌다.

나중에 듣고 알았지만 '도쿄'라는 말은 '도쿄에서 온 손님께'라는 뜻이었다.

아무리 그래도 어린아이에게 그렇게 술을 먹이다니 너무하다고 생각했는데, 그곳에서는 원래 아기에게도 술을 먹였다.

그 마을에는 길가에 커다란 돌이 있는데. 그 위에 항상 꽃이 놓여 있었다.

그곳을 지나는 아이들은 모두 들꽃을 꺾어서 그 돌 위에 올려놓고 갔다.

꽃을 올려놓고 있는 아이들에게 왜 그런 일을 하느냐고 물었더니 모두 모른다고 했다.

그것도 나중에 마을 노인에게 듣고 알았지만, 옛날 보신戊辰 전쟁

(무진년인 1868년, 왕정복고로 성립한 메이지 정권이 도쿠가와 막부에 권력 이양을 요구하자 그에 불복하여 친 막부 세력이 일으킨 내란-역주) 때 그곳에서 죽은 사람이 있었는데, 그를 불쌍히 여겨 거기에 묻고 그 위에 돌을 얹고 꽃을 바쳤다고 한다.

그 뒤로 지금까지 이어져서 아이들은 이유도 모르는 채 그 습관을 반복하고 있다는 것이다.

그리고 그 마을에는 천둥을 무척 싫어하는 노인이 있었다. 그 노인은 천둥이 치면 천둥을 막기 위해 특별히 천장에 매단 큼직한 선반 밑에 앉아서 꼼짝도 하지 않고 있었다.

또 어느 농가를 방문했을 때, 그곳 주인은 가리비 껍질 위에 된장을 푼 다음 거기에 달래를 넣고 끓여서(그 지방에서는 이런 음식을 가야키라고 한다) 그걸 안주로 술을 마시면서 이렇게 말했다.

"이런 오두막에서 이런 걸 먹으면서 무슨 재미가 있냐고 하겠지만, 살아 있다는 건 정말 재미있는 거야."

아무튼 내가 중학교 시절에 보고 들은 그 마을의 모습은 놀랄 만큼 순박하고 애처로울 정도로 느긋했다.

그 마을의 추억도 지금은 기차 차창으로 보는 아득히 먼 마을처럼 점점 작고 희미해질 뿐이다.

족보

나는 중학교 3학년 여름방학 내내 그 마을에 있는 친척 집에서 지냈다.

그 집은 아버지의 형님 댁이었는데, 그분은 이미 돌아가시고 장남(내게는 사촌형)이 당주였다.

그 집은 옛날에 쌀 창고로 쓰던 곳이었는데, 저택은 우리 할아버지 대에 그 지역의 부호에게 팔리고 부지에는 지댓돌도 없었다.

하지만 정원에는 옛날의 자취가 약간 남아 있었다.

집 안에 멋진 개울이 흐르고 있었는데, 물이 부엌을 통과해서 길가의 개천으로 이어졌다.

옛날에는 이 개울에서 연어가 잡히기도 했고, 부엌에서 물을 막아서 쓰는 설거지칸까지 연어가 들어온 적도 있었다고 한다.

쌀 창고였다는 건물은 서까래가 웬만한 집 기둥만 했다.

상기둥(안방과 마루 사이에 있는 가장 중요한 기둥-역주)도, 용마루를 받치고 있는 대들보도 굵고 튼실했고, 기둥과 인방(기둥과 기둥 사이를 가로지르는 나무-역주)도 전부 까맣고 윤이 났다.

중학교 3학년이던 내가 그 집에 신세를 지게 된 것은, 몸이 허약한 나를 그곳에서 단련시키자는 아버지의 아이디어였다.

그 집 당주 앞으로 보내는 아버지의 편지 속에 단련을 위한 일과가 적혀 있었다.

그리고 아버지의 명령은 엄중히 지켜졌다.

그 일과는 도회에서 자란 내게는 가혹한 것이었다.

아침 일찍 일어나 식사를 마치고 나면, 두 사람이 먹을 두 끼분의 밥과 된장과 짠지를 넣은 큼직한 찬합에 쇠로 만든 냄비를 들려서 쫓아내듯이 집에서 내보냈다.

집 밖에는 소학교 6학년쯤 되는 다른 친척 아이가 기다리고 있었는데, 그 아이는 항상 물고기를 잡는 커다란 그물과 고무래라고 하는 봉을 메고 있었다.

그러니까 점심과 저녁은 밖에서 먹되, 짠지 이외의 반찬을 먹고 싶으면 물고기를 잡으라는 이야기였다.

고무래 봉은 통나무 끝에 네모나고 두툼한 판자가 달린 물건인데, 그걸로 물속을 찔러대서 쳐놓은 그물 속으로 물고기를 몰아넣는다.

동행하는 아이는 튼튼한 녀석이라 봉을 거뜬히 메고 있었는데, 한 번 들어보니 끔찍하게 무거웠다.

그걸로 물속을 찔러대는 것은 상당한 중노동이었다.

그래도 나는 짠지만 놓고 밥을 먹기는 싫어서 할 수 없이 물고기를 잡았다.

그 아이는 그물은 쳤지만 봉을 찌르는 일은 절대 하지 않았다.

내가 부아가 나서 "너도 해"라며 봉을 들이밀었더니,

"안 돼유, 명령이여유."

라고 했다.

나는 우리 아버지의 명령이 이 꼬맹이의 머릿속에까지 침투했다는 사실에 경탄함과 동시에 질려버렸다.

여름이라 점심은 보통 시원한 숲 속에서 먹었다.

우선 Y자 모양의 나뭇가지 두 개를 세우고 거기에 나뭇가지를 걸쳐서 쇠 냄비를 건 다음, 그 밑에 마른 나뭇가지를 모아 불을 지폈다. 젓가락도 나뭇가지를 잘라서 만들었다.

잡은 물고기는 주로 붕어나 잉어였다. 된장을 풀어서 간을 하고 달래나 산채를 넣어서 먹었는데, 깜짝 놀랄 만큼 맛이 있었다.

문장으로 쓰면 '지금까지 그렇게 맛있는 것은 먹어본 적이 없었다'라고 하겠지만, 그러면 약간 거짓말이 된다.

어쨌든 그 맛은 나중에 한창 등산을 다닐 때 산 위에서 먹던 주먹밥과 우열을 다툴 정도로 맛있었다.

저녁은 대개 강가에서 먹었다.

저녁놀이 진 하늘과 그것을 비추는 강에 둘러싸여서 먹는 밥은 같은 음식이라도 또 다른 맛이 있었다. 우리는 식사가 끝나고 깜깜해져서야 집에 돌아갔다.

돌아가서 목욕을 하면 벌써 졸렸다. 화로 옆에서 차를 한 잔 마시면 더 이상 참지 못하고 잠자리에 들었다.

비 오는 날을 제외하고 여름방학 내내, 나는 마치 산에 사는 사무라이 같은 매일을 반복했다.

그러는 사이에 물고기를 잡는 데 재미가 들리자 고무래도 무겁다는 생각이 들지 않게 되었다.

점점 더 멀리까지 가게 되고 나를 따라 오는 아이도 세 명, 네 명, 다섯 명으로 늘어난 어느 날, 산속에 들어갔다가 폭포를 발견했다.

폭포는 산에서 드러난 동굴 같은 구멍에서 10m가량 아래의 용소로 떨어져 내리고 있었다. 그 용소는 그리 넓지 않은 연못처럼 생겼고, 어느 지점부터 계곡이 되어 산 아래로 흘러내려갔다.

나는 폭포수가 나오는 동굴 반대편은 어떻게 생겼느냐고 아이들에게 물었다.

다들 아무도 가본 사람이 없어서 모른다고 했다.

그럼 내가 가보겠다고 했더니, 모두 당치도 않다는 표정으로 어른도 간 일이 없으니까 위험하다고 입을 모았다.

그렇게 되자 내 고집이 슬슬 고개를 쳐들어, 가보지 않으면 직성이 풀리지 않게 되었다.

당황해서 만류하는 아이들을 뿌리치고 바위를 올라 폭포가 나오는 동굴 속으로 들어갔다.

나는 두 손으로 동굴의 천장을 짚고 두 다리를 벌려 물이 흐르는 양쪽 바위를 딛고서, 밝은 창문처럼 동굴 건너편에 보이는 폭포 입구로 다가갔다.

바위에 긴 미끌미끌한 이끼 때문에 버티고 있는 손발이 자칫하면 미끄러질 것 같았다.

동굴 안에는 물소리가 요란하게 울려 퍼졌다. 하지만 별로 무섭지는 않았다.

그런데 건너편에 도달한 순간, 안심했는지 그만 손발이 미끄러져 물속에 빠졌다.

나는 순식간에 폭포 입구로 떠내려가서 폭포 위에 타고 앉은 자세로 용소에 떨어졌다.

헤엄쳐서 기슭에 올라갔더니 아이들이 창백한 얼굴로 눈을 둥그렇게 뜨고 나를 쳐다보고 있었다.

아이들이 동굴의 반대쪽이 어떻게 생겼냐고 묻지 않아서 다행이었다. 나는 폭포 반대편까지 가기는 갔지만 주위를 둘러볼 새는 없었다.

그다음에 나는 또 한 가지 무모한 일을 저질러 마을 아이들을 놀라게 했다.

도요카와에서 가쿠노다테로 가는 중간에 다마카와라는 큰 강이 있는데, 그 물살이 어느 지점에서 커다란 소용돌이를 만들고 있었다. 아이들이 헤엄치러 가더라도 거기는 무서워서 접근하지 않는다기에, 나는 또 못된 버릇이 나와서 거기에 뛰어들겠다고 우겼다.

물론 다들 파랗게 질려서 말렸다.

그러니까 더 뛰어들고 싶어졌다.

결국 만일에 대비해서 아이들이 허리끈을 이어서 내 몸통에 묶고 그 끈을 잡고 있겠다는 조건 아래, 나는 소용돌이 속에 뛰어들기로 했다.

그런데 그 끈이 문제였다.

나는 중학교에 들어간 뒤에 쓰키지마에서 간카이류 영법을 배우고 거대한 센고쿠千石 선(에도 시대 상선의 대부분을 차지하던 목조 선박-역주) 밑에 잠수한 적이 있었다.

그때 강사가 혹시나 생길 수도 있다며 가르쳐준 일이 그대로 일어났다.

나는 센고쿠 선 몸통 중간쯤에서 등이 배 밑널에 딱 붙어버렸다.

하지만 강사에게 배운 대로, 나는 당황하지 않고 몸을 돌려 똑바로 누운 다음 양쪽 손발로 밑널을 밀어서 거꾸로 기듯이 배 바닥에서 빠져나왔다.

그런 경험이 있었기 때문에 소용돌이 속에 뛰어들 때도 만만하게 보았다.

그런데 소용돌이 속에 뛰어들자마자 나는 강바닥에 납작하게 붙어버렸다.

나는 센고쿠 선의 일을 떠올리며 '당황하지 마, 침착해'라고 자신에게 말하면서 기어서 강바닥에서 빠져나가려고 했다. 그런데 내 몸에 묶인 끈을 위에서 아이들이 정신없이 잡아당기고 있어서 나는 움직이려야 움직일 수가 없었다.

나는 당황해서 몸부림을 쳤다.

그래도 움직이지 않았다.

괴로운 나머지 끈을 당기고 있는 쪽을 향해 열심히 강바닥을 기어서 옆으로 갔다.

그러자 몸이 떠올랐다.

나는 다리를 저어 겨우 물 밖으로 나왔다.

마을 아이들은 이때도 얼굴이 새파래지고 눈이 휘둥그레져서 나를 보고 있었다.

내가 그런 모험을 하게 된 데는 이유가 있었다.

도요카와 마을에서 지내는 동안, 나는 비 오는 날만은 찬합을 들고 집을 나가지 않아도 됐다. 그야말로 주경야독으로, 비 오는 날은 책을 읽거나 아니면 숙제하는 시늉을 했다.

그럴 때는 불단이 있는 작은 방을 이용했다. 하루는 거기서 책을 읽고 있는데, 그 집 당주가 와서 불단 아래 선반(서랍이었는지도 모른다)에서 구로사와 집안의 족보를 꺼내서 보여주었다.

읽어 보니 제일 위에 아베 사다토라고 적혀 있고 거기서 선이 이어져 이름이 늘어서 있는데, 세 번째에 구로사와지리 사부로라는 이름이 있었다. 그리고 그 구로사와지리 사부로에서 구로사와 아무개라는 이름으로 연결되어 있었다.

즉 아베 사다토의 삼남, 구로사와지리黑澤尻(지금의 이와테 현 기타카미 시의 중심지-역주)의 사부로가 구로사와 집안의 선조라는 것이다.

구로사와지리 사부로라는 이름은 처음 들었지만, 아베 사다토라면 나도 잘 알고 있었다.

역사 교과서에도 나오는 헤이안 중기에 활약한 유명한 오슈의 장군으로, 그 아버지는 요리토키, 동생은 무네토였다. 그는 조정의 명에 불복해서 미나모토 요리요시와 싸우다 전사했다(이것이 젠쿠넨의 전투다-역주).

모반자라는 것과 싸움에 져서 죽었다는 점이 조금 유감이지만, 아베 사다토는 구로사와지리 사부로의 아버지니까 이왕 조상으로 받든다면 아베 사다토 쪽이 폼이 나겠다고 생각했다.

그리고 왠지 용감해졌다.

그 결과, 폭포에 기어올라 용소에 떨어지는가 하면 강의 소용돌이 속에 뛰어들기도 했던 것이다.

그다지 영리하다고는 할 수 없었다.

그런 무모한 일도 했지만, 그래도 그 여름방학을 보내고 아베 사다토의 자손은 꽤 튼튼해졌다.

도가시 고모님

아키타에 대한 이야기를 마치면서 꼭 쓰고 싶은 사람이 있다.

아버지의 누님, 그러니까 나의 고모님으로 아키타의 오마가리에 있는 도가시라는 집안에 시집가신 분이다.

도가시 집안은 벤케이弁慶에게 시주 장부를 읽게 한, 그 도가시의 자손이다. (벤케이는 미나모토 요시쓰네의 가신이었다. 형 요리토모와 대립하고 오슈로 피신할 때 수행자를 가장하고 아타카 관문을 통과했는데, 그때 그곳의 수비 대장이 도가시였다. 벤케이가 자기들은 도다이지[東大寺]의 재건을 위해 시주를 받으러 가는 길이라고 둘러대자, 도가시는 그 장부를 읽어보라고 한다. 벤케이는 기지를 발휘해서 가지고 있던 두루마리를 시주 장부인 것처럼 읽어보이고 무사히 관문을 빠져나간다-역주)

오마가리에 있는 고모님 댁은 지으이 나미 헤지까지 깊은 저택으로, 히다리 진고로左甚五郎(에도 시대 초기의 전설적인 조각가-역주)가 만들었다는 목조 역사상力士像이 용마루를 받치고 있었다.

자잘한 목조 세공품까지 전부 히다리 진고로의 작품이라고 하는 걸 보면, 그 역사상도 정말 그가 만들었는지는 알 수 없다.

또 도가시 집안에는 마사무네宗正(저명한 도검 장인-역주)의 단도도 있다고 하는데, 나는 지금껏 보지 못했다.

하지만 그 집은 모양새만 봐도 품격을 알 수 있었다. 아니, 나는 그런 것보다 그 집에 시집간 고모님의 행동거지에서 그 집안의 품격이 느껴졌다.

고모님은 참으로 늠름해서 주위를 압도하는 위엄이 있었다.

그리고 고모님은 나를 특별히 귀여워해주셨다. 나도 고모님이 무척 좋았다.

고모님이 상경해서 아버지를 찾아오시면 아버지는 극진히 대접하셨다.

식사 때는 당시 웬만해서는 못 먹는 비싼 장어구이가 올라왔는데, 고모님은 언제나 깨끗하게 반을 남겨서,

"아키라"

라며 내게 내미셨다.

나는 고모님이 사람을 만나러 나가실 때면 항상 따라갔다.

그 무렵에도 상당히 연세가 있었던 고모님은 흰 머리를 짧게 자르고 이를 검게 물들였는데(기혼 여성의 표시-역주), 그런 용모가 어쩐지 할아버지 같았다.

그리고 외출하실 때는 두루마기를 입고 양손을 소매 속에 넣고 걸으셨다.

이렇게 말하면 게으르고 거만하게 보일지 모르지만 그렇지 않았다.

고모님은 소매 속에 넣은 손으로 소매를 뒤집고 손바닥을 펼쳐서

소매 자락을 펼치고 걸으셨기 때문에, 학이나 두루미가 날개를 펼치고 걷는 듯한 멋이 있었다.

지나가는 사람들은 모두 그런 고모님의 모습을 놀란 얼굴로 보며 갔다.

뒤따르는 나는 약간 창피하면서도 득의양양한 기분이 들었다.

고모님은 걸으면서 이야기를 하시는 법이 없었다. 그리고 목적지에 도착하면 늘 종이에 싼 은화 50전을 내게 주시며,

"사라바(그럼 안녕-역주)."

라고 한 마디 하셨다.

당시의 50전은 아이에게 거금이었다.

그렇다고 그것 때문에 고모님을 따라다니는 건 아니었다.

'사라바'라는 말에 뭐라고 할 수 없는 매력이 있었기 때문이다.

그 한마디에 말로 표현할 수 없는 따뜻하고 부드러운 정감이 있었다.

고모님은 건강 상태로 봐서 아마 110세까지는 사실 거라고 다들 말했다.

그런데 어떤 멍청한 의사가 솔잎이나 나무뿌리 같은 것을 잡수면 더 장수할 거라며 이상한 것만 드시게 했다.

그것 때문에 고모님은 아흔 전에 돌아가셨다.

고모님이 돌아가시기 직전에, 나는 아버지보다 한발 먼저 고모님 댁에 갔다.

조용히 누워계시던 고모님은 베갯머리에 앉은 내게,

"아키라냐? 수고하는구나. 이사무(아버지의 이름-역주)는?"

하고 물으셨다.

나는 아버지는 일이 있어 조금 늦는다고 대답하고 안내받은 방으로 물러갔다.

하지만 가끔 고모님이 불러서 그 방에 달려갔다.

그때마다 고모님은,

"아키라, 이사무는 아직이냐?"

라고 물었다.

나는 『주신구라忠臣蔵』(에도 시대에 있었던 억울하게 할복한 주군의 원수를 갚는 아코 번의 무사 47인의 이야기-역주)의 리키야(가부키에서의 배역. 실제로는 오이시 구라노스케의 아들 오이시 지카라-역주)가 된 듯한 기분이었다.

이윽고 도쿄에서 아버지가 왔고 나는 도쿄로 돌아갔다.

그리고 며칠이 지나서 고모님은 돌아가셨다.

나는 고모님께 이상한 것을 먹인 의사를 용서할 수 없었다.

솔잎을 뭉쳐서 그 의사 입 속에 쑤셔넣고 싶었다.

모종

아이들은 보통 온실 속 모종처럼 어린 시절을 보낸다.

가끔 온실의 틈새로 세상의 비바람이 들어올 때도 있지만, 세상의 풍파를 제대로 맞는 일은 없다.

나 역시 어린 시절에 세상의 풍파를 맛본 것은 대지진 정도로, 1

차 세계대전이나 러시아 혁명이나 그 와중의 일본 사회의 동요와 변화는 온실 밖에서 부는 바람 소리처럼 들었을 뿐이다.

하지만 중학교를 졸업할 무렵부터는 온실에서 묘판으로 옮겨진 모종처럼 세상의 풍파를 피부로 느끼기 시작했다.

중학교 4학년이었던 1925년에 라디오 방송이 시작되자 사회의 사건들이 싫어도 귀에 들어왔다.

앞에서 썼던 중학교 군사교육이 시작된 것도 그 무렵으로, 세상이 왠지 정신없고 스산해지기 시작했다.

지금 생각하면, 아키타에서 보낸 중학교 3학년의 여름방학이 내 어린 시절의 마지막 휴일이었다는 생각이 든다.

하지만 그것도 지나간 추억에 대한 감상일지도 모른다.

중학교 4, 5학년 무렵, 나는 여전히 광석라디오(광석 검파기를 이용한 간단한 라디오 수신기-역주)를 만지작거렸고, 일요일에는 아버지의 정기권을 빌려서(아버지가 왜 정기권을 가지고 있었는지 모르겠지만) 메구로 경마장에 가서 어릴 때부터 좋아했던 말을 하루 종일 바라보기도 했다. 또 부모님이 사주신 유화 도구를 들고 도쿄 근교의 전원 풍경을 그리러 가는 등 걱정 없이 지냈다.

그 무렵 집이 고이시카와에서 메구로로 이사하고, 또 메구로에서 시부야의 에비스로 이사했다. 이사할 때마다 집이 작고 초라해졌는데, 나는 그것이 집안 형편이 어려워졌기 때문이라는 것을 알아차리지 못했다.

그런 나도 중학교를 졸업하고 화가로 입신하겠다고 결심을 하자,

미래의 내 생활이라는 것에 대해 진지하게 생각하지 않을 수 없었다.

글씨를 사랑한 아버지는 화가라는 직업에 대해서도 이해하셨기 때문에 내가 화가가 되는 일에 반대는 없었다.

다만 당시의 부모라면 누구나 그렇듯이, 화가가 되려면 미술학교에 들어가야 한다고 생각하셨다.

하지만 세잔느와 고흐에 빠져 있던 나는 그건 쓸데없이 돌아가는 길이라고 생각했다.

게다가 미술학교 입시에서 실기를 통과한다고 해도 필기시험이 자신이 없었다.

나는 시험을 치렀지만 떨어졌다.

그것 때문에 아버지를 실망시킨 것은 괴로웠지만, 나는 이렇게 해서 자유롭게 그림 공부를 할 수 있게 됐고 낙담한 아버지를 위로할 길은 그 밖에도 얼마든지 있다고 생각했다.

중학교를 졸업한 다음 해, 열여덟 살이던 나는 이과전二科展(도쿄에서 열리는 권위 있는 미술 대회-역주)에 입선했다.

아버지는 기뻐하셨다.

하지만 그때부터 나는 비바람 치는 미로로 발을 들여놓는다.

미로

내가 열여덟 살이던 1928년에는 3.15사건(공산당원이 대거 검거된 사건)과 장작림張作霖(중국의 군인이자 정치가-역주) 암살사건이 있었고, 그 다음 해에는 세계공황이 일어났다.

그리고 뿌리에서부터 경제가 흔들린 일본에 불경기의 바람이 불어닥치면서 프롤레타리아 운동이 극단으로 치닫고 프롤레타리아 예술운동도 활발해졌다.

그런 반면에 불황이라는 힘겨운 현실에서 도피하려는 경향도 강해져서 에로-그로-넌센스 시대erotic-grotesque-nonsense(다이쇼 말기 쇼와 초기의 저속한 풍조를 가리키는 말-역주)를 낳았다.

나는 그런 사회 정세 속에서 태연하게 캔버스 앞에 앉아 있을 수만은 없었다.

그리고 캔버스나 물감도 비쌌기 때문에, 집안의 경제 사정을 생각하면 재료가 필요하다고 계속 손을 내밀 수가 없었다.

나는 그림에 몰두하지도 못한 채, 문학과 음악과 연극과 영화에도 탐욕스럽게 손을 댔다.

문학계는 그즈음부터 '엔폰円本(1엔짜리 책) 시대'라는 출판 붐이 일어나서 세계문학전집이나 일본문학전집이 범람했다. 그것도 헌책방에 가면 헐값으로 50전이나 30전에 팔았기 때문에 내 형편으로도 얼마든지 살 수 있었다. 게다가 학업에 시간을 들일 필요가 없었기 때문에 책 읽을 시간은 남아돌았다.

나는 외국문학, 일본문학, 고전, 현대물을 가리지 않고 닥치는 대로 읽었다. 책상에 앉아서도 읽고 잠자리에 누워서도 읽고 걸으면서도 읽었다.

연극은 신코쿠게키新国劇의 공연도 보았지만, 보면서 가장 신선했던 것은 오사나이 가오루의 쓰키지築地 소극장(1924년에 문을 연 일본 최초의 신극 상설극장의 이름이자 극단의 이름-역주)의 연극이었다.

음악은 클래식을 좋아하는 친구 집에서 레코드로 많이 들었다.

고노에 히데마로의 신교향악단이 하는 리허설도 가끔 들으러 갔다.

또 풋내기 화가로서 당연히 서양화와 일본화를 불문하고 눈에 불을 켜고 그림들을 보았다.

당시에는 화집이 출판되는 일이 드물었는데, 출판된 화집 중에 살 수 있는 것은 샀지만 살 수 없는 것은 며칠을 책방에 다니면서 보았다.

그 무렵에 산 화집은 다른 책들과 함께 공습 때 불타 없어졌지만 지금까지 남아 있는 것도 몇 권인가 있다.

그런 화집은 책등이 찢어지고 표지와 속도 너덜너덜하고, 물감 묻은 손자국과 손때가 잔뜩 묻어 있다.

지금도 그걸 보면 당시의 감격이 되살아난다.

나는 영화에도 빠졌다.

당시 집을 떠나서 하숙집을 전전하고 있던 형은 러시아문학에 심취해 있었다. 여러 개의 필명으로 영화 프로그램에 기고했는데, 특히 1차 세계대전 뒤에 고양된 외국영화의 예술성에 대해서 논했기 때문에, 나는 문학뿐만 아니라 영화에 대해서도 형의 식견에 힘입은 바가 크다.

특히 영화에 관해서는 형이 추천하는 작품을 닥치는 대로 봤다. 소학교 시절부터도 그랬지만, 형이 좋다고 하는 영화를 보러 아사쿠사까지 걸어간 적도 있었다.

그때 무슨 영화를 봤는지는 잊었다. 다만 영화관이 오페라관이었고, 심야 할인 시간을 기다려서 매표소에 줄을 섰으며, 집에 돌아가서 형이 아버지에게 혼났던 것은 확실하게 기억한다.

그 무렵에 본 잊히지 않는 영화를 기억나는 대로 연도순으로 적어 보았다(135쪽).

다만 오래된 일이라 정확하지 않을지도 모른다. 또 외국영화의 경우는 본국에서 공개된 연도를 기준으로 쓸 수밖에 없어서 내가 일본에서 본 시기와는 오차가 있겠지만, 그 점은 양해를 바란다.

스스로도 놀랄 정도로 영화사에 길이 남을 만한 작품만 보았다.

그것도 순전히 형 덕분이었다.

열아홉 살 때(1929년), 나는 격동하는 정세를 무시하고 정물이나 풍경을 그리는 일이 성에 차지 않아서 프롤레타리아 미술가 동맹에 들어가기로 마음을 먹었다.

그런 말을 했더니 형이 웃으면서 말했다.

"그것도 나쁘지 않겠지. 하지만 지금의 프롤레타리아 운동은 독감 같은 거야. 곧 열이 식을 걸."

나는 형의 말에 반발을 느꼈다.

그 무렵에 형은 영화관의 프로그램 기고가라는 일개 영화팬에서 한 걸음 더 나가서 변사의 길을 걷기 시작했다.

연도·주요사건	연령	작품(감독)
1919년	9세	〈칼리가리 박사의 밀실(로베르트 비네)〉, 〈아라비아의 하룻밤(에른스트 루비치)〉, 〈어깨총(찰리 채플린)〉, 〈남자와 여자(세실B. 데밀)〉, 〈흩어진 꽃잎(D. W. 그리피스)〉
1920년	10세	〈아침에서 밤중까지(칼하이츠 마틴)〉, 〈들고양이(에른스트 루비치)〉, 〈유령 마차(빅터 소스트롬)〉, 〈라스트 모히칸(모리스 투르뇌)〉, 〈유머레스크(프랭크 보제즈)〉, 〈양지바른 쪽(찰리 채플린)〉
1921년 ·하라 다카시 수상 암살	11세	〈동부로 저 멀리(D. W. 그리피스)〉, 〈키드(찰리 채플린)〉, 〈삼총사(프레드 니블로)〉, 〈폭풍 나라의 테스(존S. 로버트슨)〉, 〈언덕 너머 가난한 집으로(해리 밀라르드)〉, 〈묵시록의 네 기사(렉스 잉그램)〉, 〈바보의 천국(세실B. 데밀)〉
1922년 ·일본 공산당 결성	12세	〈마부제 박사(프리츠 랑)〉, 〈파라오의 사랑(에른스트 루비치)〉, 〈소공자(알프레드E. 그린)〉, 〈피와 모래(프레드 니블로)〉, 〈젠다 성의 포로(렉스 잉그램)〉, 〈페이 데이(찰리 채플린)〉, 〈어리석은 아낙네들(에릭 본 스트로하임)〉, 〈풍운의 고아(D. W. 그리피스)〉, 〈미소(시드니 프랭클린)〉
1923년 ·간토 대지진	13세	〈순례자(찰리 채플린)〉, 〈바그다드의 도둑(라울 월쉬)〉, 〈철로의 백장미(아벨 강스)〉, 〈킥 인(조지 피츠모리스)〉, 〈포장마차(제임스 크루즈)〉, 〈킨(알렉산드르 볼코프)〉, 〈파리의 여인(찰리 채플린)〉, 〈시라노 드 베르주락(오귀스토 제니나)〉, 〈추억(한스 베흐렌트)〉, 〈겨울이 오면(해리 밀라드)〉
1924년	14세	〈철마(존 포드)〉, 〈뺨 맞은 남자(빅터 소스트롬)〉, 〈한탄의 삐에로(자크 카틀렝)〉, 〈미와 힘으로의 길(빌헬름 프라하)〉, 〈니벨룽의 노래(프리츠 랑)〉, 〈결혼 철학(에른스트 루비치)〉, 〈엉클어진 정욕(몬타 벨)〉
1925년 ·치안유지법 ·라디오 방송 개시	15세	〈황금광 시대(찰리 채플린)〉, 〈집안의 주인(칼 테오도르 드레이어)〉, 〈사라지는 아메리칸(조지 B. 세이츠)〉, 〈고(故) 마티아스 파스칼(마르셀 레르비에)〉, 〈보 제스트(허버트 브레논)〉, 〈탐욕 / 메리 위도우(에릭 본 스트로하임)〉, 〈윈더미어 부인의 부채(에른스트 루비치)〉, 〈빅 퍼레이드(킹 비더)〉, 〈구원을 바라는 사람들(조세프 본 스텐버그)〉, 〈마지막 웃음(F. W. 무르나우)〉, 〈기쁨이 없는 거리(G. W. 파브스트)〉, 〈나나(장 르누아르)〉, 〈곡예단(E. A. 듀폰트)〉

연도·주요사건	연령	작품(감독)
1926년 ·노농당 결성 ·다이쇼 천황 서거	16세	〈세 악당(존 포드)〉, 〈참새(윌리엄 보딘)〉, 〈사기꾼(존 M. 스탈)〉, 〈이것이 파리다(에른스트 루비치)〉, 〈들비둘기(루 푸 픽)〉, 〈타르튀프 / 파우스트(F. W. 무르나우)〉, 〈메트로 폴리스(프리츠 랑)〉, 〈전함 포템킨(세르게이 M. 에이젠슈 타인)〉, 〈어머니(V. I. 푸도프킨)〉
1927년 ·금융 공황 ·아쿠타가와 류노스케 자살 ·군축회의 결렬	17세	〈제7의 천국(프랭크 보제즈)〉, 〈날개(윌리엄 A. 웰만)〉, 〈제 국 호텔(모리스 스틸러)〉, 〈철조망(로우래드 V. 리)〉, 〈암흑 가(조세프 본 스텐버그)〉, 〈선라이즈(F. W. 무르나우)〉 코미디 영화 : 해롤드 로이드, 버스터 키튼, 해리 랭던, 월 레스 비어리, 레이몬드 해튼, 체스터 콘클린, 로스코 아벅클, 시드니 채플린 일본 영화 : 〈주지 여행일기(이토 다이스케)〉
1928년 ·만주 모 중대 사건 (장쭤린 폭사) ·3.15 공산당 대탄압 ·나프 결성	18세	〈뉴욕의 선창 / 비상선(조세프 본 스텐버그)〉, 〈떼레즈 라 깽(자크 페이더)〉, 〈아시아의 폭풍(V. I. 푸도프킨)〉, 〈결혼 행진곡(에릭 본 스트로하임)〉, 〈성냥팔이 소녀(장 르누아 르)〉, 〈베르뎅, 역사의 비전(레옹 쁘와리에)〉, 〈어서가의 몰 락(장 엡스탱)〉, 〈잔다르크의 수난(칼 테오도르 드레이어)〉 아방가르드 영화 : 〈등대지기(장 그레미용)〉, 〈조개와 성직 자(제르만 뒬락)〉 일본영화 : 〈신판 오카 세이단(이토 다이스케)〉, 〈낭인 거 리(마키노 마사히로)〉
1929년 ·4.16 공산당 탄압 ·체펠린호 일본 방문 ·금 수출 해금 ·도쿄시전 쟁의 ·세계 공황 시작	19세	〈푸른 천사(조세프 본 스텐버그)〉, 〈전선(세르게이 M. 에 이젠슈타인)〉, 〈아스팔트(조 메이)〉, 〈판도라의 상자(G. W. 파브스트)〉 아방가르드 영화 : 〈안다루시아의 개(L. 부뉴엘)〉, 〈주사위 성의 비밀(만 레이)〉, 〈절박한 한 시간 (알베르토 카발칸티)〉 일본영화 : 〈구비노자(마키노 마사히로)〉, 〈회신(무라타 미 노루)〉

당시 도쿠가와 무세이를 리더로 하는 변사들은 기존의 변사와는 전혀 다른 생각을 가지고, 외국영화의 좋은 해설가 겸 연출가로서 독자적인 활동을 시작하고 있었는데, 형도 거기에 동조해서 그 길에 들어선 것이다.

그리고 재개봉관이기는 하지만 나카노에 있는 영화관에서 대표 변사를 맡고 있었다.

나는 그런 형을 성공해서 속물이 된 것처럼 보고 형의 말을 그저 경박하다고 받아들였다.

하지만 결국 형이 말한 대로 됐다.

그래도 나는 그게 분해서 몇 년을 더 버텼다.

머릿속에 미술, 문학, 음악, 연극, 영화에 관한 지식을 탐욕스럽게 집어넣은 나는 그 지식을 쏟아낼 곳을 찾아서 방황을 계속했다.

나의 병역

1930년, 만 스무 살이 된 나는 징병검사 영장을 받았다.

검사장은 우시고메에 있는 소학교였다.

그런데 그때의 징병 사령관이 다행히도 아버지의 제자였다.

사령관은 앞에 선 내게 물었다.

"도야마 학교를 나오시고 한때 육군 교관을 하신 구로사와 이사무 님의 아드님인가?"

"예."

"아버지는 건강하신가?"

"예."

"나는 아버지의 제자다. 인사 전해드리게."

"예."

"자네는 장래희망이 뭔가?"

"화가입니다." (프롤레타리아 미술이라고는 하지 않았다)

"음. 나라에 봉사하는 일은 군인이 아니라도 할 수 있지. 열심히 하도록."

"예."

"그런데 자네는 허약해 보이는군. 자세도 나쁘고. 체조를 하도록. 이런 체조는 척추를 펴서 자세를 바르게 하는 데 도움이 된다."

사령관은 일어나더니 여러 가지 체조를 해 보였다.

나는 그 무렵에도 여전히 허약해 보였던 모양이다.

어쩌면 사령관 자신이 오랫동안 의자에 앉아 있어서 몸을 좀 움직이고 싶었는지도 모른다.

징병검사의 마지막 순서로, 서류 앞에 앉아 있는 특무 조장 앞으로 불려갔다.

그 특무 조장은 나를 흘끔흘끔 보더니 말했다.

"자네는 병역과 관계없다."

그 말 그대로였다.

일본이 패전하기 직전까지 나한테는 간열 점호도 없었다.

점호에 소집된 건 미군의 공습으로 도쿄가 잿더미가 되고, 내가 영화감독이 된 뒤의 일이었다.

그리고 그때 점호에 소집된 자들은 대부분 신체장애자거나 지적 장애자였다.

그때 봉행奉行 주머니(군대에 소집되었을 때 지참할 물건을 넣는 주머니)의 점검이 있었는데, 내 것을 본 사열관이 말했다.

"이 자는 만점이다."

나는 '당연하지. 이 봉행 주머니를 만든 건 군대에 갔다 온 우리 조감독인데'라고 생각하면서 버티고 서 있었다.

그런 내게 사열관이 조그맣게 속삭였다.

"경례……경례."

나는 당황해서 경례를 붙였다.

사열관은 내게 답례하고 다음 사람 앞으로 걸어갔다.

사열관은 만점이라고 말해놓고서 경례를 안 했다고 내게 화를 내는 건 체면이 서지 않았던 거다.

그런 생각을 하고 있는데 사열관의 큰 목소리가 들렸다.

"봉행 주머니는 어떻게 됐나?"

곁눈으로 봤더니 사열관이 내 옆에 서 있는 남자를 노려보고 있었다.

그 남자는 찢어진 잠방이 구멍을 잡아당겨 묶은 듯 그 매듭을 토끼 꼬리처럼 엉덩이에 붙이고 멍하니 사열관을 보면서 물었다.

"봉행 주머니가 뭡니까?"

사열관 뒤에 서 있던 헌병이 튀어나와서 토끼 꼬리 남자를 때렸다.

그때 공습경보 사이렌이 울렸다. 그리고 요코하마에 융단폭격이 시작되었다.

나와 병역의 관계는 그게 다였다.

만약 내가 군대에 끌려갔다면 어떻게 됐을까?

중학교 군사훈련에서 낙제하고 사관 자격증을 받지 못한 나는 군대에 들어갔으면 무사하지 못했을 것이다.

게다가 그 대위를 만나는 날이면 끝장이다.

지금 생각해도 소름이 끼친다.

그런 사태를 면한 건 징병 사령관 덕분이다.

아니, 아버지 덕분이라고 하는 게 맞을지도 모르겠다.

겁쟁이

나는 1928년부터 도요시마 구 시나초에 있는 프롤레타리아 미술 연구소에 나가기 시작했고, 거기서 주최하는 전시회에 그림이나 포스터를 출품했다.

하지만 프롤레타리아 미술가 동맹이 주장하는 리일리즘은 리얼리즘이라기보다 자연주의에 가까워서, 쿠르베가 추구한 리얼리즘의 엄격함과는 거리가 멀어 보였다.

뛰어난 재능을 가진 화가도 있었지만, 전체적으로 보면 그림의 본질에 뿌리를 내린 예술 운동이라기보다 정치적 주장을 소화하지 못한 채 특정 이념에 치우쳐 있었다. 거기에 의문을 느끼기 시작한 나는 점점 그림을 그리는 열의마저 잃어갔다.

그러던 어느 날, 요요기 역 플랫폼에서 우연히 우에쿠사 게이노스케와 마주쳤다.

그때 어떤 대화를 나눴는지 잘 생각나지 않는다. 아마 나는 내 문제로 고민하느라 건성이었을 테고, 마찬가지로 우에쿠사도 내가 프롤레타리아 예술 운동에 참가해서 문학동맹의 일원이 되었다고 해도 무덤덤한 표정으로 듣고 있었던 것 같다.

그 뒤에 프롤레타리아 미술 운동이 성에 차지 않은 나는 프롤레타리아 운동 단체에서 주최하는 불법 정치 활동에 참가했다.

당시 프롤레타리아 신문(1925년에 창간. 표면적으로는 프롤레타리아 신문사가 발행하는 합법기관지였지만 실제 발행처는 일본공산당 사무국이었다-역주)도 지하로 숨었는데, 그 제목도 로마자로 쓰고 문양으로 제목을 둘러서 위장하고 있었다. 나는 그 조직의 하부 구성원이 되었다. 불법 활동을 하면 언제 경찰에 붙잡힐지 모른다. 돼지우리(유치장)는 프롤레타리아 미술연구소에 다닐 때 이미 경험했지만, 이번에는 잡히면 간단히 넘어가지 못할 게 분명했다.

체포당한 나를 보는 아버지의 얼굴을 상상하는 것만으로도 괴로웠다. 나는 한동안 형 집에 얹혀산다고 하고 집을 나왔다. 그러고는 하숙집을 전전하고 때로는 동조자들 집에서 신세를 졌다. 내 임무는 처음에는 주로 가두 접선의 연락책이었다. 하지만 단속이 엄격해지면서 접선 상대가 나타나지 않는 일이 많아졌다.

그들은 검거되어 사라져갔다.

눈 내리는 어느 날이었다.

접선 장소로 지정된 고마고메 역 근처에 있는 찻집 문을 여는 순간, 나는 가슴이 덜컥했다.

찻집 안에 있던 남자 대여섯 명이 나를 보더니 일제히 일어섰다. 한눈에 특별 고등 형사라는 걸 알 수 있었다. 놈들 얼굴에는 희한하게 공통적인 파충류 같은 데가 있었다.

놈들이 일어선 것과 내가 뛰기 시작한 건 거의 동시였다.

나는 항상 접선 장소에 가기 전에 만일의 경우를 생각해서 도망갈 길을 봐두었는데, 그때 그게 도움이 되었다.

나는 별로 발이 빠른 편은 아니었지만, 아직 젊었고 예상해둔 길을 달린 덕에 간단히 놈들을 따돌렸다.

이런 일도 있었다. 한번은 헌병에게 잡혔는데, 그게 사람 좋은 녀석이었다. 내 몸을 수색하지도 않고, 내가 화장실에 가고 싶다고 했더니 데리고 가서는 문까지 닫아 주었다. 나는 화장실 안에서 상층부의 연락 서류를 재빨리 삼켰고 바로 석방되었다. 어쩌면 나는 그런 일에 스릴을 느끼고 즐겼던 것 같다. 옷을 이것저것 바꾸어 입거나 안경을 쓰면서 변장하는 것도 재미있었다. 프롤레타리아 신문도 검거당하는 사람이 늘어나서 일손이 부족해지자, 어느새 신참인 나까지 편집하는 일을 돕게 되었다. 그때 책임자가 내게 말했다.

"자넨 공산주의자가 아니군."

그 말이 맞다.

나는 『자본론』과 유물사관에 관한 책들을 읽어봤지만 모르는 부분이 많아서, 그 관점으로 일본 사회를 분석하고 해석한다는 것은 내게 무리였다.

나는 단지 일본 사회에 막연한 불만과 혐오를 느꼈고, 거기에 반항하기 위해 가장 반항적인 운동에 참가한 것이다.

지금 생각하면 무척 경솔하고 난폭한 행동이다.

하지만 나는 1932년 봄까지 그 길을 갔다.

그 겨울은 유난히 추웠던 것 같다. 가끔 전달되는 운동자금도 얼마 되지 않았고, 그것마저 툭하면 끊겨서 하루에 한 끼만 먹는 날도 허다했고 아무것도 못 먹는 날도 있었다.

하숙방은 냉골이라, 자기 전에 공중목욕탕에 가서 몸을 덥히고 오는 게 전부였다.

그즈음 가끔 접선으로 만난 노동자 출신 연락책은 운동자금을 받으면 다음에 받을 예정일까지의 일수로 돈을 나누어서 하루하루 식비로 쓰고 있다고 말했다.

하지만 나는 도저히 그렇게는 하지 못하고, 공복을 채우기 위해 무계획적으로 운동자금을 썼다.

그러다가 돈이 떨어지면, 이불 속에 들어가서 꼼짝 않고 공복과 추위를 견뎠다. 신문 발행도 여의치 않게 되자 그런 날이 많아졌다.

형 집에 가서 도움을 받는 방법도 있었지만, 내게 곧 열이 식을 거라고 말했던 형에게 간다는 것은 내 자존심이 허락하지 않았다.

그 무렵에 나는 스이도바시 근처에 있는 마작클럽 2층의 좁고 볕

안 드는 어두컴컴한 방에서 살고 있었다. 하루는 감기에 걸려 열이 올라서 움직이려야 움직일 수가 없었다. 고열로 몽롱해진 머리를 베개에 묻고 있자니, 밑에서 마작 패 섞는 소리가 가까워졌다 멀어졌다 하기를 반복했다. 나는 그 소리를 들으면서 이틀가량을 몽롱하게 보냈다. 내 모습이 보이지 않자 이상하게 생각한 하숙집 주인이 올라왔다. 주인은 땀내 나는 방과 땀방울 맺힌 내 초췌한 얼굴을 보더니 놀라서 당장 의사를 부르겠다고 했다. 나는 한사코 거절했다.

"대단한 거 아니에요."

감기가 대단한지 아닌지는 몰라도, 의사가 오면 대단한 일이 되는 건 분명했다. 의사에게 지불할 돈이 없었기 때문이다.

하숙집 주인은 내 말을 듣더니 말없이 나갔다. 조금 있으니까 주인집 딸이 죽을 가지고 왔다. 그리고 몸이 나을 때까지 매일 세 번씩 죽을 가져다주었다.

어떤 아이였는지 지금은 생각나지 않지만 그 친절을 잊을 수 없다.

내기 앓아누워 있는 동안에 프롤레타리아 신분의 동료들과 연결이 뚝 끊겨버렸다.

당시 우리는 넝쿨식 검거를 경계해서 서로 상대의 주소를 몰랐고, 접선 때 다음 접선 장소만 정해서 이어나갔기 때문에 어쩔 수가 없었다.

연락을 하려고 했으면 어떻게든 방법이 있었을지도 모른다. 하지만 막 병석에서 일어나 기진맥진했던 내게는 그럴 기력이 없었다.

더 솔직하게 말하면, 나는 연락이 닿지 않는 것을 핑계로 괴로운 불법 활동의 소용돌이 속에서 도망쳤다.

좌익 운동의 열이 식은 게 아니라, 애초 내 열의는 대단치 않았다.

나는 여전히 휘청거리는 다리로 중학교 저학년 시절에 자주 걸었던 길을 따라 스이도바시에서 오차노미즈로 걸어갔다.

오차노미즈를 지나서 히지리바시로 나갔다.

히지리 다리를 건너 왼쪽으로 언덕길을 내려가면 스다초로 들어가는 길목에 '시네마 팰리스'라는 영화관이 있다.

나는 신문에서 시네마 팰리스의 광고에 형의 이름이 실린 것을 본 적이 있었다.

나는 오르던 꼬불꼬불한 언덕길을 다시 내려가서 형 집 쪽으로 갔다.

여기까지 쓰다 보니 문득 나카무라 구사타오의 시구가 머리에 떠오른다.

　구절양장 길 내려가는 울보 송아지
　상쾌한 바람

세상

우시고메의 가구라자카에서 야라이 쪽으로 가다 보면 에도시대가 그대로 남아 있는 듯한 골목이 있었다. 그 골목 안에, 입구는 유리문으로 갈았지만 다른 건 옛날과 변함없는 무네와리棟割(벽으로 칸을 막아 한 채를 여러 가구로 나눈 집-역주) 공동주택이 세 채 있었다. 형은 거기서 한 여자와 그 어머니와 함께 살고 있었다.

병석에서 일어난 나는 그곳으로 굴러들어갔다.

시네마 팰리스의 무대 뒤로 형을 찾아갔을 때, 형은 형답지 않게 놀란 표정을 그대로 드러내며 나를 바라보았다.

"아키라, 어떻게 된 거야? 어디 아프니?"

나는 고개를 저으며 말했다.

"좀 피곤해서 그래."

형은 어깨를 으쓱했다.

"좀이 아닌 것 같은데. 아무튼 우리 집으로 와."

나는 형 집에서 신세를 지기로 하고 한 달쯤 뒤에 가까운 하숙집으로 옮겼는데, 잘 때 외에는 거의 형 집에서 지냈다.

아버지에게는 집을 나올 때부터 계속 형에게 얹혀산다고 말했었는데, 이렇게 해서 그 거짓말도 사실이 되었다.

형이 살고 있는 공동주택과 그 동네의 분위기는 라쿠고에 나오는 에도시대의 공동주택과 똑같았다. 수도도 없이 옛날 우물이 그대로 있었고, 주민들은 마치 생존하는 에도 토박이 같은 사람들뿐이었다. 형은 그런 사람들 속에서 낙향한 사무라이 같은, 마치 고단講談(전통적인 구연 예능-역주)에 나오는 호리베 야스베(호리베 다케쓰네. 주신구라에 나오는 47 무사 가운데 한 명-역주)처럼 존경을 받으며 살고 있었다.

공동주택 한 채의 구조는, 한 칸 넓이의 입구를 들어서자마자 한 평짜리 방이 있고 안에는 세 평 공간에 부엌과 변소가 있어서 비좁았다.

처음에 나는 '형 정도의 수입이면 이런 데 살지 않아도 될 텐데' 하고 이상하게 생각했지만, 날이 갈수록 그곳에서 사는 어떤 묘미를 알게 되었다.

주민들은 노무자, 목수, 미장이 등 직업이 확실한 사람도 있었지만, 뭘 해서 먹고 사는지 모를 사람이 더 많았다.

하지만 다들 서로 의지하면서 살았고, 생활이 힘들 텐데도 놀랄 만큼 밝아서 틈만 나면 신소리를 했다.

조그만 아이까지 이런 말을 했다.

"아빠, 어젯밤엔 어디서 마신 거야? 엄마가 뿔났다구."

어른의 대화도 이런 식이었다.

"오늘 아침에 문 앞에 앉아서 햇볕을 쬐고 있는데 말이야, 내 코 앞에 옆집에서 둘둘 만 이불이 날아오더니 그 속에서 옆집 영감이 굴러 나오는 거라. 옆집 여편네 지독하다니까."

"그래도 애정이 있구만. 다치지 않게 이불에 싸서 던졌으니."

그리고 안 그래도 좁은 집의 다락에 골방을 만들어서 그걸 세놓는 사람도 있었다.

그런 다락방을 빌려서 조그맣게 생선 장사를 하는 젊은 남자가 있었는데, 그 남자는 매일 아침 일찍 양철통을 들고 어시장에 물건을 사러 갔다. 그렇게 한 달을 부지런히 일해서, 한 달에 한 번 차려

입고 유곽에 가는 것을 낙으로 여겼다.

어쨌든 내게 그곳의 생활은 신기했고, 희극작가 산바三馬나 교덴京伝의 작품을 읽는 것 같아서 재미있고 즐거웠다. 또 공부도 많이 되었다. 왜냐하면 공동주택의 노인들은 대개 가구라자카에 있는 공연장에서 신발 지킴이를 하거나 영화관에서 허드렛일을 했기 때문에, 공연장이나 영화관의 정기권을 마음대로 만들어서 동네 사람들에게 헐값에 팔았다.

나는 그곳에 있는 동안 그 정기권으로 매일같이 영화관과 공연장에 다녔다.

당시 가구라자카에 있던 영화관은 외국영화를 상영하는 우시고메칸과 일본 영화를 상영하는 분메이칸 두 군데였다. 공연장은 가구라자카 연무장演舞場과, 이름은 잊었지만 두 군데가 더 있었다.

영화는 저 두 영화관에서 상영하는 것 외에도 형의 소개로 다른 영화관에서도 실컷 봤다. 하지만 공연장에서 명인의 예능을 마음껏 맛볼 수 있었던 것은 가구라자카에서 가까운 공동주택에서 생활한 덕이다.

나는 라쿠고, 고단, 온교쿠音曲(노[能], 요교쿠[謠曲] 등 음악을 중심으로 한 전통예능-역주), 나니와부시浪花節(샤미센의 반주로 부르는 노래-역주) 등 서민에게 사랑받는 이런 전통 예능이 장래에 도움이 되리라고는 꿈에도 생각지 못한 채 그저 마음 편히 즐겼다. 또 저명한 명인의 예능 외에도, 공연장을 빌려서 자신의 실력을 보여주는 다이코모치太鼓持(연회에서 흥을 돋우기 위해 재주를 보이는 남자 예능인-역주)들의 재주를 접하기도 했다.

지금도 잊을 수 없는 공연으로 '해 질 녘의 바보'라는 것이 있었다.

그것은 해 질 녘에 바보가 노을 진 하늘과 둥지로 돌아가는 새들을 멍하니 바라보며 서 있는 마임이었는데, 나는 그 우스꽝스러우면서도 어딘가 서글픈 정경을 생생하게 표현한 다이코모치의 솜씨에 감탄했다.

그 무렵에 영화는 토키(유성영화-역주) 시대에 들어갔다. 지금도 기억에 남아 있는 영화로는 이런 게 있다.

　　　〈서부전선 이상 없다〉 루이스 마일스톤

　　　〈서부전선 1918년〉 G. W. 파브스트

　　　〈최후의 중대〉 커티스 베른하르트

　　　〈지옥의 영웅〉 윌리엄 와일러

　　　〈파리의 지붕 밑〉 르네 클레르

　　　〈푸른 천사〉 조세프 본 스텐버그

　　　〈특종 기사〉 루이스 마일스톤

　　　〈거리의 풍경〉 킹 비더

　　　〈모로코〉, 〈상하이 익스프레스〉 조세프 본 스텐버그

　　　〈시티 라이트〉 찰리 채플린

　　　〈서푼짜리 오페라〉 G. W. 파브스트

　　　〈의회는 춤춘다〉 에릭 샤렐

이런 토키 시대의 발전은 무성영화 시대에 종지부를 찍고 무성영화가 필요로 하던 변사의 존재를 위협했다. 형의 생활이 심각한 타격을 입기 시작한 것도 그즈음이었을 것이다.

하지만 형은 아사쿠사에 있는 유명 영화관 다이쇼칸의 대표 변사가 되어 얼핏 아무렇지도 않은 눈치였기 때문에, 나는 느긋하게 공동주택 생활을 즐기고 있었다.

그러는 동안 나는 공동주택 사람들의 밝고 쾌활하고 솔직한 생활 이면에 무섭고 어두운 현실이 숨어 있다는 사실을 알아차렸다.

그것은 어디에나 있는 우리들 삶의 모습인지도 모르지만, 태평한 나도 처음으로 인간의 숨겨진 내면을 들여다보고는 생각에 잠기지 않을 수 없었다.

예를 들면 노인이 어린 손녀딸을 강간하는 일이 있었다.

또 매일 자살소동을 피워서 공동주택을 시끄럽게 하더니 어느 날 밤 서까래에 목을 매려다가 사람들에게 비웃음을 당하자 곧바로 우물에 몸을 던져 죽은 여자도 있었다.

옛날이야기에 흔히 나오는, 의붓자식을 구박하는 계모도 있었다.

진부 음산하기 짝이 없는 이야기다. 여기에는 그중 한 가지만 쓴다.

　　큰 것으로 달라며
　　쑥뜸 사러 오는
　　의붓자식

오래된 센류川柳(5,7,5 운율의 시. 하이쿠에 비해 용어구사가 자유롭고 풍자적이다-역주)에도 있듯이, 옛날이야기 속에는 의붓자식을 학대하는 장면이 빠지지 않는다. 이 시는 죄 없는 아이에게 쑥뜸을 뜨는 잔인한 계모의 이야기다. 자기가 뜨게 될 쑥을 사러 오는 의붓자식의 얼굴이 떠오른다. 이 오래된 시는 의붓자식을 학대하는 죄의 무거움을 표현하고 있다.

계모는 왜 의붓자식을 학대할까? 전처가 미워서 전처 자식을 구박한다는 것만으로는 납득이 가지 않는다. 그것은 무지라고밖에 할 수 없다. 무지한 인간의 일종의 광기다. 저항하지 못하는 어린 아이나 작은 동물을 학대하면서 좋아하는 인간은 광인이다.

하지만 그런 광인이 평소에는 평범한 얼굴을 하고 있으니 문제다.

하루는 형 집에 있는데 공동주택의 안주인이 울면서 뛰어들어 왔다.

그 사람은 더 이상 못 보겠다며 두 손으로 가슴을 부여잡고 쥐어짜듯이 울었다.

이유를 묻자 옆집에서 또 의붓자식을 학대한다고 한다. 가끔 여자아이 우는 소리가 들리는데 그날은 하도 심해서 옆집 부엌 창문으로 들여다봤더니, 그 집에 후처로 들어온 여자가 전처 자식을 기둥에 묶고 커다란 쑥으로 배에 뜸을 뜨고 있다는 것이다. 그러고는 무슨 말을 더 하려다가 밖을 보더니 갑자기 입을 다물었다. 밖을 지나가던 엷게 화장한 여자가 우리에게 붙임성 있게 눈인사를 하고 큰길 쪽으로 걸어갔다.

그 모습이 사라지자 안주인이 내뱉듯이 말했다.

"짐승 같으니라고. 방금까지 도깨비 같은 얼굴을 하고 있더니 저렇게 둔갑을 했네."

방금 큰길로 나간 여자가 전처 자식을 학대하던 장본인이었다. 도저히 믿기 힘들었고 형도 집에 없었지만, 안주인이 "아키라 씨, 지금 얼른 아이를 구해줘요"라고 조르는 바람에 나는 반신반의한 채로 안주인을 따라갔다.

과연 안주인 집에서 옆집 창문을 들여다봤더니, 여자아이가 기모노 끈으로 기둥에 묶여 있었다. 창문이 열리기에 나는 그 창문을 넘어서 왠지 도둑이 된 기분으로 남의 집에 들어갔다. 그리고 서둘러 여자아이를 묶고 있는 끈을 풀어주었다.

그런데 여자아이는 기뻐하기는커녕 눈을 부릅뜨고 나를 노려보며 악을 썼다.

"뭐하는 거야? 쓸데없는 참견 마."

나는 놀라서 그 아이를 쳐다보았다.

"묶여 있지 않으면 더 당한단 말이야."

나는 따귀를 한 대 얻어맞은 것 같았다.

이 아이는 묶고 있던 끈이 풀린다 해도 그 처지에서 빠져나오지 못한다.

이 아이에게 타인의 동정은 전혀 무의미하다. 아니, 안이한 동정은 민폐다.

"빨리 묶으라니까."

물어뜯을 듯한 아이의 말에 나는 다시 아이를 묶었다.

정말 한심했다.

쓰고 싶지 않은 이야기

우울한 이야기를 쓴 김에 쓰고 싶지 않은 이야기를 마저 쓰려고 한다.

그것은 형의 죽음에 대해서다.

그 이야기를 쓰는 것은 괴롭지만 쓰지 않으면 앞으로 나갈 수 없으니까 할 수 없다.

공동주택 생활의 음습한 일면을 본 나는 갑자기 집에 돌아가고 싶어졌다.

그리고 그즈음 서양 영화가 완전히 토키 시대로 들어가더니, 서양 영화 전용 극장은 변사가 필요 없다며 전원 해고 방침을 내리고 변사들은 파업에 들어갔다. 그때 형이 위원장이 되어 힘들어하고 있었기 때문에, 나는 그런 형에게 계속 신세를 지기가 미안했다.

나는 오랜만에 집에 돌아갔다.

내가 어떤 길을 걸어왔는지 아무것도 모르는 아버지와 어머니는 마치 긴 스케치 여행에서 돌아온 것처럼 나를 맞아주셨다.

아버지가 그동안 어떤 그림 공부를 했느냐고 물으셨지만, 나는 난처해서 서툰 거짓말로 적당히 둘러댈 수밖에 없었다. 나는 화가로서의 내게 기대를 품고 있는 아버지를 보면서, 화가로 재출발하자고 데생을 시작했다.

유화를 그리고 싶었지만, 큰 누나가 모리무라 학원에서 교사를 해서 유지하고 있는 집안 살림을 생각하면 물감이나 캔버스를 사 달라는 말을 할 수가 없었다.

그러던 어느 날, 형의 자살 미수라는 어두운 사건이 일어났다. 파업이 실패로 끝나고 난 뒤 위원장이었던 형의 괴로운 입장도 그 원인의 하나였다고 본다.

형 자신은 토키라는 영화 기술이 발전하는 과정에서 변사의 존재가 불필요해지는 것이 당연한 귀결이라고 생각하고 있었던 것 같다.

질 것을 알면서도 맡을 수밖에 없었던 파업 위원장이라는 입장이 얼마나 괴로웠을지는 상상하기 어렵지 않았다.

나는 다행히 목숨을 건진 형을 위해서, 또 이 사건으로 어두운 그림자가 드리운 우리 집을 위해서도 밝은 뉴스를 원했다.

그래서 형을 동거하던 여자와 정식으로 결혼시키자고 제안했다.

그분에게는 1년 가까이 신세를 진 데다 인품도 더할 나위 없었고 나도 진심으로 형수로서 내했으니, 그선 낭연히 내가 해야 할 일이라고 생각했다.

그리고 아버지와 어머니와 누나도 그 이야기에 반대는 없었다.

다만 뜻밖에도 형이 그 이야기에 대해 태도를 분명히 하지 않았다.

하지만 나는 단순하게 형이 실업 상태라서 그런 거라고 생각했다.

그런 내게 하루는 어머니가 이런 말씀을 하셨다.

"헤이고(형의 이름)는 괜찮은 거니?"

"뭐가요?"

"뭐기는…… 헤이고가 늘 말했잖니, 서른이 되기 전에 죽는다고……."

그건 사실이었다.

형은 예전부터 "나는 서른이 되기 전에 죽을 거야. 사람은 서른이 넘으면 추악해질 뿐이야"라고 입버릇처럼 말했다. 형은 러시아 문학에 심취했다. 특히 미하일 아르치바셰프(1878~1927, 러시아의 소설가-역주)의 『최후의 일선』을 세계 최고의 문학이라고 극찬하면서 언제나 가까이 두고 있었기 때문에, 나는 자살을 예고하는 듯한 형의 말도 『최후의 일선』의 주인공 나우모프가 말하는 기괴한 죽음의 메시지에 빠진 문학청년의 과도한 감정에 불과하다고 생각했다.

그래서 나는 어머니의 걱정을 웃어넘기고,

"죽는다는 사람일수록 더 안 죽어요."

라고 경박하기 짝이 없는 말을 해버렸다.

하지만 그 몇 달 뒤에 형은 죽었다.

늘 말하던 대로 서른이 되기 전에 스물여덟 살로 자살했다.

형은 자살하기 사흘 전에 내게 밥을 사주었다.

희한하게 그게 어디였는지 아무리 생각해도 기억이 안 난다. 아마 형의 죽음이라는 충격이 너무 컸기 때문인지, 그날 형과 마지막으로 헤어질 때의 일은 선명하게 떠오르는데도 그 앞뒤의 일이 도저히 생각나지 않는다.

형과 헤어진 것은 신오쿠보 역이었다.

나는 자동차에 타고 있었다.

형은 내게 그 차로 집으로 가라고 하고 역 계단을 올라갔다.

나를 태운 차가 움직이기 시작했을 때, 형이 계단에서 내려오더니 차를 세웠다.

나는 차에서 내려 형을 마주하고 물었다.

"왜?"

형은 잠시 나를 바라봤다.

"아무것도 아냐. 됐어."

그렇게 말하고 다시 계단을 올라갔다.

그다음에 본 형은 피범벅이 된 시트에 덮여 있었다.

이즈에 있는 온천 여관의 한 별실에서 자살한 형의 모습을 보고 나는 그 방 입구에서 움직이지 못했다.

그런 내게 아버지와 함께 형의 유해를 인수하러 온 친척 남자가 화난 듯한 목소리로 말했다.

"아키라, 뭘 히고 있이?"

뭘 하고 있냐고?

나는 죽은 형을 보고 있다.

육친인 형을, 같은 피가 흐르는 형을, 그 피를 흘리고 있는 형을, 그리고 나에게 무엇과도 바꿀 수 없는 소중한 형이 죽어 있는 모습을 보고 있는 거다.

뭘 하고 있냐니! 빌어먹을!

"아키라, 도와라."

아버지가 조용히 말씀하셨다.

그리고 아버지는 낮게 기합을 넣으면서 형의 시신을 시트에 싸기 시작했다.

나는 그런 아버지의 모습에 가슴이 아팠다.

그제서야 겨우 방에 들어갈 수 있었다.

도쿄에서 마련해간 차에 형의 시신을 실을 때 시신이 낮게 신음했다. 접힌 다리가 가슴을 누르는 바람에 공기가 입으로 나온 모양이다.

하지만 운전수는 겁에 질려서, 시신을 화장해서 도쿄로 돌아가는 길에도 미친 듯이 차를 달려 엉뚱한 샛길로 빠지기도 했다.

어머니는 형의 자살이라는 사건에도 시종 눈물 한 방울 보이지 않고 조용히 견디고 계셨다. 그런 어머니의 모습은, 어머니에게 그런 마음이 조금도 없는 줄은 알지만, 말없이 나를 꾸짖는 것 같아서 참을 수가 없었다.

나는 어머니가 형을 걱정해서 내게 의논했을 때 무책임하게 경솔하기 짝이 없는 말을 한 것을 사과하지 않을 수 없었다.

"무슨 그런 말을 하니?"

어머니는 그렇게 말씀하실 뿐이었다.

죽은 형을 보고 움직이지 못하던 내게 뭘 하고 있냐고 말한 친척을 나는 탓하지 못한다.

나는 어머니에게 도대체 무슨 말을 했단 말인가.

아니, 나는 형에 대해 도대체 무슨 말을 했나.

나는 얼마나 바보인가.

네거티브와 포지티브

만약…….

지금도 나는 가끔 생각한다.

만약 형이 자살하지 않고 나처럼 영화계에 들어와 있었다면?

형은 영화에 대한 지식과 이해력이 넘칠 정도로 충분했고 영화계에 친한 사람도 많은 데다 젊었으니까, 형에게 그럴 마음만 있었다면 성공했을 것이다.

하지만 형의 뜻은 누가 뭐라고 해도 바뀌지 않았을 거라고 본다.

소학교 시절의 범상치 않은 수재가 제1 중학교 입시에서 실패한 뒤로 그 명석한 머리에 염세철학이 깃들었다. 그리고 인생의 모든 노력은 허무하며 무덤 위의 춤에 지나지 않는다고 말하는 『최후의 일선』 속 나우모프라는 인물을 만나서 그런 생각은 너욱 확고해졌음에 틀림없다.

매사 완벽했던 형은 스스로 입에 담았던 말을 흐지부지 넘길 수 없었을 것이다.

또 이미 세파에 물들어 추해지는 자신을 보았을지도 모른다.

나중에 내가 영화계에 들어가서 〈작문교실綴方教室〉(야마모토 가지로 감독)의 제1 조감독을 맡았을 때, 주연인 도쿠가와 무세이 씨가 나를 찬찬히 보더니 이런 말을 하셨다.

"자넨 형님을 꼭 닮았어. 그런데 형님이 네거티브(음화)라면 자네는 포지티브(양화)군."

나는 평소에 형이 있고서 내가 있다고 생각했기 때문에, 무세이 씨가 한 말의 의미도 그렇게 받아들였다. 무세이 씨의 말을 더 들어보니, 형과 나는 용모는 똑같지만 형에게는 어두운 그늘이 있는 반면 나는 생김새도 성격도 밝아서 양성적이라는 이야기인 것 같다.

우에쿠사 게이노스케도 내 성격을 해바라기처럼 향일성이 있다고 말하는 걸 보면, 내게 그런 면이 있기는 있나 보다.

하지만 나는 형이라는 네거티브가 있어서 그 덕에 나라는 포지티브가 태어났다고 생각한다.

제4장
긴 이야기

위태로운 전환점

형이 죽었을 때 나는 스물셋이었다.

그리고 영화계에 들어간 것이 스물여섯 살 때였다.

그 3년 동안 별다른 사건은 없었다. 다만 형이 자살한 즈음, 소식이 끊겼던 큰형이 병사했다는 소식이 들어와 우리 집에 아들은 나 혼자만 남게 되었다. 그래서 나는 아버지와 어머니에 대해 장남 같은 책임감을 느끼고, 내내 빈둥거리고 있는 자신이 답답했다.

하지만 당시에 그림을 그려서 먹고산다는 것은 지금보다도 훨씬 어려운 일이었고, 나는 내가 과연 화가로서 재능이 있는지 의문을 갖기 시작했다.

세잔느의 화집을 보고 나서 밖에 나가면, 집과 길과 나무가 전부 세잔느의 그림처럼 보였다.

고흐나 위트릴로의 화집을 본 뒤에도 마찬가지로, 모든 것이 고흐나 위트릴로의 눈을 통해서 보는 것 같았다. 전혀 나 자신의 눈으로 보는 것 같지 않았다. 다시 말해 나만의 눈으로 세상이 보이지 않았다.

지금 생각하면 그렇게 간단히 자기만의 눈을 가질 수는 없는 게 당연했다.

하지만 젊었던 나는 그게 불만스럽고 불안했다. 어떻게든 나만의 시각을 가지고 싶어 안달했다. 그리고 일본의 다른 화가들의 화집을 보면 모두 독자적인 시각을 가지고 개성 있는 그림을 그리고 있는 것 같아서 점점 더 초조해졌다.

그것도 지금 생각해보면, 정말 자기만의 시각으로 독자적인 그림을 그린 사람은 얼마 되지 않고 대부분은 억지로 꾀를 내고 기교를 부린 데 지나지 않았다.

누구의 작품인지는 잊었지만, '빨간 것을 순수하게 빨갛다고 말하지 못한 채 시간을 보내고, 그것을 순수하게 말할 수 있게 되었을 때는 어느새 만년이다'라는 시가 있었는데, 정말 맞는 말이다. 젊을 때는 자기현시욕이 지나쳐서 오히려 진정한 자기를 잃는 사람이 많다.

나 역시 억지로 꾀를 내서 그림을 그렸고, 그 그림에서 드러나는 과시욕에 자기혐오를 느꼈다. 그리고 점점 내 재능에 대해 자신감을 잃고 그림을 그리는 일 자체가 고통스러워졌다.

게다가 물감이나 캔버스를 사기 위해 재미없는 부업을 해야 했다.

잡지의 삽화, 요리 학교 교재에 싣는 요리법 그림, 야구 잡지의 만화 등을 그렸는데, 열정도 없이 하는 일은 점점 그림에 대한 의욕을 빼앗았다.

그 무렵부터 나는 뭔가 다른 일을 해야겠다고 생각하기 시작했다. 그런 마음의 밑바닥에는 뭐가 됐든 일을 해서 아버지와 어머니를 안심시키고 싶은 마음이 있었다. 그저 형 뒤를 따라가기만 하던 나는 갑자기 형을 잃자, 조바심과 될 대로 되라는 기분에 고삐 풀린 망아지처럼 내달렸다. 그때가 내 인생에서 위태로운 전환점이었던 것 같다.

아버지는 날뛰는 내 고삐를 잡고 놓지 않으셨다. 아버지는 조급

해하는 내게 "초조해하지 마라, 급할 것 없다"라고 말씀하셨다. 초조해하지 말고 기다리면 저절로 길이 열린다는 아버지의 말씀에 무슨 근거가 있었는지는 모르겠다. 아마도 당신의 순탄치 않은 인생 경험에서 나온 말이었을 것이다.

그런데 그 말은 놀랄 만큼 정확하게 정곡을 찌르고 있었다.

1936년의 어느 날, 신문을 읽고 있는데 P.C.L. 영화촬영소에서 조감독을 모집한다는 광고가 눈에 들어왔다.

그때까지 영화계에 들어갈 생각은 전혀 해본 적이 없었는데, 그 광고 내용에 나도 모르게 흥미를 느꼈다.

광고에는 우선 1차 시험으로 논문을 제출하라고 적혀 있었다. 논제는 '일본영화의 근본적인 결함을 예시하고 그 교정방법에 대해 논하라'는 것이었다.

재미있을 것 같았다.

거기에서 P.C.L. 이라는 회사의 젊은 의욕이 전해졌고 뭔가 확실한 느낌이 있었다. 또 주어진 논제가 내 장난기를 자극했다.

근본적인 결함을 예시하고 그 교정방법에 대해 논하라고 하지만, 근본적인 결함은 교정이 불가능하나.

나는 그런 생각으로 장난삼아 논문을 쓰기 시작했다. 어떤 내용이었는지 지금은 생각나지 않는다. 하지만 형의 영향으로 서양 영화는 많이 봐왔고, 영화 팬의 한 사람으로서 일본 영화에 대해서도 성에 차지 않는 점이 많았으니까, 아마 하고 싶은 말을 마음대로 늘어놓았을 것이다.

또 조감독 모집 요강에는 논문과 함께 이력서와 호적등본을 보내라고 적혀 있었는데, 당시 내 책상 서랍에는 무슨 일이든 할 생각으로 준비해둔 이력서와 호적등본이 들어 있었다.

나는 그 서류와 완성한 논문을 P.C.L.로 보냈다.

그리고 몇 달 뒤에, 2차 시험이 있으니 몇 월 며칠 몇 시에 P.C.L. 촬영소로 오라는 편지를 받았다.

나는 그런 논문도 통과되는가 하고 여우에 홀린 듯한 기분으로 정해진 날짜에 P.C.L. 촬영소로 갔다.

나는 영화 잡지에서 사진으로 P.C.L. 촬영소를 본 적이 있었는데, 하얀 스튜디오 앞에 야자수가 늘어서 있어서였는지 촬영소가 지바 해안에 있다고 생각하고 있었다.

그런데 2차 시험의 통지서에는 신주쿠에서 오다큐 선을 타고 세이조가쿠엔 역에서 내리라고 적혀 있었다.

지금 생각하면 어이없지만, 그때 나는 '오다큐 선을 타도 지바에 갈 수 있나 보구나'라고 생각했다.

그 정도로 나는 일본 영화계에 관해 몰랐고, 내가 영화계에서 일하게 되리라고는 꿈에도 생각하지 못했다.

어쨌든 나는 P.C.L. 촬영소에 갔다.

그리고 거기서 내 인생 최고의 스승이신 야마 상(야마모토 가지로[山本嘉次郎] 감독)을 만난다.

고갯마루

여기까지 쓰고 보니 무척 신기하다.

내가 P.C.L. 촬영소에 들어가기까지 걸어온 길, 그러니까 영화의 길로 들어서기까지의 코스가 우연이라기에는 너무나 교묘하게 준비된 것 같다는 생각이 든다.

탐욕스럽게 미술, 문학, 연극, 음악 등의 예술에 몰두해서 머릿속에 집어넣은 나는, 마치 앞길에 그 모든 것을 쏟아부을 수 있는 영화라는 길이 있다는 것을 예견한 것처럼 보일지 모르겠지만, 전혀 그렇지 않았다.

그저 우연치 않게 그런 길이 마련되어 있었던 것 같은 느낌이다. 유일하게 말할 수 있는 것은, 내가 의식적으로 그런 길을 걸어온 것이 아니라는 사실이다.

P.C.L.의 앞마당은 사람들로 가득했다.

나중에 들었는데, 응모자가 500명이 넘었다고 한다.

논문 심사에서 3분의 2 가량을 떨어뜨린 모양인데, 어쨌든 그날 무인 사람만 130명이 넘었다.

나는 모집 인원이 다섯 명이라고 알고 있었기 때문에, 100명이 넘는 사람들을 보고 합격에 대한 기대를 깨끗이 접었다.

그리고 시험보다도 촬영소라는 데가 어떤 곳일까 하는 호기심이 더 컸기 때문에, 느긋한 기분으로 주위를 둘러봤다.

촬영이 없는지 배우 같은 사람은 보이지 않았지만, 응시자 가운데 모닝코트를 입은 사람이 하나 있었다.

　그게 묘하게 기억에 남아서, 지금도 가끔 생각나면 '그 사람은 왜 모닝코트를 입고 왔을까?' 하고 고개를 갸우뚱하게 된다.

　2차 시험은 몇 팀으로 나누어 팀별 과제로 시나리오를 쓴 뒤 구술시험이 있다고 해서, 우선 시나리오를 쓰게 되었다.

　우리 팀의 시나리오 과제는 신문의 사회면에 실렸다는, 고토 구에 사는 공장 노동자가 아사쿠사의 댄서에게 빠져서 저지른 범죄 사건이었다.

　나는 시나리오라는 건 뭘 어떻게 써야 하는지 전혀 몰라서 난처해하고 있었는데, 옆에 있는 남자가 능숙한 폼으로 척척 쓰고 있었다.

　딱히 커닝하려는 건 아니었지만 한동안 보고 있자니, 아마도 사건이 일어난 장소를 먼저 정한 다음에 스토리를 써나가는 모양이었다. 나도 그런 식으로 썼다. 햇병아리 화가였던 나는 그림을 그리는 감각으로 어두운 공장가와 화려한 뮤직홀을 번갈아 배치하고 노동자와 댄서의 생활을 검정색과 분홍색으로 대비하면서 이야기를 만든 것 같은데, 내용은 생각나지 않는다.

　시나리오를 제출하고 나서 구술시험을 보기까지 꽤 오래 기다렸다.

　시나리오를 쓰는 동안 오후가 되었기 때문에, 아침만 먹고 온 나는 배가 고팠다.

　구내식당에서 먹어도 되는지 몰라서 가까이 있던 남자에게 물어봤더니, 그 남자는 친절하게도 그곳에 아는 사람이 있으니까 그 사람에게 사달라고 하겠다며 누군가를 데리고 왔다.

나는 그 누군가에게 카레라이스를 얻어먹었고, 그러고도 한참을 기다려서 해가 기울 무렵에야 구술시험장으로 불려갔다.

나는 거기서 처음 야마 상을 만났다.

물론 그때는 누군지 몰랐지만, 대화가 잘 통해서 그림, 음악, 그리고 물론 영화사의 시험이니까 영화 이야기도 했다. 내용은 잊었다. 다만 나중에 야마 상이 어느 잡지에서 나를 소개하는 글 속에 '구로사와 군은 텟사이鉄斎(20세기 초에 활약한 문인화가이자 유학자-역주)와 소타쓰宗達(에도시대 초기의 화가-역주)와 고흐와 하이든을 좋아한다'라고 쓴 걸 보면, 이 네 사람이 화제에 나왔던 모양이다.

아무튼 이야기에 꽤나 열중했다.

창밖이 어슴푸레해졌기에 내가 "아직 밖에 기다리는 사람이 많은데요"라고 했더니 야마 상은 "아, 그렇지, 고맙네"라며 웃는 얼굴로 가볍게 말하고, "자네, 시부야 쪽으로 갈 거면 정문 앞에서 버스를 타게"라고 가르쳐주었다. 정문 앞에서 기다렸더니 과연 시부야행 버스가 왔다. 나는 그 버스를 타고 시부야에 도착할 때까지 창밖을 보았지만, 결국 비디는 보이지 않았다.

그리고 한 달쯤 지나서 P.C.L.에서 3차 시험을 보라는 통지가 왔다.

이번에는 최종 면접이어서 소장과 총무 부장까지 만나게 되었다.

그 자리에서 비서 과장이 우리 집안 사정에 대해 꼬치꼬치 캐물었는데, 그 말투가 기분이 나빠서 나도 모르게

"이거 심문입니까?"

라고 덤비고 말았다.

소장(당시 모리 이와오 씨)이 "자, 자" 하면서 사이에 끼어들었고, 나는 이렇게 해서 시험에 떨어졌다고 생각했다.

그런데 뜻밖에 일주일쯤 뒤에 P.C.L.에서 채용 통지서가 왔다.

하지만 나는 최종 면접 때 만난 비서 과장이 마음에 들지 않았고 그날 본 여배우들의 분칠한 얼굴도 기분이 나빴기 때문에, 아버지께 채용 통지서를 보이면서 "이런 게 왔는데 실은 마음이 썩 내키지 않아요"라고 덧붙였다.

그러자 아버지는 "싫으면 언제든지 그만두면 돼. 하지만 뭐든 경험이다. 한 달이든 일주일이든 해보는 게 어떻겠냐?"라고 말씀하셨다.

나는 그도 그렇겠다고 생각했다.

그렇게 해서 P.C.L.에 입사했다.

입사하는 날에 보니, 채용된 사람이 다섯 명이 아니라 전부 스무 명이었다. 이상해서 물어봤더니, 조감독 다섯 명 외에도 촬영부 조수, 녹음부 조수, 사무원 각 다섯 명씩을 다른 날에 시험을 봐서 채용했다고 한다.

월급은 조감독과 촬영부 조수와 녹음부 조수가 28엔, 사무원이 30엔이었다.

사무원의 월급이 2엔 많은 이유는 장래성의 측면에서 조감독이나 촬영조수나 녹음조수보다 그들이 불리하기 때문이라고 비서 과장이 설명했다.

그 비서 과장은 나중에 총무 부장이 되었다. 그 무렵에 동료 감독 한 사람이 떨어진 조명에 깔려 늑골 여섯 개가 부러지고 그 충격으로 장이 뒤틀려서 맹장염을 일으켰는데, 그때 조명 때문에 늑골이 부러진 사고는 회사 책임이지만 맹장염은 회사 책임이 아니라는 명언을 내뱉은 사람이 그였다. 또 촬영소 노조 투표에서 가장 호감이 가지 않는 인물로 최다 득표를 달성하기도 했다.

어쨌든 조감독으로 입사한 나는 제일 처음 맡은 일 때문에 당장 그만둬야겠다고 결심했다.

아버지는 뭐든 다 경험이라고 하셨지만, 두 번 다시 경험하고 싶지 않은 일뿐이었다.

선배 조감독들이 그만두겠다는 나를 열심히 만류하면서, 작품도 이런 작품만 있는 게 아니고 감독도 이런 감독만 있는 게 아니라며 달래주었다.

나는 두 번째 일부터 야마모토 팀에 들어가게 됐고, 선배들이 말한 대로 작품도 감독도 여러 가지라는 사실을 알게 되었다.

야마모토 팀에서의 작업은 즐거웠다.

절대로 야마모토 팀을 떠나고 싶지 않았다.

다행히 야마 상도 나를 보내지 않았다.

내 얼굴에 고갯마루의 바람이 불어왔다.

고갯마루의 바람이란 길고 험한 산길을 오를 때 고갯마루에 가까워지면 산 저편에서 시원하게 불어오는 바람을 말한다.

그 바람이 얼굴에 닿으면 고갯마루가 가깝다는 것을 안다. 곧 고갯마루에 서서 탁 트인 전망을 내려다볼 수 있다.

나는 카메라 옆의 감독 의자에 앉아 있는 야마 상 뒤에 서서 '드디어 여기까지 왔구나' 하는 감회로 가슴이 벅차올랐다.

야마 상이 지금 하고 있는 일, 그것이야말로 내가 정말 하고 싶었던 일이다.

나는 겨우 고갯마루 위에 다다랐다.

고개 너머로 탁 트인 전망과 일직선으로 뻗은 길이 보였다.

P.C.L.

"비행선 만드는 회사에 다니세요?"

언젠가 술집에서 이런 질문을 받았다.

내 가슴에 달린 P.C.L.의 배지는 렌즈를 옆으로 누인 모양이며 그 안에 P.C.L.이라고 적혀 있다.

그 모양이 어떻게 보면 비행선처럼 보이기도 했다.

P.C.L.은 Photo Chemical Laboratory, 즉 사진화학연구소다.

그 연구소에서 유성영화를 연구하기 시작했고, 나중에는 스튜디오를 만들고 촬영소가 되어 영화제작에 뛰어든 것이다.

그래서 그곳에는 기존의 영화사에 없는 신선하고 젊은 기풍이 있었다.

감독도 소수 정예로 뛰어난 신진들이 많았다.

야마모토 가지로, 나루세 미키오, 기무라 소토지, 후시미즈 슈(후
시미즈 오사무라고도 한다-역주) 등, 모두 젊었고 무성영화 시절과는 분
위기가 달랐다. 작품도 종래의 일본 영화와는 달랐다. 하이쿠俳句
를 지을 때 계절감을 나타내기 위해 쓰는 계제季題에 비유하자면,
봄에 해당하는 '새잎', '빛나는 바람', '향기로운 바람'과 같은 분위기
가 있었다.

예를 들면 나루세 감독의 〈아내여, 장미처럼妻よ薔薇のやうに〉,
야마 상의 〈나는 고양이로소이다我輩は猫である〉, 기무라 감독의
〈오빠와 여동생あにいもうと〉, 후시미즈 감독의 〈풍류염가대風流
艶歌隊〉 등도 전부 풋풋한 데가 있었다.

하지만 다른 한편으로는 왠지 국적 불명 같은 경향도 있었다. 당
시 일본은 국제연맹에서 탈퇴하고 2.26 사건(1936년 2월 26일에 청년
장교들이 천황의 친정을 주장하며 일으킨 군사 쿠데타-역주)을 겪고 독일과 방
공협정을 맺는 등 시국이 어수선했음에도, 그것을 뒤로 하고 히비
야 공원에서 '진달래꽃 필 무렵' 같은 노래를 흥얼거리며 거니는 듯
한 영화도 있었다.

내가 P.C.L.에 입사한 것은 2.26 사건 직후였는데, 그날 내린 폭설
의 흔적이 남아서 촬영소 그늘에 눈이 쌓여 있던 기억이 난다.

지금 생각하면 그런 정세 속에서 P.C.L.이 탈 없이 성장한 것이
신기하다.

수뇌부도 영화를 사랑하는 청년들처럼 젊어서 새로운 방침을 세
워서 밀고 나갔다.

물론 촬영소의 인력은 아직 아마추어를 긁어모은 수준에서 벗어나지 못했다. 그래도 모든 것이 뒤죽박죽 섞여 있는 요즘의 작업에 비하면, 다소 어설프고 고지식하기는 했지만 소박하고 순수한 마음으로 일관된 좋은 작업이었다고 생각한다.

아무튼 P.C.L.은 꿈의 공장이라고 부르기에 적합한 장소였다.

회사의 방침에 따라서 새로 채용된 조감독은 도쿄 대학 출신, 교토 대학 출신, 게이오 대학 출신, 와세다 대학 출신, 그리고 경력이 수상한 한 명(이게 나였다), 이렇게 다섯 명이었고, 모두 물 만난 고기처럼 신나게 헤엄치기 시작했다.

당시 P.C.L.에서는 조감독을 간부 후보생(장래의 간부, 감독)이라고 생각해서, 영화제작에 필요한 모든 부문의 일을 마스터하게 했다.

그래서 우리는 현상 작업도 도왔고, 못이 든 주머니를 허리에 차고 벨트에 망치를 꽂고 호리존트(바닥부터 천장까지 이음새 없이 만든 세트 벽면 혹은 막-역주)를 나르기도 했고, 시나리오와 편집 작업에도 참가했고, 배우를 대신해서 엑스트라 역할도 했고, 현지촬영을 가면 회계까지 봐야 했다.

또 사장이 미국에 가서 촬영소를 견학하고 제1 조감독의 중요성과 그들의 멋진 일솜씨에 감동해서 돌아오더니, 촬영소 한가운데에 '제1 조감독의 명령은 곧 사장 명령'이라는 간판까지 세웠다.

결국 그게 영화제작에 관련된 각 부문의 반감을 사서, 그 저항을 극복하기 위해 우리 조감독들이 고군분투해야 하는 사태를 초래했다.

"불만이 있으면 현상소 뒤로 와."

그 무렵 제1 조감독들은 가끔 이런 말을 하며 촬영부, 조명부, 무대장치, 소품 담당들과 말다툼을 했다.

다소 도가 지나친 점도 있었지만, 조감독을 간부 후보생으로 보는 방침과 훈련 방법은 틀리지 않았다고 생각한다.

요즘의 조감독은 감독이 되었을 때 곤란하지 않을까?

영화제작 전반에 대해 꿰고 있지 않으면 감독 일을 할 수가 없다.

감독은 전선 사령관 같은 존재다.

전술을 안다고 해도 각 병과에 통달하고 모든 부대를 장악하고 있지 않으면 지휘를 할 수 없다.

P.C.L.에서 배운 건 내게 행운이었다.

P.C.L.은 사람을 키우는 의미에 대해 알고 있었다.

사람을 쓰려면 사람을 키우지 않으면 안 된다.

키운 사람, 키운 재능이기에 쓸 수 있는 것이다.

좋은 집을 지으려면 노송나무나 삼나무를 키워야 한다.

막대기와 판자 조각을 주워 와서 만들 수 있는 것은 쓰레기통 정도다.

지금이야말로 P.C.L.의 정신으로 돌아가 일본 영화의 근본적인 결함에 대해서 생각해야 할 때다.

긴 이야기(1)

1974년 8월, 나는 야마 상의 병세가 위중하다는 연락을 받았다.

〈데루수 우자라Dersu Uzala〉를 찍기 위해 러시아로 출발하기 직전이었다.

러시아에서의 작업은 적어도 1년하고도 수개월은 걸린다. 그사이에 야마 상에게 만일의 일이 생겨도 귀국할 수 없기 때문에, 나는 무거운 마음으로 야마 상의 집에 찾아갔다.

세이조 북쪽 언덕 위에 있는 야마 상의 집은 대문에서 현관까지 올라가는 길에 콘크리트가 깔려 있고 그 길 한가운데에 부인이 정성껏 가꾼 화단이 길게 이어져 꽃이 예쁘게 피어 있었는데, 울적했던 내게는 그 꽃의 색이 너무 짙어 보였다.

병상에 누워 있는 야마 상은 야위어서 안 그래도 높은 코가 더 높아진 것 같았다.

내가 인사를 하자 야마 상은 가느다란 목소리로 정중하게 말했다.

"바쁠 텐데 와줘서 고맙네."

그리고 곧바로 물었다.

"러시아의 조감독은 어떻던가?"

"좋은 사람이에요. 제가 하는 말을 일일이 적으면서 잘합니다."

내가 대답하자 야마 상은 희미하게 웃고는 말했다.

"적기만 하는 조감독은 안 돼."

나도 그렇게 생각했지만, 괜한 말을 해서 야마 상에게 걱정을 끼치면 안 된다는 생각에,

"괜찮아요. 사람이 너무 좋은 거 같긴 하지만 일은 확실하게 합니다."

라고 약간 거짓말을 했다.

"그럼 괜찮지만."

야마 상은 전골 요리 이야기를 시작했다.

러시아에 옛날식 전골 요리를 맛볼 수 있는 가게가 있으니까 꼭 가보라면서 위치를 가르쳐주었다. 그리고 예전에 함께 가서 먹었던 전골집의 음식 맛에 대해 이야기하기 시작했다.

본인은 식욕이 전혀 없을 텐데도 즐겁게 그런 이야기를 하는 야마 상을 보면서, 나는 정말 야마 상다운 배려라고 생각했다.

러시아로 가는 나를 기분 좋게 보내주고 싶었을 것이다.

나는 모스크바에서 야마 상의 부고를 들었다.

야마 상에 대해 쓰면서 병석에 있던 이야기부터 하는 건 이상할지도 모르지만, 나는 야마 상이 병석에 있을 때조차 무엇보다 조감독에 대해서 마음을 기울였다는 사실을 말하고 싶었다.

야마 상만큼 조감독에 대해 신경을 쓴 감독도 없을 것이다.

영화촬영을 준비하는 단계에서는 우선 스태프부터 구성하는데, 야마 상은 항상 제일 먼저 조감독을 누구로 할지부터 정했다.

무슨 일에도 유연성 있는 태도로 임하고 담백하고 싹싹한 야마 상이 조감독을 뽑을 때만은 놀랄 만큼 완고했다.

신참이 후보에 오르면 그 사람의 품성과 자질에 대해 납득할 때까지 조사하게 했다.

하지만 일단 채용한 조감독들에게는 나이나 경력을 따지지 않았고 그들의 의견을 묻곤 했다.

이런 자유롭고 격의 없는 관계가 야마모토 팀의 특징이었다.

내가 야마모토 팀의 조감독으로 참여한 주요 작품은 〈야무진 긴타ちゃっきり金太〉, 〈천만장자千万長者〉, 〈놀라운 인생びっくり人生〉, 〈남편의 정조良人の貞操〉, 〈도주로의 사랑藤十郎の恋〉, 〈작문교실綴方教室〉, 〈말馬〉이다. 그사이에 나는 제3 조감독에서 제1 조감독이 되어, B반의 감독이나 편집 혹은 더빙을 맡게 되었다.

그사이의 4년가량은 마치 가파른 언덕길을 단숨에 뛰어오른 것 같았다.

야마모토 팀에서의 작업은 하루하루가 즐겁고 충실했다.

스스럼없이 의견을 말할 수 있었고 그 의견이 많이 반영되기도 했기 때문에, 일에 의욕이 있었다.

그런데 그 무렵 P.C.L.은 다른 영화사에서 스카우트한 배우와 감독으로 진용을 짜서 도호東宝 영화사로 발전했다. 영화 시장에서 타사와 경쟁하기 위해 힘든 조건 속에서 제작할 수밖에 없었기 때문에, 한 편 한 편 작업할 때마다 여간 고생한 게 아니었다.

그래서 더 공부가 되었겠지만, 어쨌든 제대로 잠을 잘 틈이 없다는 점에는 두 손을 들었다.

당시 영화를 제작하는 스태프들의 바람은 아마 잠이 전부였을 것이다.

게다가 우리 조감독들은 다른 스태프들이 쉬는 시간에도 다음 촬영 준비에 쫓겨서 도저히 쉴 수가 없었다.

당시 가끔 이불이 잔뜩 깔려 있는 커다란 방을 상상하면서 '그 이불 하나에 뛰어 들어가서 잤으면' 하고 생각했다.

하지만 그런 상황에서도 우리들은 눈두덩에 침을 발라가며(그렇게 하면 조금 잠이 깬다) 분발했다. 조금이라도 더 좋은 작품을 만들기 위해 심혈을 기울였다.

그 한 예로 '혼다 나뭇결 님'의 일화가 있다.

혼다 나뭇결 님이란 혼다 이시로를 말한다. 당시 제2 조감독이었던 그는 무대장치 담당이 바쁠 때면 늘 급조한 기둥이나 널빤지에 정성껏 나뭇결을 그려 넣곤 했기 때문에 그런 별명이 붙었다.

나뭇결을 그린 건 오로지 야마 상의 작품을 조금이라도 더 좋게 만들고 싶은 마음에서였다.

아니, 야마 상의 신뢰에 보답하려면 그렇게 하지 않고는 배기지 못했을 것이다.

우리들에 대한 야마 상의 신뢰는 우리를 한마음으로 이끌었다.

그리고 그런 마음은 일을 할 때 가장 중요한 근기를 키워주었다.

니도 그렇게 해서 일에 임하는 근기를 길렀다.

제1 조감독이 되자 그 근기가 타고난 고집과 만나서 이상한 집념처럼 변했다.

〈주신구라忠臣蔵〉를 촬영할 때였다.

1부를 다키자와 에이스케 감독이 맡고 2부를 야마 상이 담당했다. 그런데 2부의 습격 장면이 아직 남아 있는 상태였는데 제날짜에 개봉하려면 하루밖에 여유가 없었다.

야마 상도 회사의 수뇌부도 포기했지만, 나는 완전히 포기하지 못하고 오픈세트에 가봤다.

대문과 뒷문과 마당은 전부 완성되어 있었는데, 어디에도 눈이 없었다.

나는 소금이 든 양동이를 들고 뒷문 위에 올라가서 지붕에 걸터앉아 소금을 뿌리기 시작했다.

무대장치 감독(협객 두목 같이 무뚝뚝한 이나가키라는 노인이었다)이 오더니 나를 올려다보며 물었다.

"뭐해?"

"뭐하긴요. 가신들이 습격한 날은 폭설이었어요. 눈이 있어야 일을 하죠."

나는 그렇게 말하고 묵묵히 지붕에 소금을 뿌렸다.

이나가키 감독은 그런 나를 어이없다는 듯이 잠시 올려다보고 있다가, 뭐라고 중얼거리면서 무대장치실 쪽으로 갔다.

그리고 무대장치 스태프들을 여러 명 데리고 왔다.

"어이, 눈이다. 눈을 뿌려!"

이나가키 감독이 외쳤다.

나는 지붕에서 내려와 야마모토 팀의 대기실에 가서 소파에서 자고 있는 야마 상을 깨웠다.

"뒷문의 눈이 곧 완성됩니다. 야마 상이 뒷문에서부터 찍기 시작하세요. 그사이에 저는 대문에 눈을 뿌려서 대문 장면을 찍겠습니다. 그걸 야마 상에게 드린 다음에 마당에 눈을 뿌리고 마당 장면을 찍겠습니다. 그리고 대문까지 다 찍은 야마 상에게 그걸……."

야마 상은 졸린 눈을 끔벅거리며 고개를 끄덕이고는 힘겹게 일어섰다.

그날은 놀랄 만큼 날씨가 좋아서 적색 필터로 찍은 가짜 야경 속의 기라 저택 습격 장면은 새까만 하늘과 새하얀 눈이 멋진 대조를 이루었다.

하지만 마당 장면을 찍을 무렵부터 진짜 밤이 되어서 촬영이 끝난 건 한밤중이었다.

촬영을 전부 마치고 기념사진을 찍고 있는데, 소장이 오더니 준비한 건 별로 없지만 건배를 하고 싶으니 식당에 와달라고 했다.

식당에는 급하게 마련한 테이블 위에 술과 안주가 놓여 있었다.

중역들이 상석에 앉아 있었고 우리도 그 앞에 앉았지만, 녹초가 된 스태프들은 건배할 힘도 없고 아무것도 목으로 넘어가지 않았다.

다들 빨리 자고 싶을 뿐이었다.

중역의 연설이 있었다. 〈주신구라〉 촬영을 개봉날짜에 맞춘 노고에 대한 감사의 말이었는데, 모두 장례식에 온 문상객처럼 고개를 숙이고 듣고 있었다. 그리고 연설이 끝나자 먼저 조명부가 일어나서 말없이 인사를 하고 나갔다. 이어서 촬영부, 그리고 녹음부 스태프들이 마찬가지로 일어나서 말없이 인사하고 나갔다.

남은 건 중역들과 야마 상과 우리 조감독들뿐이었다.

중역도 괴로웠겠지만 나도 괴로웠다.

야마 상은 정말 화를 안 내는 사람이었다.

화가 나 있더라도 화를 내지 않았다.

할 수 없이 내가 나서서 야마 상이 화가 났다는 것을 사람들에게 이해시켜야 했다.

특히 스카우트해온 배우들은 제멋대로라 종종 촬영 시간에 늦었다.

그런 일이 몇 번인가 계속되자 야마 상이 화를 내지 않아도 스태프들이 참을 수 없는 지경이 되었다.

그렇게 되면 촬영에 지장이 생기니까 곤란하다.

한번은 내가 야마 상과 스태프 전원에게 미리 일러둔 뒤에 그 배우가 또 지각했을 때,

"그만! 오늘은 여기까지!"

라고 소리쳤다.

그 배우와 매니저만 남기고 다들 재빨리 철수해버렸다.

그러고 나면 그 배우나 매니저가 야마모토 팀의 대기실로 올 게 뻔하기 때문에, 나는 야마 상에게 되도록 무서운 얼굴을 하고 있으라고 당부해놓았다.

예상대로 그 사람이 찾아와서 조심스럽게 물었다.

"오늘 촬영이 중단된 게 제가 지각했기 때문인가요?"

나는

"아마 그렇겠죠."

라고 대답하고 야마 상을 보았다.

야마 상은 난처한 표정으로 우물쭈물했지만, 나는 상관하지 않고 그 사람에게 못을 박듯이 말했다.

"일정표는 지각하라고 드린 게 아닙니다."

이렇게 해서 그 배우는 다음날부터 제시간에 오게 되었다.

야마 상은 조감독에게도 화를 내지 않았다.

언젠가 현지촬영을 할 때 콤비로 나오는 배우 중 한 사람을 깜박 잊고 안 부른 일이 있었다.

나는 당황해서 다니구치 센키치谷口千吉(당시 야마모토 팀의 제1 조감독이었고, 나중에 감독이 되어 <은산의 끝[銀嶺の果て]>, <자코만과 데쓰[ジャコ万と鉄]>, <여명의 탈출[暁の脱走]> 등의 수작을 만들었다)에게 가서 의논했다. 그러자 센 짱은 조금도 당황하지 않고 야마 상에게 가서 당당하게 말했다.

"야마 상, 오늘 ○○는 안 올 겁니다."

야마 상이 깜짝 놀라서 센 짱의 얼굴을 보며 물었다.

"왜?"

"부르는 걸 잊었으니까요."

센 짱은 마치 야마 상이 잊기라도 한 것처럼 고자세로 대답했다.

이게 바로 P.C.L.의 명물 다니구치 센키치 특유의, 누구도 따라할 수 없는 부분이다.

야마 상은 센 짱의 그런 황당한 태도에도 화를 내지 않고

"그래, 알았어."

라고 말하고, 그날 촬영은 콤비 중 한 사람만으로 그럭저럭 때웠다.

야마 상은 그 사람에게 뒤를 돌아보면서 "어이, 뭐 하고 있어? 빨리 와"라고 말하게 하는 것으로 그 장면을 해결했다.

나중에 그 작품이 완성된 뒤 야마 상은 센 짱과 나를 데리고 시부야에 한 잔 하러 나갔다. 그리고 그 영화를 상연하는 영화관 앞을 지나자, 야마 상은 걸음을 멈추더니 우리들에게

"들어가 볼까?"

라고 했다.

셋이 나란히 앉아서 영화를 보았다.

이윽고 콤비 한 명이 빠진 문제의 장면에서 한 사람이 뒤를 돌아보며 "어이, 뭐 하고 있어? 빨리 와"라고 말하자 야마 상은 센 짱과 내게 물었다.

"또 한 사람은 뭘 하고 있나? 똥이라도 누고 있나?"

센 짱과 나는 그 자리에서 벌떡 일어나 차렷 자세를 취하고 어두운 영화관 안에서 야마 상을 향해 깊이 머리를 숙였다.

"정말 죄송합니다."

주위의 관객들은 덩치 큰 두 남자가 갑자기 일어서서 허리를 굽히는 모습을 놀라서 쳐다보았다.

야마 상은 그런 사람이었다.

우리들이 B반에서 찍어 온 필름을 마음에 안 들어도 절대 자르지

않았다.

그리고 그게 영화관에 개봉되면 우리들을 데리고 가서 "저 장면은 이렇게 찍는 게 낫지 않았을까?" 하는 식으로 가르쳐주었다.

그것은 조감독을 키우기 위해서라면 자신의 작품을 희생해도 좋다고 생각하지 않고는 할 수 없는 방식이었다.

게다가 그런 식으로 키워준 나에 대해서 야마 상은 어느 잡지에 이렇게 썼다.

'구로사와 군에게 가르친 건 술밖에 없다.'

그런 야마 상에게 나는 어떻게 감사해야 할지 모르겠다.

내가 영화와 영화감독이라는 일에 대해서 야마 상에게 배운 것이 너무나 많아서 여기에 전부 쓸 수가 없다.

야마 상은 최고의 스승이었다.

그것을 가장 잘 보여주는 것이 바로 야마 상의 제자(야마 상은 이 말을 무척 싫어했다)들의 작품이 야마 상의 작품과 전혀 닮지 않았다는 점이라고 생각한다.

야마 상은 결코 조감독들의 개성을 바로잡으려고 하지 않고 순전히 그것을 키우는 일에만 신경을 썼다.

또 스승이라는 딱딱한 느낌을 주지 않고 자유롭게 우리를 키워주었다.

하지만 그런 야마 상도 무서울 때가 있었다.

에도시대를 재현한 오픈세트에서 있었던 일이다.

무슨 글자였는지 잊었지만, 어느 가게 밖에 간판이 나와 있었다.

배우 한 사람이 내게 무슨 가게냐고 물었다. 나도 모르는 한자라 무슨 가게인지 몰랐지만, 어림짐작으로 약방일 거라고 대답했다.

그때 야마 상에게서는 보기 드문 엄격한 목소리가 들렸다.

"구로사와 군."

나는 놀라서 야마 상을 봤다.

야마 상의 그런 무서운 얼굴은 그때까지 본 적이 없었다.

그 무서운 얼굴로 야마 상이 말했다.

"저건 향낭 집 간판이야. 무책임한 말을 하면 안 돼지. 모르는 건 모른다고 해."

나는 대답을 하지 못했다.

그 말을 가슴에 새겨서 지금도 잊지 않으려고 한다.

또 야마 상은 좌담에 능했기 때문에 술자리에서 배운 것도 산더미 같다.

야마 상은 취미가 다양했다. 특히 음식에 관해서는 식도락가라고 해도 좋을 정도여서, 세계의 미식에 대해서 이것저것 배웠다.

맛이 있다 혹은 없다는 가장 단순한 판단도 못하는 사람은 인간 실격이라는 것이 야마 상의 지론이었고 맛있는 음식을 먹는 것을 좋아했기 때문에, 그런 방면에서도 많은 공부가 되었다.

그리고 야마 상은 고미술, 특히 오래된 도구류에 조예가 깊고 민예품에도 애정이 많아서 그 분야의 지식도 얻어들었다.

그림을 좋아했던 나는 그쪽에 특히 관심이 많았기 때문에, 나중에는 야마 상보다도 깊이 들어갔다.

또 야마 상은 현지촬영을 하러 가는 기차 안에서 시간이 있으면 조감독들과 간단한 테마를 정해서 짧은 이야기를 만드는 게임을 했다.

그건 시나리오나 연출에 관한 공부도 됐지만, 시간 때우기로도 꽤 재미있었다. 하지만 그 게임에서 야마 상을 이길 수 있는 사람은 아무도 없었다. 그만큼 야마 상이 만든 이야기는 재미있었다.

예를 들어 '덥다'라는 테마가 나왔을 때 야마 상은 이런 이야기를 만들었다.

장소는 전골집 2층.

무자비한 여름의 태양이 꽉꽉 닫힌 방문의 창호를 뜨겁게 내리쬔다. 그 좁은 방에서 한 남자가 흐르는 땀을 닦지도 않고 전골집 종업원에게 끈질기게 구애를 하고 있다. 그 옆에서는 냄비 속의 전골이 졸아서 지글지글 소리를 내고 소고기 냄새가 방안에 가득하다.

이 이야기는 '덥다'라는 테마를 남김없이 담아냈을 뿐만 아니라, 구애하고 있는 남자의 모습이 눈에 보이는 것 같아서 재미있다.

조감독 전원이 야마 상에게 항복했다.

야마 상은 이렇게 인간미가 넘쳐서 그 추억을 다 쓸 수가 없다.

야마 상은 만년에 훈장을 받았는데 그 축하연의 단상에서 이런 말을 했다.

"축사는 짧을수록 좋습니다. 짧으니까 축사祝辭(縮辭와 일본어 발음이 같다-역주)고, 길면 조사弔辭(長辭와 일본어 발음이 같다-역주)가 되니까요."

나는 러시아에 있어서 야마 상의 장례식에 참석하지 못했다.

만약 내가 그때 일본에 있었으면 조사를 읽었을 것이다.

나는 지금 야마 상에게 바치는 조사라고 생각하며 이 글을 쓰고 있다.

길어지는 것도 조사라서 그렇다고 양해해주시기 바란다.

긴 이야기(2)

"봐. 여기도 '야마카지'山火事(산불-역주)랑 '구로사와'가 있어!"

차창 밖을 보며 한 스태프가 떠들었다. 〈말馬〉의 현지촬영을 위해 미야기 현의 나루코로 가는 기차 안이었다.

나루코에 가려면 도호쿠 선의 구로사와지리에서 오우 선의 요코테로 빠지는 요코구로 선을 타는데, 구로사와지리에서 조금만 가면 구로사와라는 역이 나온다.

그 구로사와 역 부근에서 산불이 난 걸 보고 스태프가 수선을 피운 거다.

야마 상은 본명인 '야마모토 가지로'를 줄여서 '야마카지'라고도 불리고 있었다.

'여기도 야마카지랑 구로사와가 있다'라고 한 것은, 야마 상이 있는 곳에 항상 내가 있었기 때문에 산불과 구로사와 역을 엮어서 말장난을 한 것이다.

그 정도로 조감독 시절에 나는 항상 야마 상과 함께 있었다.

일을 할 때는 물론이고, 일이 끝나도 함께 술을 마시거나 야마 상

집에 가서 식사를 하기도 했다.

야마 상은 작품을 한 편 끝내도 연달아서 일에 쫓겼기 때문에, 우리는 다음 일을 의논하느라 늘 함께였다.

〈도주로의 사랑〉이 끝났을 때는 고생은 고생대로 했는데 작품의 평이 좋지 않아서, 야마 상도 나도 힘이 쪽 빠져서 아침부터 같이 술을 마셨다.

그때 요코하마의 항구가 보이는 술집에서 둘이 아침 햇살 속에 묵묵히 술을 마시면서 항구의 배를 바라보던 씁쓸한 추억이 지금도 잊히지 않는다.

내가 야마 상의 제1 조감독이 되어 몇 편인가 작품을 만들고 경험을 쌓자, 야마 상은 내게 시나리오를 쓰게 했다.

야마 상은 본래 시나리오 작가 출신이라서 시나리오를 쓰는 솜씨가 출중했다.

한번은 다니구치 센키치가 여느 때처럼 야마 상의 면전에 대고 말했다.

"야마 상은 시나리오 작가로는 최고지만 연출가로는 별 거 없거든요."

물론 이건 센 짱 특유의 독설로, 연출가 운운하는 부분은 애교로 말했을 뿐이다.

하지만 야마 상이 시나리오 작가로서 최고였다는 사실은 분명하다.

이건 그 뒤에 시나리오를 써서 야마 상에게 적확한 비판과 교정을 받아본 사람으로서 자신 있게 말할 수 있다.

비판은 누구나 할 수 있다.

하지만 그 비판에 입각해서 구체적으로 교정하는 일은 웬만한 재능만 갖고는 할 수 없다.

야마 상의 지시로 쓴 첫 번째 시나리오는 후지모리 나리요시 원작의 〈미즈노 주로자에몬水野十郎左衛門〉이었는데, 그중에 미즈노가 에도 성문 밖에 나붙은 방의 내용을 동료들에게 전하는 대목이 있었다.

나는 원작에 있는 대로, 방을 읽고 온 미즈노가 동료들과 방의 내용에 대해 이야기하는 장면을 썼다.

그걸 읽은 야마 상은 "소설이라면 이대로 괜찮지만 시나리오는 안 돼. 이걸로는 너무 약해"라고 하더니 쓱쓱 고쳐서 내게 보여주었다.

나는 그걸 읽어 보고 깜짝 놀랐다.

야마 상은 미즈노가 방을 읽고 와서 전한다는 굼뜬 장면 대신, 방이 붙은 팻말을 뽑아 와서 동료들 앞에 내동댕이치며 대뜸 "이걸 봐"라고 말하게 했다.

나는 압도당했다.

이건 한 가지 예에 불과하지만, 시나리오에 대한 야마 상의 생각이나 접근 방식의 역량을 미루어 짐작할 수 있는 좋은 예이다.

그 뒤로 나는 책 읽는 방식을 바꿨다.

작가가 무엇을 말하려고 하는지, 또 그것을 어떻게 말하고 있는

지를 생각하면서 신중하게 읽었다. 또 노트를 옆에 두고 감명을 받은 부분이나 중요하다고 생각한 점을 적으면서 읽었다.

이전에 읽었던 책도 그런 식으로 다시 읽어 보니, 지금까지는 피상적으로 읽었다는 것을 알게 되었다.

높은 산은 그것을 보는 사람이 오르면 오를수록 높게 보인다.

문학이나 그 밖의 예술도 자신이 성장할수록 점점 그 깊이를 알게 된다. 그런 당연한 사실을 깨달을 수 있도록 단서를 제공해준 사람이 야마 상이었다. 야마 상은 내 눈앞에서 즉각 시나리오를 고쳐주었다. 그 필력에 놀란 나는 분발해서 다시 공부했고, 그 과정에서 창작의 비결을 조금씩 알게 되었다.

야마 상은 감독이 되고 싶거든 먼저 시나리오를 쓰라고 했다.

나도 그렇게 생각했기 때문에 열심히 시나리오를 썼다. 조감독일이 바빠서 시나리오를 쓸 여유가 없다고 말하는 것은 태만이다.

하루에 원고지 한 장밖에 쓰지 못하더라도, 1년이면 365매를 쓸 수 있다.

그렇게 생각한 나는 하루 한 장을 목표로 해서, 밤새워 일한 날은 할 수 없지만 잘 시간이 날 때는 잠자리에 누워서라도 두세 장을 썼다. 그런데 일단 쓰려고 생각하니까 의외로 잘 써져서, 시나리오 몇 편을 완성했다.

그중의 하나가 〈달마사의 독일인達磨寺のドイツ人〉이었다.

이 시나리오는 나중에 야마 상의 추천을 받아서 『영화평론』에 실렸고, 이타미 반사쿠 씨의 눈에 들어서 뜻밖의 찬사를 받기도 했다.

이 시나리오와 관련해서 한 가지 난처한 일이 있었다. 야마 상으로부터 그 원고를 건네받은 『영화평론』의 기자 겸 영화평론가가 술을 마시고 탄 전차에서 원고를 잃어버렸다. 분노한 야마 상이 항의하면서 신문광고를 내서 찾으라고 그 사람을 나무랐지만, 결국 광고는 나오지 않았다. 나는 원고가 세상에 나갈 귀한 기회를 잃는 게 아까워서, 사흘가량 기억을 더듬어가며 밤새 다시 써서 『영화평론』을 인쇄하는 공장까지 들고 갔다. 거기서 원고를 분실한 장본인을 만났는데, 그 사람은 사과는커녕 원고를 실어준다고 생색을 내는 듯한 얼굴을 했다. 나는 좋게 해석해서 '저 사람으로서는 그런 얼굴을 할 수밖에 달리 방법이 없었겠지'라고 생각했지만, 솔직히 말하면 속이 부글부글 끓어올랐다. 야마 상은 원고를 분실한 것을 당신의 책임으로 여기고 괴로워했건만, 그런 야마 상의 정당한 요구를 무시한 그자의 뻔뻔함은 지금 생각해도 역겹다.

내가 그럭저럭 시나리오를 쓸 수 있게 되자, 야마 상은 내게 편집을 하라고 했다. 나도 감독이 되려면 편집을 할 수 있어야 한다는 것은 알고 있었다.

편집은 촬영한 필름에 생명을 불어넣는, 영화의 화룡점정 같은 작업이다. 그것을 알고 있었기 때문에, 나는 야마 상이 말하기 전부터 이미 편집실을 들락거리고 있었다.

아니, 편집실을 휘젓고 다녔다.

야마 상이 촬영한 러시(아직 편집하지 않은 필름)를 꺼내어 잘랐다 붙였다 하곤 했다.

그걸 본 전문 편집자가 불같이 화를 냈다.

야마 상은 편집 실력도 좋아서 제꺽제꺽 해치웠고, 편집자는 그것을 보고 필름을 이을 뿐이었다. 그런데 조감독이 자기 일에 손을 대니 용서할 수 없었을 것이다. 더군다나 그 편집자는 워낙 성격이 꼼꼼해서 잘라낸 컷의 한 프레임, 아니 반 프레임까지 확실하게 정리해서 서랍 속에 넣어두는 남자였으니, 멋대로 필름을 만지작거리는 나를 가만히 두고 볼 수 없었던 것도 무리가 아니다. 어쨌든 나는 그 남자에게 수도 없이 혼이 났다. 별로 자랑할 일은 아니지만, 나는 아무리 야단을 맞아도 필름을 잘랐다 붙였다 하는 일을 멈추지 않았다.

그러는 동안 그 편집자도 포기했는지, 아니면 자른 러시를 원래대로 다시 이어두는 걸 보고 안심했는지, 내가 필름을 주물럭거리는 것을 묵인하게 되었다.

그 편집자는 나중에 내 작품의 책임 편집자가 되어 죽을 때까지 함께 일했다.

내가 편집에 대해 야마 상에게서 배운 것은 산더미 같다. 그중에서도 가장 중요하다고 생각하는 것은 자신이 작업을 객관적으로 바라볼 수 있는 능력이 필요하다는 점이다.

야마 상은 고생해서 찍은 자신의 필름을 마치 가학증 환자처럼 잘라댔다.

"구로사와 군, 어젯밤에 생각해봤는데 그 ○○장면은 없어도 되겠어."

"구로사와 군, 어젯밤에 생각해봤는데 그 ○○장면의 앞부분을 자르지."

야마 상은 언제나 그런 말을 하면서 즐거운 표정으로 편집실에 들어왔다.

없어도 돼! 자르자고! 잘라!

편집실의 야마 상은 살인마 같았다.

'자를 거면 안 찍어도 될 걸' 하고 생각한 적도 있었다. 나도 고생했으니까 필름이 잘리는 건 가슴 아팠다.

하지만 감독이 고생을 하건 조감독이 고생을 하건 카메라맨이나 조명 담당이 고생을 하건, 그런 일은 관객이 알 바 아니다.

중요한 건 군더더기 없이 충실한 영화를 보여주는 것이다.

물론 찍을 때는 필요하다고 생각하니까 찍는다. 하지만 찍고 나서 보면 찍을 필요가 없었다고 알게 되는 것도 많다.

필요 없는 건 필요 없는 거다.

누구나 고생한 양에 비례해서 가치를 판단하고 싶어 한다.

하지만 그것은 영화를 편집할 때 절대 금물이다.

영화는 시간의 예술이라고 하지만, 불필요한 시간은 필요 없다.

편집에 대해 야마 상에게 배운 것 중에 이것이 가장 큰 교훈이었다.

이 글은 영화의 기술에 관한 책이 아니니까 편집에 대한 전문적인 이야기는 이 이상 쓰지 않겠다.

다만 편집에 관련된 야마 상의 일화를 또 한 가지 소개한다.

〈말〉을 작업할 때, 야마 상은 나에게 편집을 맡겼다.

〈말〉의 내용 중에 어미 말이 팔려간 망아지를 찾아 헤매는 장면이 있었다. 어미 말은 미친 듯이 마구간을 차부수고 방목장까지 달려가서는 울타리를 넘어 안으로 들어가려고 했다. 나는 그런 어미 말이 애처로워서 그 표정과 행동을 극명하게 이어서 드라마틱하게 편집했다.

그런데 영사기로 돌려 보니 전혀 느낌이 살지 않았다. 몇 번을 다시 편집해도 어미 말의 심정이 화면에서 우러나오지 않았다. 야마 상도 내가 편집한 필름을 여러 차례 함께 보았지만, 아무 말이 없었다. "이걸로 됐다"라고 말하지 않는다는 건 "이대로는 좋지 않다'라는 뜻이다. 나는 너무 곤혹스러워서 야마 상에게 "어떻게 하면 좋을까요?"라고 물었다. 그때 야마 상은 이렇게 말했다.

"구로사와 군, 여긴 드라마로 보여줄 곳이 아니야. 애잔한 분위기로 가야하지 않을까?"

애잔한 분위기. 그 표현에 나는 눈이 번쩍 뜨이는 것 같았다.

"알겠습니다!"

나는 편집을 싹 바꾸었다.

롱숏으로 찍은 장면만 연결했다.

달밤에 갈기와 꼬리를 나부끼며 달리는 어미 말의 작은 실루엣을 쌓듯이 이어갔다.

그것만으로 충분했다.

아직 소리를 넣지 않았지만 애처로운 어미 말의 울음소리와 침통

한 목관악기의 선율이 들려왔다.

감독이 되려면 촬영 현장에서 필요한 모든 일과 연출을 할 수 있어야 한다.

영화 연출이란 간단히 말하면 시나리오를 구체화해서 필름에 담는 일이다.

그러기 위해서는 촬영, 조명, 녹음, 미술, 의상, 소품, 분장 등 모든 부분에 적절한 지시를 내리지 않으면 안 되고, 배우의 연기도 지도해야 한다.

야마 상은 조감독들에게 그런 경험을 쌓게 하기 위해 종종 B반의 감독(대리 감독)을 맡겼다. 어떤 때는 한 장면을 중간까지만 찍고 서둘러 집에 돌아가는 일도 있었다. 조감독을 어지간히 신뢰하지 않고서는 불가능한 일이다.

우리들 조감독으로서는 일을 맡았으니 책임이 무겁고, 잘못했다가는 야마 상의 신용뿐만 아니라 스태프들의 신용까지 잃을 수 있으니 필사적이 될 수밖에 없었다.

야마 상은 틀림없이 그런 사정을 다 알면서도 어디선가 히죽히죽 웃으면서 한 잔 하고 있었을 것이다.

하지만 야마 상의 이런 처사는 불시에 치르는 시험과 같아서, 우리에게는 연출 능력을 실험할 수 있는 좋은 기회가 되었다.

〈말〉을 찍을 때도 야마 상은 현지촬영 현장에 오기는 했지만, 이틀째가 되자 "부탁하네"라고 말하고 돌아가 버렸다.

이렇게 해서 나는 감독이 되기 전부터 연출과 함께 스태프들을 통솔하는 훈련을 받았다.

야마 상은 배우를 다루는 기술도 좋았다.

그것은 미조구치 겐지 감독이나 오즈 야스지로 감독처럼 준엄하고 중후한 스타일이 아니라 온화하고 경묘했다.

야마 상은 이런 말을 자주 했다.

"배우를 감독이 생각하는 쪽으로 억지로 끌어당기면, 감독이 생각하는 곳의 반밖에 오지 못해. 차라리 배우가 생각하는 쪽으로 밀어줘. 그리고 배우에게 본인이 생각하는 일의 곱절을 하게 하는 거야."

그래서 야마 상의 작품 속에서는 배우들이 자유롭게 즐기는 듯한 분위기가 있다.

그 좋은 예가 에노켄(에노모토 겐이치[榎本健一])이다. 에노켄은 야마 상의 작품 속에서 정말 신명나게 그가 가지고 있는 매력을 마음껏 발휘했다.

그리고 야마 상은 배우들을 정중하게 대했다.

나는 가끔 단역 배우의 이름을 잊어버려서 입고 있는 옷 색깔로 부르곤 했다.

"거기 빨간 이이."

"잠깐, 거기 파란 양복."

그러다가 야마 상에게 지적을 받았다.

"구로사와 군, 그러면 안 돼. 사람은 다 이름이 있으니까."

물론 나도 안다.

하지만 이쪽은 바쁘니까 이름을 알아볼 여유가 없다.

그런데 야마 상은 지시를 내리고 싶은 배우가 있으면 그 사람이 엑스트라라도

"구로사와 군, 저 사람 이름 좀 알아봐주게."

라고 말한다.

내가 야마 상에게 그 사람의 이름을 알려주면, 야마 상은 그때서야 그 배우에게 지시를 내린다.

"○○씨, 두세 걸음 왼쪽으로 가주세요."

자기 이름을 불린 무명 배우는 감격한다. 그럴 때의 야마 상은 조금 약은 면도 있지만, 사람을 다루는 방법이 좋다고 해야 할 것이다.

그 밖에 내가 배우에 관해서 야마 상에게 배운 중요한 것이 세 가지 있다.

첫째, 사람은 자기 자신에 대해서 잘 모른다. 즉 자신이 말하는 방식이나 동작을 객관적으로 보지 못한다.

둘째, 의식적으로 동작을 하면 동작보다 그 의식이 더 드러난다.

셋째, 어떻게 하면 되는지를 가르칠 때는 동시에 그 이유를 납득시켜야 한다.

내가 야마 상에게 배운 것은 원고지가 아무리 많아도 다 쓰지 못한다. 이제 야마 상에게 배운 영화의 사운드에 대해 쓰는 것으로 '긴 이야기'를 마치려고 한다.

야마 상은 영화의 사운드에 대해서도 신중해서, 자연의 소리든 음악이든 섬세한 감각으로 처리했다.

그래서 더빙 작업(영화에서 음향이나 음악을 넣는 마무리 작업)에 무척 까

다로웠다.

'영화=영상×음향'이라는 나의 지론은 야마 상의 더빙 작업을 거쳐서 나온 것이다.

조감독들에게 더빙 작업은 특히 힘들었다.

대개 더빙을 할 때쯤이면 촬영을 마치고 녹초가 되어 있는 데다 개봉일이 코앞에 닥쳐 있었다. 그래서 시간적인 여유가 없어서 밤샘 작업이 이어지는 일도 많았고, 무척 세심한 작업을 요하는 소리(음)와 싸워야 하기 때문에 신경이 마모되는 느낌이었다.

하지만 다른 한편으로는 촬영한 영상(이미 자연의 소리가 들어가 있는 경우도 많지만)에 어떤 소리를 더함으로써 전혀 다른 효과를 만들어내는 더빙 작업에는 특별한 매력과 즐거움이 있었다.

영상은 소리를 넣는 방법에 따라 다양하게 표정을 바꾸어 사람에게 전달된다.

그런 효과를 계산하는 것은 감독이고 조감독이 그 영역까지 끼어드는 일은 드물었기 때문에, 우리들은 그 효과에 놀라곤 했다.

야마 상은 그런 우리들을 보는 것이 즐거운 듯, 일부러 기법을 밝히지 않고 독특한 효과음이나 음악을 사용해서 우리들을 놀라게 했다.

소리에 따라 영상이 몰라볼 정도로 강렬한 느낌으로 바뀔 때면 우리는 피로를 잊고 흥분했다.

당시와 같은 유성영화 초창기에, 영상과 음향의 상관관계에 대해서 야마 상만큼 생각하고 있던 감독도 없었을 것이다.

야마 상은 내게 그것을 가르치고 싶었는지, 〈도주로의 사랑〉의 더빙을 내게 맡겼다.

그런데 야마 상은 사전 시사회에서 영화를 보더니 처음부터 다시 하라고 했다.

나는 충격을 받았다.

많은 사람들 앞에서 망신을 당한 기분이었다.

더빙을 다시 하는 데 드는 시간과 수고도 엄청나거니와, 더빙 관계 스태프들을 볼 면목이 없었다.

무엇보다 나는 뭐가 문제인지조차 알지 못했다.

나는 나도 모르는 실수를 찾기 위해서 릴을 수도 없이 되풀이해서 봤다. 그리고 겨우 그것을 발견해서 다시 작업에 들어갔다.

수정한 영화를 본 야마 상은 간단히 "오케이"라고 말했다.

나는 그런 야마 상이 얄미워졌다.

뭐든지 내게 시켜놓고 마음대로 말한다고 생각했다.

하지만 그렇게 생각한 것도 잠깐이었다.

〈도주로의 사랑〉의 완성을 축하하는 파티에서 야마 상의 부인이 내게 이렇게 말했다.

"그이가 좋아했어요. 구로사와 군은 시나리오도 잘 쓰고, 이제 연출이건 편집이건 더빙이건 다 맡겨도 괜찮다면서요."

나는 불현듯 눈시울이 뜨거워졌다.

야마 상은 나의 최고의 스승이었다.

야마 상! 좀 더 분발하겠습니다.

이상으로 야마 상에게 바치는 조사를 마친다.

짜증과 고집

나는 쉽게 짜증을 내고 고집이 세다.

감독이 된 뒤에도 나아지지 않았지만, 특히 조감독 시절에는 이 짜증과 고집 때문에 문제가 많았다.

한때 어떤 작업에 쫓겨서 점심시간도 제대로 못 챙기고 회사에서 주는 도시락으로 때우는 날이 일주일 이상 계속된 적이 있었다.

회사에서 나온 도시락은 주먹밥에 단무지뿐이었다.

그게 일주일이나 계속되니 미칠 지경이었다.

스태프들 사이에서 불만이 나왔고, 나는 회사에 조금은 신경을 써서 김초밥쯤은 내달라고 부탁했다. 제작과에서 그러겠다고 하기에, 나는 내일부터는 다른 도시락이 나올 거라고 스태프들을 달랬다. 그런데 다음 날 나온 도시락도 주먹밥과 단무지였다. 화가 난 스태프 한 명이 내게 그 도시락을 던졌다. 나도 화가 치밀었지만 꾹 참고, 날아온 도시락을 주워 들고 제작과로 갔다. 회사 부지에서 좀 떨어진 오픈세트에서 촬영을 하고 있었기 때문에, 제작과 사무실까지 가는 데 10분은 걸렸다. 나는 걸어가는 내내 '화내지 말자. 화내지 말자'고 스스로를 다독였다. 하지만 걸어가는 동안 울화통은 점점 크게 부풀어 올랐다. 제작과 사무실의 문을 열 때는 터지기 일보 직전이었고, 제작 과장 앞에 섰을 때 기어이 폭발했다.

나는 제작 과장의 얼굴을 향해 도시락을 내던졌고 제작 과장은 밥풀투성이가 됐다.

또 후시미즈 슈 감독(아마 상의 예전 조감독) 밑에서 조감독을 했을 때의 일이다.

밤하늘에 별이 총총한 장면을 찍어야 해서 세트 천장에 올라가 가느다란 실로 반짝거리는 장식을 매달고 있었는데, 엉킨 실이 좀처럼 풀리지 않아 짜증이 나 있었다.

카메라 옆에서 올려다보고 있던 후시미즈 감독도 짜증이 났는지 "빨리 좀 해"라고 언성을 높였다.

안 그래도 답답해하고 있던 나는 장식물 상자에 들어 있던 은색 유리알을 집어서 후시미즈 감독에게 내던졌다.

"여기 별똥별입니다!"

나중에 후시미즈 감독이 말했다.

"자넨 아직도 애야. 툭하면 짜증을 내는 어린애 같아."

그 말이 맞는지도 모른다.

예순이 넘어도 이 버릇이 고쳐지지 않는다. 지금도 가끔 짜증의 불꽃을 올리지만 그러고 말 뿐, 인공위성처럼 방사능을 남기지는 않으니까, 스스로는 양호한 짜증이라고 생각한다.

이런 일도 있었다.

사람 머리를 때리는 소리를 녹음하고 있었는데, 여러 가지 물건으로 소리를 내도 음향 담당이 좀처럼 오케이를 내지 않았다.

나는 화가 나서 마이크를 때렸다.

그러자 오케이를 알리는 파란 불이 들어왔다.

나는 말 많은 사람을 좋아하지 않는다. 특히 이론을 늘어놓는 자는 질색이다.

이론만 내세우는 어떤 시나리오 작가가 삼단논법을 써서 "그러므로 내 시나리오는 좋다"라고 하기에, 짜증이 나서 "이론적으로 증명한들 재미없는 건 재미없으니까 할 수 없다"라고 해서 싸움이 벌어진 일도 있었다.

또 어떤 급한 작업 때문에 내가 B반에서 연출을 할 때였다.

한 컷을 다 찍고 지쳐서 앉아 있는 내게 카메라맨이 다음 카메라 위치가 어디냐고 물었다.

나는 앉아 있는 근처를 가리키며 "여기"라고 했다.

그 카메라맨도 이론을 앞세우는 자라, "왜 카메라 위치가 거기인지 이론적으로 그 근거를 설명하라"고 했다.

나는 짜증이 나서(짜증나는 일이 많아 큰일이다), "카메라 위치를 거기로 한 이론적인 근거는 내가 녹초가 돼서 움직이고 싶지 않기 때문"이라고 했다.

그 카메라맨은 싸우는 것을 무척 좋아하는 남자였는데, 내 말을 듣고 어이가 없었는지 잠자코 있었다.

어쨌든 나는 짜증을 자주 냈다.

조감독들에게 들으니, 내가 짜증을 낼 때는 얼굴이 빨개지고 코끝이 창백해진다고 한다. 화내는 방식이 실로 예술적이라고 할 수 있겠는데, 거울을 보면서 화를 낸 적이 없기 때문에 진위 여부는 알 수 없다.

하지만 조감독들에게 그건 위험신호일 테니까, 진지하게 관찰한 게 틀림없다.

지금부터 쓰는 이야기는 고집에 관한 것이다.

야마 상의 작품 〈말〉에는 거의 끝부분에 말 시장이 나온다. 주인공인 '이네'라는 여자아이가 말 시장에 있는 점포에서 술을 사서 그것을 들고 붐비는 인파를 지나, 말 시장에 팔 망아지를 둘러싸고 작별의 술자리를 벌이고 있는 가족들에게 돌아가는 장면이다.

이네의 귀에 자기 가족들처럼 말을 둘러싸고 술잔치를 벌이고 있는 농민들이 부르는 도후쿠 지방의 민요가 들려온다. 자기가 키운 말과의 작별을 앞둔 이네에게는 그 노랫소리가 견딜 수 없이 구슬프게 들린다.

본래 이 작품은 야마 상이 라디오에서 우연히 들은 말 시장의 실황방송에서 착안한 것이다. 그때 라디오에서 들린 여자아이의 울음소리가 이네라는 주인공을 만들었다. 따라서 말 시장에서 이루어지는 이 장면이 작품의 핵심이었다.

그런데 육군 마정국馬政局(말의 개량과 번식에 관한 행정을 담당하는 기관-역주)에서 그 장면을 자르라는 명령이 내려왔다.

전시 낮술 금지령에 위반된다는 것이다.

나는 화가 치밀었다.

이 장면은 시나리오에도 있었다.

촬영에는 마정국의 정보 담당 마부치 대령(완고하고 고집 센 인물로 그의 방식을 '마부치 선풍'이라고 했다)도 입회했었다. 말 시장이 열리는 광장을 비스듬히 횡단하면서 찍는 이동촬영이라 무척 힘들었다. 말 시장에 모인 사람들의 협조를 구하는 것도 큰일인 데다가, 여기저기에 진창과 웅덩이가 있어서 거기에 놓은 판자 위를 이동차가 제대로 건너기란 천 번에 한 번 성공할까 말까 한 어려운 일이었다. 하지만 기적적으로 만사가 순조롭게 진행되어 멋진 장면을 찍을 수 있었다.

그런데 이제 와서 자르라니 말도 안 되는 소리였다.

나는 단호하게 거절했다.

하지만 상대가 당시 우는 아이도 그친다는 육군인 데다가 직접 상대할 사람은 마부치 대령이었으니, 사태가 심각해졌다.

야마 상도 모리타 노부요시 프로듀서도 자를 수밖에 없다는 의견으로 기울었지만, 편집을 담당하고 있던 나는 절대 못 자른다고 버텼다.

무엇보다 '낮술 금지' 운운하는 것 자체가 획일적이고 융통성 없는 바보 같은 이야기다.

게다가 촬영을 허가한 이상 "미안하지만 잘라주시오"라면 모를까, 무턱대고 자르라는 태도를 납득할 수 없었다.

개봉일이 다가온 어느 날 밤, 편집실에 있는데 모리타 씨가 찾아왔다.

나는 그의 얼굴을 보자마자 말했다.

"안 자릅니다."

"알아."

모리타 씨는 그렇게 가볍게 대답했다.

"자네가 그런 표정일 때는 무슨 말을 해도 소용없다는 거 알고 있어. 그래도 이대로는 곤란해. 지금 같이 마부치 대령 집에 가지."

"가서 뭘 어떻게 하려고요?"

"자를지 말지 결론을 내줘."

"대령은 자르라고 하고, 저는 안 자를 건데요. 가봤자 서로 노려보기밖에 더 하겠습니까?"

"그렇게 되면 그걸로 할 수 없고. 아무튼 가자고."

예상대로 마부치 대령 집에서 마부치 대령과 나는 서로 노려보고만 있었다.

모리타 씨가 먼저,

"구로사와 군은 절대로 자르지 않겠다고 합니다. 이 친구는 도리에 맞지 않는 이야기는 절대로 받아들이지 않습니다. 잘 부탁합니다."

라고 말하더니, 모르는 척하고 마부치 대령 부인이 내온 술을 잠자코 마셨다.

나도 마부치 대령도 각자 할 말을 다 하고는 말없이 계속 술을 마셨다.

가끔 대령 부인이 술병을 가지고 와서 걱정스럽게 세 사람을 보고 나갔다.

그런 상태가 얼마나 계속되었는지 모르겠지만, 술고래 마부치 대령 집에 있던 술병이 전부 나왔다. 대령 부인이 술을 데우기 위해 나와 있던 술병을 거두어 갔을 정도니까, 상당히 긴 시간이었을 것이다. 그 긴 시간이 지난 뒤에, 마부치 대령이 갑자기 자기 앞에 있는 쟁반을 옆으로 치우더니 내 앞에 두 손을 짚고 머리를 숙였다.

"미안하네. 잘라주게."

그걸로 납득한 나는 대답했다.

"그럼 자르지요."

그러고 나서는 유쾌한 술자리가 되어, 모리타 씨와 밖에 나왔을 때는 해가 쨍쨍 내리쬐고 있었다.

좋은 사람

야마 상은 나의 이런 짜증과 고집을 걱정해서, 내가 다른 팀에서 일을 하게 되면 꼭 불러서 "절대 화내지 않겠습니다. 절대 고집부리지 않겠습니다"라고 선서를 하게 했다.

그러다 보니 나는 야마모토 팀 외에는 조감독 경험이 적어서, 다키자와 에이스케 감독과 두 번, 후시미즈 감독, 나루세 미키오 감독과 각각 한 번뿐이었다.

그 경험 가운데 특히 인상 깊었던 것은, 그야말로 영화의 달인이라고밖에 표현할 길이 없는 나루세 감독의 작업 방식이었다.

내가 참가한 것은 〈눈사태雪崩〉라는 작품이었다. 나루세 감독으로서는 아쉬운 작업이었겠지만, 나는 얻은 것이 많았다.

나루세 감독은 짧은 컷을 쌓아가는 방식을 사용했는데, 그것을 연결한 것을 보면 전혀 그렇게 보이지 않고 한 개의 긴 컷처럼 보였다.

　기가 막히게 이어져서 이음새를 알 수 없었다.

　얼핏 보기에 평범하고 짧은 컷들의 흐름은 깊은 강물처럼 표면은 조용하지만 밑바닥에는 급한 격류를 감추고 있었다.

　그 완벽한 솜씨는 비길 데가 없었다.

　그리고 촬영 시간을 활용하는 방식에도 전혀 낭비가 없어서, 식사 시간까지 계산에 들어가 있었다.

　다만 뭐든지 스스로 해버리기 때문에 조감독은 할 일이 없어 무료했다.

　한번은 할 일이 아무것도 없어서, 구름을 그린 무대 뒤에 밤의 배경으로 쓰는 커다란 벨벳 커튼이 접혀 있기에 그 위에 누워서 잠이 들었다.

　조명부 조수가 흔들어 깼다.

　"도망가요. 나루세 감독이 화났어요."

　조수의 말에 나는 당황해서 무대 통풍구로 도망쳤다.

　그것과 동시에 조수의 커다란 목소리가 들렸다.

　"범인은 구름 뒤예요."

　내가 통풍구로 나가 무대 입구로 돌아갔더니 안에서 나루세 감독이 나왔다.

　"무슨 일이세요?"

　라고 물었더니 나루세 감독이

"누군지 무대 뒤에서 코를 골면서 자는 놈이 있어. 기분 잡쳤으니까 오늘은 중지다."

라고 했다.

정말 면목이 없었지만 '그게 접니다'라고 말하지 못했다.

'언젠가 사과해야지' 하고 생각하다가 10여 년이 지나버렸다.

어느 날, 감독실에서 나루세 감독과 단둘이 있을 때 갑자기 그 생각이 나서,

"감독님, 정말 죄송합니다."

라고 사과했다.

나루세 감독이 어리둥절한 얼굴로 물었다.

"죄송하다니 뭐가?"

"〈눈사태〉를 찍을 때 무대 뒤에서 코를 곤 놈이 있었죠? 그게 접니다."

나루세 감독은 놀라서 나를 바라보더니,

"그게 구로 상이었어? 하하하."

하며 웃기 시작했다.

나는 나루세 감독에게 머리를 숙였다.

"정말 죄송합니다."

"하하하."

나루세 감독은 즐거운 듯이 한참을 웃었다.

다키자와 감독과 했던 작업 중에 잊히지 않는 것은 고텐바에서 있었던 〈전국시대의 도적 이야기戦国群盗伝〉의 현지촬영이었다.

아직 제3 조감독이었던 나는 그때만 해도 술을 거의 마시지 않았다. 촬영에서 돌아오면 여관 종업원이 차와 함께 주는 만주饅頭(밀가루 반죽에 소를 넣은 과자-역주)를 다키자와 감독 것과 제1 조감독 것과 내 것까지 도합 여섯 개를 매일같이 먹었으니, 지금 생각해보면 정말 깜찍한 이야기다.

그때 매일 만주를 가져다주던 종업원을 7년 뒤에 그곳에서 다시 만났다. 내 첫 작품 〈스가타 산시로姿三四郎〉의 현지촬영 장소를 물색하느라 고텐바에 묵었을 때였다. 저녁식사 때 스태프와 술을 마시고 있는데, 객실을 담당하던 종업원이 "구로사와 씨는 잘 계세요?"라고 물었다. 카메라맨이 이상하다는 표정으로 그 구로사와라는 사람이 뭐하는 사람이냐고 종업원에게 되물었다. 종업원은 '조감독 구로사와 씨'라고 했다. 다들 깜짝 놀라서 나를 쳐다봤다. 그리고 카메라맨이 나를 가리키며 "그 구로사와가 이 사람인데"라고 종업원에게 말했다.

종업원은 눈을 동그랗게 뜨고 나를 보더니 얼굴이 빨개져서 도망치듯이 방에서 뛰어나갔다. 7년 사이에 내가 완전히 변한 모양이다. 매일 만주 여섯 개를 먹던 나와 벌컥벌컥 술을 들이키는 내가 그 종업원의 눈에 같은 사람으로 보이지 않은 것도 무리가 아니었다. 그런데 나중에 화장실에 가다가 복도에서 누군가의 시선을 느끼고 살짝 봤더니, 그 종업원이 빠끔히 열린 장지문 사이로 마치 괴물을 보는 듯한 얼굴로 나를 빤히 쳐다보고 있어서 좀 서글퍼졌다. 나는 왠지 하이드로 변한 지킬 박사가 된 듯한 기분이었다.

〈전국시대의 도적 이야기〉의 시나리오는 야마나카 사다오 감독의 원안을 극작가 미요시 주로가 썼는데, 야마나카 감독의 재능이 요소요소에서 빛나고 있었다.

고텐바의 현지촬영은 제일 추운 2월이었다. 눈 덮인 후지산 자락의 촬영 현장은 얼어붙을 것 같은 북풍이 하루 종일 몰아쳐서, 얼굴과 손에 잔주름이 잡혀서 쪼글쪼글해졌다.

날이 밝기 전에 숙소를 출발하면 현장에 도착할 즈음에는 겨우 후지산 정상에 해가 비쳐 장밋빛으로 물들곤 했다.

나는 매일 현장으로 가는 길이나 촬영을 시작하기 전의 쉬는 시간, 그리고 돌아갈 때 본 모든 풍경들을 잊을 수가 없다.

다키자와 감독에게는 죄송하지만, 촬영보다도 그 자체가 멋있게 느껴졌다.

새벽에 자동차를 타고 가면서 차창 밖의 어슴푸레한 길을 보고 있으면, 길 양쪽에 있는 오래된 농가에서 상투 머리에 갑옷을 입고 창이나 칼을 든 농부 역의 엑스트라들이 말을 끌고 나왔다.

그대로 전국시대의 풍경처럼 보였다.

그들은 말을 타고 우리 차 뒤를 따라 왔다.

아름드리 삼나무와 소나무 가로수 길을 달려오는 모습도 전국시대의 풍경이었다.

현장에 도착하면, 엑스트라들은 말을 나무에 묶어놓고 커다란 횃불을 지펴 그 주위를 둘러쌌다.

아직 어두운 숲 속에서 새빨갛게 불이 타오르고, 그 불빛에 갑옷

차림의 농부들 모습이 떠오른다. 마치 나도 전국시대에 태어나 우연히 떠돌이 무사의 무리를 만난 듯한 기분이 들었다.

촬영이 시작하는 것을 기다리는 동안, 사람과 말들 모두 북풍을 등진 채 꼼짝하지 않았다. 억새가 파도처럼 흔들리고, 상투 튼 머리와 말의 갈기와 꼬리도 바람에 나부끼고, 구름이 하늘을 달리고 있었다.

이런 풍경은 이 영화의 주제곡 '떠돌이 무사'의 노랫말 그대로였다.

고향을 생각하면 아득히 멀어
아아, 숲 속에 창을 내려놓네

〈전국시대의 도적 이야기〉의 작업을 경험한 뒤, 나는 이 고텐바와 후지산 자락에 사는 사람들, 그리고 말을 엮어서 여러 편의 시대극을 만들었다.

특히 말을 탄 군중이 몰려나오는 장면의 경험을 살려서 〈7인의 사무라이七人の侍〉와 〈거미의 성蜘蛛巣城〉을 만들었다.

이제 후시미즈 슈 감독에 대한 이야기를 하면서 이 장을 마무리하려고 한다.

후시미즈 감독은 나이는 나보다 몇 살 많지 않는데 일찍 세상을 떠났다.

그는 야마 상의 뮤지컬영화의 재능을 이을 만한 사람이었는데 그

길 도중에 요절했다.

우리는 후시미즈 감독을 '미즈 상'이라고 불렀다. 그림으로 그린 것 같은 영화감독이라고나 할까, 이목구비가 수려하고 세련되고 시원스러웠다.

야마 상도 잘생기고 멋있었는데, 그도 야마 상의 애제자다운 용모였다.

그리고 일찍 감독이 되어서 그런지, 다니구치 센키치나 혼다 이시로나 내가 아무리 허세를 부려도 미즈 상 앞에 서면 동생뻘로밖에 보이지 않았다.

그런 미즈 상의 병세가 심각하다는 이야기를 야마 상에게서 들은 이삼일 뒤였다. 시부야에서 도호 촬영소로 가는 버스를 기다리고 있는데, 갑자기 역의 인파 속에서 미즈 상이 나타났다.

나는 그가 당연히 간사이에 있는 고향집에 내려가 있는 줄로만 알았기 때문에 깜짝 놀랐다.

상황을 모르는 사람이라도 그때의 미즈 상을 봤다면 누구든 저절로 숨을 삼켰을 것이다. 그 정도로 미즈 상의 모습은 수척해져 있었다.

"어떻게 된 거예요? 괜찮아요?"

미즈 상은 창백한 얼굴을 찡그려 가까스로 미소를 지으며 말했다.

"영화를 만들고 싶어. 어떻게든 영화를 만들고 싶어."

나는 할 말을 찾지 못했다.

그 심정이 가슴에 사무쳤다.

미즈 상은 '이제부터 시작인데' 하는 생각에 누워만 있을 수 없었던 거다.

미즈 상은 그날 야마 상과 함께 고라에 있는 호텔까지 가서 요양 생활에 들어갔지만 소용이 없었다.

또 미즈 상 밑에서 조감독을 하고 있던 이노우에 신이라는 내 동기도 재능이 많았는데, 필리핀의 촬영 현장에서 병에 걸려서 죽었다. 그는 "필리핀에 갈 기회가 생겼는데, 어떻게 할까?" 하고 내게 와서 의논한 적이 있었다.

나는 왠지 불길한 예감이 들어서, 가지 않는 게 좋을 것 같다고 대답했다.

그때 말리지 못한 것이 후회된다.

이노우에의 죽음으로 야마 상의 뮤지컬영화는 계보가 완전히 끊기고 말았다.

미인박명이라지만 좋은 사람들도 명이 짧다.

나루세 감독, 다키자와 감독, 미즈 상, 이노우에 신, 모두 너무 일찍 죽었다.

미조구치 감독, 오즈 감독, 시마즈 감독, 야마나카 감독, 도요타 감독도 그렇다.

모두 꿈을 다 이루지 못하고 가버렸다.

호인박명이라고밖에 할 말이 없다.

이것도 떠난 분들에 대한 내 감상에 불과할런가.

악전고투

〈말〉의 작업이 끝나자 나는 조감독 일에서 해방되었다.

가끔 야마 상의 B반의 일을 하는 것 말고는 오로지 시나리오만 썼다.

〈조용하다靜かなり〉와 〈눈雪〉을 정보국의 시나리오 공모전에 응모했는데, 〈조용하다〉는 2등으로 3백 엔, 〈눈〉은 1등으로 2천 엔의 상금을 받았다.

당시 내 월급이 48엔이었고 그게 조감독으로 최고 수준이었음을 생각하면, 정보국의 상금은 실로 거금이었다.

나는 그 돈으로 마음 맞는 동료들과 매일같이 마시고 다녔다.

우선 시부야에서 맥주를 마시고 스키야바시의 선술집에서 정종을 마신 뒤, 마지막으로 긴자의 바에서 위스키를 마시는 게 순서였다.

마시는 동안 영화 이야기만 했으니까 무의미한 방탕이라고 단정할 수는 없지만, 위장에 부담을 준 것만은 분명하다.

그렇게 마셔서 돈이 떨어지면 또 책상 앞에 앉아 시나리오를 썼다.

딘골 기래치는 다이에이人映 영회시였는데, 돈이 되는 일이 많았다. 〈도효 축제土俵祭〉와 〈자자말 이야기じゃじゃ馬物語〉 등도 그런 작품이었다.

그런데 다이에이가 도호 영화사 앞으로 돈을 보내면 도호가 거기서 반을 떼갔다. 이유를 물었더니, 내가 도호에서 월급을 받고 있으니까 당연하다는 것이다.

하지만 내 월급이 48엔이니까 연봉으로 치면 576엔이었다. 내가 다이에이에서 받는 돈이 2백 엔이니까, 다이에이에서 시나리오를 세 편 쓰면 도호는 총 3백 엔, 즉 매달 25엔을 번다. 말하자면, 도호가 48엔으로 나를 고용하고 있는 게 아니라, 내가 25엔으로 도호를 고용하고 있는 셈이었다.

나는 이상한 이야기라고 생각했지만 잠자코 있었다. 나중에 다이에이의 중역이 돈은 잘 받았느냐고 묻기에 솔직히 이야기했더니, 그 중역은 놀라서 그건 너무하다며 당장 회계실에 가서 백 엔을 들고 와서 내게 건넸다.

그 뒤로는 다이에이에서 시나리오를 쓸 때마다 관례처럼 이런 이상한 절차를 밟았다.

도호는 내가 돈을 너무 많이 받아서 과음할까 봐 걱정해주었는지도 모르겠다.

사실 술을 너무 마셔서 위궤양에 걸릴 뻔 했었는데, 그때마다 다니구치 센키치와 등산을 갔다. 온종일 산을 걷고 나면 반주로 한 병도 못 마시고 바로 잠들어버리니까 위궤양 따위는 금세 나았다.

나으면 또 시나리오를 썼고, 또 마셨다.

내가 이렇게 술을 마시게 된 건 〈말〉을 작업할 때부터였다. 조감독은 바빠서 저녁식사 때 술을 마실 틈이 없고, 서둘러 식사를 마치고 나서 다음 날 준비로 뛰어다녔다. 숙소에 돌아오는 건 여관 사람들도 자고 있을 시간이었지만, 여관에서도 우리를 불쌍히 여겨서 베갯머리에 항상 술병을 줄줄이 늘어놓았고 데워 마실 수 있도록 화로에 주전자를 걸어 놓았다.

우리는 매일 밤 이불 속에서 얼굴만 내밀고 술을 마셨다. 그 모습이 구멍에서 고개를 내밀고 있는 뱀 같았는데, 그러다가 진짜 이무기(술고래-역주)가 되고 말았다.

이렇게 쓰고 마시기를 반복하는 생활이 1년 반 정도 계속되다가, 드디어 내가 쓴 〈달마사의 독일인達磨寺のドイツ人〉을 내 손으로 영화화하는 기획이 만들어졌다.

그런데 준비 단계에 들어가자마자 필름 배급을 제한하는 조치 때문에 기획이 무산되었다.

그때부터 감독이 되기 위한 악전고투가 시작되었다.

전시라 일본의 언론은 날이 갈수록 제재가 심해져서, 내가 쓴 시나리오가 회사의 기획에 올라가도 내무성의 검열에서 퇴짜를 맞곤 했다.

검열관의 말은 절대적이라 반론이 허용되지 않았다.

예를 들어 당시는 황실의 문장紋章은 물론이거니와 그것과 비슷한 것도 절대로 사용할 수 없었다.

그래서 우리는 의상을 고를 때도 노이로제에 걸린 정도로 신경을 써서 국화 무늬는 말할 것도 없고 그와 유사한 것도 절대 쓰지 않았다.

그런데 어느 날 검열관에게 불려가, 어느 장면에 국화 무늬가 나오니 자른다는 통고를 받았다.

그럴 리가 없어서 자세히 알아보니, 그것은 고쇼구루마御所車(귀인이 타던 지붕 있는 수레-역주) 무늬가 들어간 기모노 띠였다.

나는 그 띠를 들고 검열관에게 가서 보여주었지만, 검열관은 "비록 고쇼구루마라도 국화 모양으로 보이는 이상 국화다"라며 그 장면을 잘랐다.

만사 그런 식으로 억지를 부리니 못할 노릇이었다.

또 검열관들은 시류에 빌붙어 걸핏하면 미국적이라고 단정하고, 반론을 제기하면 감정적으로 권력을 휘둘렀다.

내가 시나리오를 쓴 〈숲 속의 천일야화森の千一夜〉와 〈상파기타의 꽃サンパギタの花〉도 내무성 검열관의 손에 의해 세상에 나오지 못했다.

검열관은 〈상파기타의 꽃〉 가운데 필리핀 여성의 생일을 일본인 동료가 축하해주는 장면을 미국적이라며 따졌다.

나는 "생일을 축하하는 게 문제가 됩니까?"라고 물었다.

검열관은 "대개 생일을 축하하는 행위는 미국적인 관습이다. 요즘 같은 때 그런 장면을 쓰다니 당치도 않다"라고 했다.

그는 검열관 주제에 내 유도심문에 걸려들었다.

사실 그가 문제 삼은 것은 생일 케이크였는데, 그만 확대해서 생일 축하 자체를 부정해버리고 만 것이다.

거기서 나는 지체 없이 질문했다.

"그럼 천장절天長節을 지내는 것도 안 됩니까? 천장절은 천황의 탄생일을 축하하는 일본의 경축일인데, 그것도 미국적인 관습이고 당치 않은 행동입니까?"

검열관은 창백해졌다.

그 결과 〈상파기타의 꽃〉은 완전히 매장되었다.

당시의 내무성 검열관들은 모두 정신병자처럼 보였다.

다들 피해망상, 가학증, 성도착증 환자였다.

그들은 외국영화에 나오는 키스 신을 전부 잘랐다. 여자의 다리
도 무릎이 보이면 잘랐다. 성욕을 자극한다는 것이었다.

심지어 근로에 동원된 학생들에게 '공장의 문은 가슴을 열고 기
다리고 있다'라고 하는 것도 외설이라고 하니 속수무책이었다.

이건 여성 자원봉사대를 다룬 〈가장 아름다운 자—番美し〈〉의
시나리오를 검열한 자가 한 말이다.

저 문장이 왜 외설인지 나는 도무지 알 수 없었다.

아마 이 글을 읽는 독자도 이해가 가지 않을 것이다.

하지만 정신이상의 검열관에게는 틀림없이 외설적이다.

왜냐하면 그들은 '문'이라는 단어에서 확실하게 여자의 음부를 상
상했으니까!

색광은 어디서나 욕정을 느낀다.

그들 자신이 외설적이니까 그런 눈으로 보는 것이 전부 외설로
보이는 거다.

참으로 천재적인 색광이라고밖에 할 말이 없다.

아무튼 검열관이라는 도베르만(경호견, 영화 <도베르만 갱>에 등장한다)
은 당대의 권력에 잘도 길들여져 있었다.

권력에 길들여진 말단 관리만큼 무서운 자도 없다.

나치의 하인리히 히믈러나 아돌프 아이히만을 봐도 알 수 있듯이 (히틀러도 물론 광인이지만), 하부 조직으로 갈수록 천재적인 광인이 나온다. 강제수용소의 소장이나 간수에 이르면 상상을 초월하는 야수가 된다.

당시의 내무성 검열관도 마찬가지였다.

그들이야말로 감옥에 가두어야 하는 인간이다.

나는 지금 그들에 대한 증오로 문장이 격해지는 것을 최대한 억누르고 있다. 그들을 떠올리면 나도 모르게 몸서리가 쳐진다.

그만큼 그들에 대한 증오가 깊다.

전쟁 말기, 만약 일억옥쇄―億玉碎(모든 국민은 죽음을 각오하고 전쟁에 임하라는 제국주의의 슬로건-역주)라는 사태가 벌어지면 먼저 저들을 죽이고 나서 죽자고, 친구들과 내무성 앞에서 모이자고 서약을 했을 정도다.

검열관 이야기는 이쯤에서 끝내야겠다. 너무 흥분하면 건강에 해롭다.

(언젠가 뇌혈관의 뢴트겐 사진을 찍고 알았는데, 내 뇌의 대동맥은 비정상적으로 구부러져 있었다. 보통은 똑바르다는데, 나는 선천적인 이상으로 '진성 울화증'이라는 진단을 받았다. 그러고 보면 어릴 때 자주 경기를 일으켰다. 또 야마 상에게 가끔 "자네는 허탈증이 있군"이라는 얘기를 들었다. 스스로는 몰랐지만, 일하다가 잠깐씩 정신을 놓은 듯한 일이 있었던 모양이다. 뇌는 산소를 가장 많이 필요로 하기 때문에 산소가 부족하면 위험하다고 한다. 비정상적으로 구부러진 뇌의 대동맥은 지나치게 피로하거나 흥분하면 혈액순환이 끊어져서 경미한 울화 증상을 일으킨다고 한다)

아무튼 나는 검열관에게 엄청나게 당했다.

반항할수록 더욱 눈엣가시가 되었다.

하지만 나는 시나리오 두 편을 매장당한 뒤에도 다시 시나리오를 썼다.

그것이 〈적중횡단 삼백리敵中橫斷三百里〉였다. 야마나카 미네타로 원작의 모험소설을 시나리오로 만든 것으로, 러일전쟁 때 활약한 다테카와 척후대를 다룬 이야기다.

다테카와 소위는 태평양 전쟁 때에 중장이 되었고 나중에 러시아 대사를 지냈다. 그는 자신의 척후대를 영화화한다는 이야기에 무척 고무적이었기 때문에, 내무성 검열관도 불평하지 않을 거라고 생각했다.

또 당시 만주의 하얼빈 부근에는 미국계 러시아인이 많았다. 그중에는 카자흐스탄 사람도 다수 있었고 당시의 군복이나 군기도 소중히 보관되어 있어서, 촬영에는 좋은 조건이 갖추어져 있었다.

나는 이 두 가지 조건을 등에 업고 회사에 〈적중횡단 삼백리〉의 영화화를 제의했다.

당시 도호의 기획 부장은 최고의 영화인 중의 한 사람인 모리타 노부요시 씨였는데, 내 시나리오를 보더니 '음—' 하고 신음 소리를 냈다.

"재미있어. 하지만……."

모리타 씨는 시나리오는 재미있어서 꼭 영화화하고 싶지만 신인인 내게 맡기기에는 스케일이 너무 크다고 했다.

일리가 있었다. 이 시나리오에는 전쟁 장면은 없지만, 봉천奉天 (현재의 심양-역주) 대전을 앞두고 대치하고 있는 러일 양군의 진영이 무대였다.

결국 〈적중횡단 삼백리〉의 기획은 보류되었다.

훗날 모리타 씨는 이 일을 돌이키면서 인생 최대의 실수라며 후회했다.

"그때 구로 상에게 그걸 찍게 할걸."

나도 유감이었지만 그때는 어쩔 수 없었다고 생각한다.

안 그래도 어려운 전시 상황에서 영화계에 나 같은 신인에게 그만한 대작을 찍게 할 여유가 없는 것은 당연했다.

어쨌든 그 기획이 무산된 직후에 야마 상과 모리타 씨가 힘을 써줘서 『영화평론』에 시나리오가 발표되기는 했지만, 솔직히 말해서 당시에는 꽤 낙심했다.

그러던 어느 날, 『일본영화』라는 잡지의 광고에서 우에쿠사 게이노스케의 이름을 발견했다. 그 잡지에 우에쿠사가 쓴 〈어머니의 지도母の地図〉라는 시나리오가 실려 있었다.

나는 긴자에 있는 책방에서 그 잡지를 샀다. 그리고 밖으로 나가다가 우에쿠사와 마주쳤다. 그때 우에쿠사의 웃옷 주머니에는 내 시나리오가 실린 『영화평론』이 들어 있었다.

정말 기묘한 인연이다.

우에쿠사와 나, 구로다 소학교의 두 등나무 줄기는 그날부터 다시 얽히기 시작했다.

긴자에서 만난 그날, 둘이 뭘 하고 무슨 이야기를 나누었는지는 잊었지만, 그 뒤에 우에쿠사는 도호의 시나리오 팀에 들어와서 함께 일을 하게 된다.

나의 산

〈적중횡단 삼백리〉의 기획이 무산된 뒤 감독이 될 의욕을 잃은 나는, 오직 술값을 벌기 위해서 시나리오를 썼고 번 돈으로 울적하게 술을 마셨다.

시나리오도 〈청춘의 기류青春の気流〉, 〈날개의 개선가翼の凱歌〉 등 시국이 요구하는, 전의를 고양하기 위한 항공기 산업이나 소년 항공병 이야기였다. 정열을 기울일 만한 작업이 아니었기 때문에 기교에 기대어 되는대로 썼다.

그러던 어느 날, 신문을 읽고 있는데 신간 광고에서 『스가타 산시로姿三四郎』라는 제목이 눈에 들어왔다.

나는 근간이라고 적힌 『스가타 산시로』라는 제목에 왠지 모르게 강하게 끌렸다. '천재 유도 청년의 파란만장한 인생'이라는 소개가 전부였지만, 나는 이유도 없이 '이거다!'라고 생각했다.

설명할 수 없는 감 같은 것이었지만, 나는 의심하지 않았다.

나는 당장 모리타 씨에게 달려가서 그 광고를 보여주면서 말했다.

"이 책의 판권을 사주세요. 멋진 영화가 될 겁니다."

모리타 씨도 좋아하면서 말했다.

"좋아, 나도 읽어봐야겠군."

"그런데 책이 아직 안 나왔습니다. 저도 못 읽었구요."

내 말에 모리타 씨는 어처구니없다는 듯이 나를 쳐다보았다.

나는 그런 모리타 씨에게 다시 말했다.

"괜찮아요. 분명히 좋은 영화가 될 겁니다."

모리타 씨가 웃음을 터뜨렸다.

"알았어. 자네가 그렇게까지 말하면 틀림없겠지. 하지만 읽어보지도 않은 책을 좋을 거라고 단정하고 판권을 살 수는 없어. 책이 나오거든 얼른 읽어보고 좋으면 와. 그러면 바로 사지."

그 뒤로 나는 시부야에 있는 책방에 아침, 점심, 저녁 매일 세 번씩 다니며『스가타 산시로』가 나오기를 기다리고 있었다.

그리고 책이 나오자마자 달려들어 샀다.

그게 저녁때였고 집에 돌아가서 다 읽었을 때는 10시 반이 조금 지난 시간이었다.

예상대로 책은 재미있었고 영화에 딱 맞는 소재였다.

나는 다음 날 아침까지 기다리지 못하고, 한밤중에 세이조에 있는 모리타 씨 집에 가서 문을 두드렸다.

졸린 눈으로 현관에 나온 모리타 씨에게 나는『스가타 산시로』를 내밀며 말했다.

"완벽해요. 사주세요."

"알았어. 내일 아침 당장 사게 하지."

모리타 씨는 흔쾌히 약속했지만, 그 얼굴에는 '이자한테는 못 당하겠다니까' 하는 표정이 역력했다.

이튿날 기획부의 다나카 도모유키 씨(훗날 도호영화사 사장이 되었다)가 원작자 도미타 쓰네오 씨를 찾아가서 『스가타 산시로』의 판권을 사고 싶다는 뜻을 밝혔는데 확답은 받지 못했다.

나중에 들은 이야기지만, 그 이튿날 다이에이와 쇼치쿠松竹 영화사에서도 똑같은 제의가 있었고 양쪽 다 주인공 스가타 산시로 역에 톱스타를 캐스팅하겠다고 말했다고 한다.

그런데 다행히도, 도미타 씨의 부인이 영화 잡지에서 나에 대해 읽은 적이 있어서, 도미타 씨에게 유망한 것 같다며 나를 추천해주었다고 한다.

도미타 씨 부인 덕분에 나의 〈스가타 산시로〉가 세상에 나왔다.

내 영화 작업에는, 항상 절체절명의 순간에 예기치 않게 도움을 주는 사람이 나타났다.

이런 타고난 인복에 나 자신도 놀라곤 한다.

이 운 덕분에 나는 드디어 감독으로서 첫걸음을 내디딜 수 있었다.

〈스가타 산시로〉의 시나리오는 정말 단숨에 썼다.

나는 그 시나리오를 들고 지바의 다테야마에 있는 해군 항공대 기지에서 〈하와이—말레이 해협의 해전ハワイ·マレー沖海戦〉을 촬영하고 있는 야마 상을 찾아갔다.

시나리오를 보여주고 조언을 구하기 위해서였다.

그 해군 기지에는 거대한 항공모함이 있었고, 그 갑판 위에 있는 활주로에는 이착륙하고 있는 제로센ゼロ戦(2차 세계대전 당시 일본이 생산한 해군 전투기-역주)이 있었다.

촬영은 실제 전투처럼 어수선하고 긴박해서, 나는 야마 상에게 인사를 하고 찾아온 용건만 간단히 말한 뒤 그 자리를 뜰 수밖에 없었다.

촬영팀 숙소에서 야마 상이 돌아오기를 기다리고 있었는데, '오늘 밤은 해군 장관과 또 다른 장교들과 회식이 있어서 늦어지니까 먼저 자라'는 전갈이 왔다.

나는 11시경까지 일어나 있었지만, 기다리다 지쳐서 잠자리에 들자마자 바로 잠들어버렸다.

문득 잠이 깨서 둘러보니, 야마 상의 방에서 불빛이 새어나오고 있었다.

나는 일어나서 살짝 그 방을 들여다봤다.

이불 위에 앉아 있는 야마 상의 뒷모습이 보였다.

야마 상은 원고를 읽고 있었다.

내가 쓴 〈스가타 산시로〉의 시나리오를 한 장 한 장 정성스럽게 읽다가 가끔 앞 페이지로 돌아가서 다시 읽었다.

당연히 연회에서 술을 많이 마셨을 텐데, 그 진지한 모습에는 전혀 그런 기색이 없었다.

잠들어 고요한 숙소에는 아무 소리도 나지 않았다.

야마 상이 넘기는 원고지 소리만 들릴 뿐이었다.

내일도 일찍부터 촬영이 있을 텐데……

나는 '괜찮으니까 그만 주무세요'라고 말하고 싶었지만, 왠지 말을 거는 것조차 꺼려졌다.

그 정도로 야마 상의 모습에는 함부로 다가갈 수 없는 엄격함이 있었다.

나는 자세를 바로 하고 앉았다.

그리고 야마 상이 내 시나리오를 다 읽을 때까지 기다렸다.

나는 지금도 그날 보았던 야마 상의 뒷모습과 원고지 넘기는 소리를 잊을 수가 없다.

그때 나는 서른두 살이었다.

내가 올라야 할 산자락에 겨우 이르러서 그 산을 올려다보며 서 있었다.

제5장
레디, 액션!

레디, 액션!

〈스가타 산시로姿三四郎〉의 촬영이 시작되었다.

요코하마에서 현지촬영을 했는데, 산시로와 스승인 야노 쇼고로가 신사의 돌계단을 올라가는 장면이 감독으로서 나의 첫 번째 컷이었다.

그런데 카메라를 돌릴 때 "레디, 액션" 하는 내 목소리가 좀 이상했던 모양이다. 스태프들이 일제히 내 얼굴을 쳐다보기에 알았다. 나는 야마 상의 B반에서도 꽤 카메라를 돌렸는데, 역시 자신의 첫 영화에서는 특히 긴장되는가 보다.

하지만 다음 컷부터는 긴장감도 사라지고 그저 재미있어서 빨리 다음 컷을 찍고 싶은 기분이었다.

다음 컷은 산시로와 쇼고로가 돌계단을 올라간 뒤, 신사 배전 앞에서 기도하고 있는 소녀를 바라보는 장면으로 시작한다. 소녀는 경시청에서 주최하는 유도 대회에서 산시로와 대결할 무라이 한스케의 딸로, 아버지의 승리를 빌고 있는 중이었다. 산시로와 쇼고로는 그런 줄도 모르고, 열심히 기도하는 소녀의 모습에 감동해서 소녀에게 빙해가 되지 않도록 멀찍이서 절을 하고 떠난다.

그때 소녀 역을 맡은 도도로키 유키코가 내게 물었다.

"감독님, 저는 그냥 아버지가 이기게 해달라고 빌면 되죠?"

나는 대답했다.

"네. 그래도 비는 김에 우리 영화도 잘 되게 해달라고 빌어줘요."

이 촬영에는 이런 일화도 있었다.

아침에 화장실에 가다가 무심코 현관을 봤더니, 남자 신발만 가득한 가운데 여자 하이힐이 한 켤레 섞여 있었다.

화려한 것이 우리 스크립터 것 같지는 않았고 도도로키 유키코는 집에서 다녔으니까, 스크립터를 제외하면 남자뿐인 촬영 팀의 숙소치고는 이상했다.

여관 사람에게 누구의 구두냐고 물었더니 난처한 얼굴을 했지만, 내가 추궁하자 할 수 없이 대답했다.

"후지타 스스무(산시로 역)가 어젯밤에 요코하마의 유흥가에 술을 마시러 갔다가 호스티스를 데리고 왔어요. 하지만 여자는 다른 방에서 자고 있어요."

변호하듯이 대신 설명을 해야 하는 여관사람도 고생이었다. 어쨌든 나는 그에게 내 방으로 후지타를 보내라고 말한 뒤, 방에 돌아가서 후지타를 기다렸다.

조금 뒤에 미닫이문 열리는 소리가 났다.

내가 힐끗 보니 빠끔히 열린 문틈으로 후지타의 한쪽 눈이 나를 살피고 있었다.

그때부터의 후지타의 액션은, 마을에서 난동을 부린 산시로가 야노 쇼고로에게 불려가서 혼나는 장면에 그대로 썼다.

후지타는 "감독은 너무해. 두 번 혼난 거나 마찬가지잖아"라고 투덜거렸지만 자업자득이었다.

아무튼 한 번 경험한 덕인지, 그 장면에서 후지타의 연기는 아주 좋았다.

그리고 여기에 한 가지 써두고 싶은 것이 있다.

영화 속에서 쇼고로에게 혼난 산시로가 죽어버리겠다며 연못에 뛰어들고, 연못 속에서 밤을 지샌 뒤에 아집이 꺾여 얌전해진다는 에피소드가 있다. 그런데 최근에 후지타를 만났을 때 들은 이야기인데, 이 장면에 대해서 모 감독이 이런 말을 했다고 한다.

"연꽃은 밤에 피지 않고, 꽃잎이 벌어질 때 소리 같은 건 나지 않아."

나는 그 장면에서 산시로가 낮에 연못에 뛰어들어 이튿날 아침까지 그 연못 속에서 지냈다는 것을 햇빛과 달의 위치와 아침 안개로 표현하려고 한 건데, 그게 밤에 연꽃이 핀 것처럼 보였다면 할 수 없다.

문제는 연꽃잎이 벌어질 때 소리가 나지 않는다는 부분이다.

나는 연꽃잎이 벌어질 때 뭐라고 표현할 수 없는 상쾌한 소리를 낸다는 말을 들었기 때문에, 아침 일찍 시노바즈 연못에 그 소리를 들으러 간 적이 있다.

그리고 새벽에 아침 안개가 피어오르는 가운데 그 소리를 들었다.

미미한 소리였지만, 정적에 싸인 아침 안개 속에서 들려오는 그 소리는 마음에 스며들 듯이 들렸다.

하지만 연꽃잎이 벌어질 때 실제로 소리가 나는지 아닌지는 산시로가 연못에 뛰어든 에피소드와는 아무런 상관도 없는 일이다.

그것은 일종의 표현의 문제이지 물리적인 문제가 아니다.

'오래된 연못. 개구리 뛰어드는 물소리'라는 바쇼芭蕉(여행 시와 기행

문으로 유명한 에도시대의 하이쿠 작가-역주)의 하이쿠를 읽고 물에 개구리가 뛰어들면 당연히 소리가 난다고 말하는 사람이 있다면 그는 하이쿠와 인연이 없는 사람이다. 마찬가지로, 산시로가 연꽃이 필 때 어떤 아름다운 소리를 들은 것을 이상하다고 하는 사람은 영화와 인연이 없는 사람이다.

영화 평론가 중에는 가끔 굉장한 사실을 발견하기라도 한 것처럼 그런 엉뚱한 말을 하는 사람도 있지만, 영화 감독이 그런 말을 하면 곤란하다.

〈스가타 산시로〉

많은 사람들이 첫 작품에 대한 감상을 묻곤 하는데, 앞에서도 말했듯이 그저 재미있어서 매일 밤 다음 날의 촬영이 기다려졌고 힘든 일은 하나도 없었다.

스태프들도 다들 한마음으로 일했다. 적은 예산에도 불구하고 무대장치 담당이건 의상 담당이건 다들 예산을 무시하고

"가봅시다!"

"나한테 맡겨!"

라고 가슴을 두드리며 내가 바라는 대로 작품을 만들어주었다.

또 데뷔하기 전에는 나의 연출력에 대해 다소 의구심을 가졌는데, 그것도 첫 컷을 찍고 나자 말끔히 사라져버리고 그때부터 정말 자유롭게 작업할 수 있었다.

무슨 말인고 하니, 나는 조감독 시절에 야마 상이 연출하는 모습을 볼 때마다 구석구석까지 주의를 기울이는 모습에 놀랐다. 그래서 그렇지 못한 나는 연출가로서 재능이 부족한 게 아닌가 하고 걱정하고 있었다.

그런데 감독의 입장에 서고 보니, 조감독(B반의 감독이라도 조감독은 조감독이다) 때는 보이지 않았던 것들이 잘 보였다.

그 미묘한 입장의 차이를 알아차렸다.

남이 만드는 것을 돕는 것과 자신의 작품을 만드는 것은 전혀 달랐다.

더구나 자신이 쓴 시나리오를 직접 연출하게 되면, 시나리오에 대한 이해도가 누구보다 깊을 수밖에 없다.

감독이 되려면 먼저 시나리오를 쓰라고 야마 상이 가르친 의미를 감독이 되어서 비로소 이해했다.

〈스가타 산시로〉는 첫 작품이었지만 만족할 만한 작업을 했다.

그 작업은 높은 산의 산자락을 오르기 시작한 것 같아서 그다지 힘들지도 않고 즐거운 피크닉 같았다.

그런데 〈스가타 산시로〉 속에도 나오듯이 '간 때는 좋지만 돌아오는 길은 무서운' 법이다.

내가 이 길을 끝까지 올라서 험준한 바위 절벽에 도달하는 것은 훨씬 뒤의 일이다.

이 작업에서 힘든 일은 없었다고 했지만, 산시로와 히노가키 겐노스케가 우교가 평원에서 대결하는 클라이맥스 장면은 조금 고생했다.

이 장면은 드넓은 억새밭에 바람이 몰아친다는 설정이었기 때문에, 강풍이라는 조건이 있어야만 다른 대결 장면들을 넘어서는 박력을 기대할 수 있었다.

처음에는 세트에 억새밭을 만들고 대형 선풍기로 바람을 일으킬 예정이었지만, 완성된 세트를 보고 이걸로는 다른 대결 장면을 넘어서기는커녕 작품 자체를 망치겠다는 생각이 들었다.

급히 회사 측과 상의해서 그 장면을 현지촬영으로 찍어도 좋다는 허가를 받았지만, '촬영 일수 3일 이내'라는 조건이 붙었다. 촬영 장소는 하코네의 센고쿠 평원으로 정해졌다. 그런데 강풍으로 유명한 그곳이 공교롭게도 구름이 낮게 드리우고 바람 하나 없는 날이 이어져서, 하릴없이 여관 창문으로 하늘을 바라보는 사이에 금세 사흘이 지나가고 말았다.

이제 철수해야 하는 마지막 날도 구름에 덮인 하코네 산에는 전혀 바람이 불 낌새가 보이지 않았다.

나는 스태프들에게 "오늘 하루 끝까지 버틴다"고는 했지만, 거의 포기한 상태로 메인 스태프와 배우들을 불러 아침부터 맥주를 마시기 시작했다.

이윽고 다들 살짝 취해서 될 대로 되라며 노래를 부르기 시작했을 즈음, 한 스태프가 우리를 제지하더니 창밖을 가리켰다.

봤더니 하코네 산의 분화구를 반쯤 가리고 있던 구름이 움직이기 시작하고, 아시노 호수 상공에는 용이 승천하는 것처럼 구름이 소용돌이치고 있었다.

창문으로 바람이 한 차례 불어 들어와 도코노마의 족자가 소리를 내며 날아올랐다.

모두 말없이 얼굴을 마주 보다가 황급히 일어섰다.

그러고 나서는 그야말로 대 활극이 벌어졌다.

저마다 촬영 기재를 들거나 메고 허겁지겁 여관을 뛰어나갔다.

촬영 현장은 여관에서 200m쯤 떨어져 있었다.

다들 현장을 향해 맹렬한 맞바람 속을 고꾸라질 듯한 자세로 달렸다.

촬영 현장의 언덕은 이미 참억새꽃이 져버렸을 텐데도 억새 이삭이 태풍 치는 바다처럼 수선스럽고, 하늘에는 조각난 구름이 달리고 있었다.

나에게 그 이상의 조건은 없었다.

스태프도 배우도 거의 천우신조라 할 수 있는 바람 속에서 무아지경으로 촬영했다.

구름이 달리는 장면을 다 찍고 나자 거짓말처럼 구름 한 점 없는 파란 하늘로 돌아왔다. 그 뒤에 다시 오후 3시 무렵까지 강풍이 불어대서 우리들은 쉴 틈도 없이 일했다.

그럭저럭 시나리오대로 그 장면을 다 찍어갈 무렵, 수건으로 머리를 동여맨 사람들이 뭔가를 짊어지고 억새 언덕에 올라왔다.

여관 종업원들이 바람에 머리가 날리지 않게 수건을 두르고 뜨거운 가스지루(술지게미를 넣은 된장국-역주)가 든 커다란 나무통을 지고 온 것이다.

그렇게 맛있는 가스지루는 먹어본 적이 없었다. 나는 열 그릇도 넘게 먹었다.

나는 희한하게 조감독 시절부터 바람과 인연이 있었다. 야마 상이 조시(지바 현 동북부의 해안 도시-역주)에 가서 파도를 찍어 오라고 했는데, 사흘쯤 기다렸더니 엄청난 바람이 불어 깜짝 놀랄 만큼 거대한 파도를 찍은 적이 있었다.

그리고 〈말〉 현지촬영 때도 강풍을 만나서 레인코트의 옷깃이 너덜너덜 뜯어졌다.

또 〈들개野良犬〉 때는 태풍 '키티'에 오픈세트가 산산조각이 났고, 〈숨은 요새의 세 악인隠し砦の三悪人〉 때는 후지산에서 태풍 세 개를 만나서 원시림이 계속 쓰러지는 바람에, 10일 예정이던 촬영이 100일 걸린 일도 있었다.

아무튼 〈스가타 산시로〉 촬영 때의 강풍은 정말 센고쿠 평원의 신이 내린 바람이었다.

다만 지금도 아쉬운 것은, 모처럼 만난 바람도 내 경험이 부족했던 탓에 완벽하게 활용하지 못했다는 점이다.

나는 강풍 속에서 충분히 찍었다고 생각했지만, 편집할 때 보니 충분하기는커녕 부족한 부분이 많았다.

열악한 조건 속에서는 한 시간이 두세 시간처럼 느껴진다. 하지만 열악한 조건 때문에 그렇게 느낄 뿐, 한 시간의 작업은 한 시간치 작업일 뿐이다.

그다음부터 나는 가혹한 조건에서는, 충분하다 싶어도 그때까지의 세 배는 더 버티기로 했다. 그렇게 해야 그럭저럭 여유가 있었다.

이것이 〈스가타 산시로〉의 고된 바람 속에서 얻은 배움이다.

〈스가타 산시로〉에 대해서 하고 싶은 말은 아직도 많다. 전부 쓰려면 그것만으로 책 한 권이 될 정도다.

영화감독에게 한 편의 작품은 하나의 인생이기 때문이다.

나는 작품 한 편을 만들 때마다 하나의 인생을 살았다. 영화 속에서 다양한 인생을 경험해왔다. 각각의 작품에 나오는 다양한 사람들과 일심동체가 되어 살아왔다.

그래서 새 작품에 들어가기 전에는 앞 작품과 그 속의 인물들을 잊는 데 상당한 노력이 필요했다.

지금 이렇게 예전 작품을 떠올리다 보니, 겨우 잊었던 과거의 인물들이 되살아나서 각자 시끌벅적 자기를 주장하기 시작하니까 곤란하다.

전부 내가 낳아서 키운 셈이니 모두에게 애정이 있다. 한 사람 한 사람에 대해 다 쓰고 싶지만, 작품이 스물여섯 편(1984년 당시)이니까 작품마다 두세 명으로 줄이지 않고서는 수습이 안 될 것 같다.

〈스가타 산시로〉의 등장인물 중에 내가 가장 관심을 갖고 애정을 기울인 캐릭터는 물론 스가타 산시로지만, 지금 생각하면 그에 못지않게 악역 히노가키 겐노스케에게도 마음을 기울인 것 같다.

나는 철부지가 좋다.

이건 나 자신이 언제까지나 철부지여서 그런지도 모르지만, 미완성이던 것이 완성되어가는 과정에 나는 한없는 애정을 느낀다.

그래서 내 작품에는 철부지가 자주 나온다.

스가타 산시로도 이런 철부지 가운데 하나다.

미완성이지만 훌륭한 소재다.

하지만 갈아도 옥이 되지 않는 인물은 관심 없다.

산시로는 갈면 갈수록 점점 빛이 나는 소재라 작품 속에서 열심히 갈아봤다.

히노가키 겐노스케도 갈면 옥이 되는 소재다.

하지만 사람에게는 숙명이라는 것이 있다.

다만 그 숙명은 사람의 환경이나 처지에 있는 것이 아니라, 그 환경이나 처지에 대처하는 사람의 성격 속에 깃들어 있다.

환경이나 처지에 굴하지 않는 순수하고 유연한 성격을 가진 사람이 있는가 하면, 고집스럽고 괴팍한 성격 때문에 환경이나 처지에 굴복하고 좌절하는 사람도 있다.

스가타 산시로는 전자고, 히노가키 겐노스케는 후자다.

나는 산시로에 가까운 성격이지만, 그만큼 겐노스케의 성격에도 묘하게 끌린다.

그래서 나는 히노가키 겐노스케의 말로를 애정을 기울여 묘사했고, 〈속 스가타 산시로〉에서는 히노가키 형제의 숙명을 주시했다.

〈스가타 산시로〉에 대한 평가는 대체로 좋았다.

특히 일반 관객은 전쟁 중에 오락에 굶주려 있던 탓인지 열광적으로 반응했다.

육군 쪽에서는 '아이스크림이나 달콤한 과자에 지나지 않는다'는 의견이 강했고, 해군 정보부에서는 '영화는 이만하면 됐다. 영화의 오락적 요소가 중요하다'는 의견이었다.

그리고, 또 화를 내면 건강에 해롭겠지만, 〈스가타 산시로〉에 대한 내무성 검열관의 의견을 여기에 적어둔다.

당시 내무성에서는 영화감독의 첫 작품을 가지고 감독을 심사했기 때문에, 작품이 완성되면 내무성에 제출해서 심사를 받아야 했다. 심사관은 물론 검열관이었다. 검열관에 기성 영화감독 몇 명이 입회해서 감독 심사가 실시되었다.

내 감독 심사에 입회할 감독은 야마 상, 오즈 야스지로 감독, 다사카 도모타카 감독, 이렇게 세 명이었는데, 야마 상은 다른 일이 있어서 출석하지 못했다. 야마 상은 나를 불러서 "오즈 감독이 있으니까 괜찮아"라며 검열관과 견원지간인 나를 격려해주었다.

심사에 불려간 날, 내가 침울한 기분으로 내무성 복도를 걸어가는데 급사 두 명이 맞붙어 놀고 있었다.

그중 한 명이 "메치기!"라고 외치며 산시로의 주특기를 흉내 내시 상대를 쓰러뜨린걸 보니, 벌써 〈스가타 산시로〉의 시사회를 본 게 틀림없었다.

그런데도 나는 세 시간이나 기다려야 했다.

그사이에 복도에서 산시로를 흉내 내던 급사가 불쌍하다는 듯이 차를 한 잔 가져다주었다.

그리고 겨우 시작한 심사가 또 가관이었다.

옆으로 길게 놓인 테이블 앞에 검열관이 죽 늘어앉아 있고 그 말석에 다사카 감독과 오즈 감독과 급사가 앉았는데, 급사까지 모두 커피를 마시고 있었다.

그리고 그 앞에 놓인 의자에 나를 앉게 했다.

완전히 피고였다.

당연히 내게는 커피 같은 것도 없었다.

나는 〈스가타 산시로〉라는 대역죄를 범한 모양이었다.

검열관의 논고가 시작되었다.

늘 그렇듯이 전부 미국적이라는 논지였다.

특히 신사 계단에서 찍은 러브 신(검열관은 그렇게 말했지만 그건 러브 신이라고 할 수 없다. 남녀가 만났을 뿐이다)이 미국적이라는 말을 장황하게 늘어놓고 있었다.

나는 제대로 들으면 화가 날 것 같아서, 창밖을 보면서 되도록 아무것도 듣지 않으려고 노력했다.

하지만 검열관의 집요하고 가시 돋친 말에 더 이상 참을 수 없었다.

내 얼굴색이 변하는 것을 나도 어쩔 수가 없었다.

제기랄! 네 멋대로 해!

이 의자나 처먹어라!

그렇게 생각하고 일어서려고 하는데, 오즈 감독이 일어나더니 말했다.

"〈스가타 산시로〉는 100점 만점에 120점이야! 구로사와 군, 축하하네!"

오즈 감독은 그렇게 말하더니 불만스러운 표정의 검열관을 무시하고 내 옆에 와서 긴자에 있는 요릿집 이름을 속삭이며 말했다.

"축하할 겸 한잔 하지."

그곳에 가서 기다리고 있었더니 오즈 감독과 야마 상이 들어왔다.

오즈 감독은 나를 달래듯 〈스가타 산시로〉를 있는 대로 칭찬해 주었다.

그래도 나는 좀처럼 분이 풀리지 않아서 '그 피고석 의자를 검열관에게 내던졌으면 얼마나 후련했을까?'라고 생각했다.

지금도 오즈 감독께는 감사하고 있지만, 역시 의자를 던지지 않은 게 한이다.

〈가장 아름다운 자〉

감독이 된 뒤, 내 연보는 작품명과 함께 쓰면 이렇게 시작된다.

〈스가타 산시로〉 1943년, 33세
〈가장 아름다운 자〉 1944년, 34세

이 연도는 작품이 개봉된 해이고, 작업은 보통 그 전해부터 시작한다.

〈가장 아름다운 자—番美しく〉도 1943년부터 찍기 시작했다.

한번은 해군 정보부에서 나를 부르더니 제로센 전투기를 등장시킨 영화를 찍지 않겠느냐고 물은 적이 있었다.

제로센은 미 공군이 '블랙 몬스터'라고 부르며 두려워하던 것인 만큼, 그것을 영화에 사용함으로써 군의 사기를 높이고 싶었던 것 같다.

나는 일단 생각해보겠다고 대답했다. 하지만 전쟁은 이미 패색이 짙었고 해군의 전력도 바닥이 나서 제로센을 영화에 쓸 여력이 없었다. 결국 그 이야기는 흐지부지 없어졌다.

〈가장 아름다운 자〉는 그것을 대신해서 기획된 작품으로, 공장에 동원된 여성 자원봉사대에 관한 이야기다.

히라쓰카에 있는 일본광학의 공장을 무대로 해서, 거기서 군사용 렌즈를 만드는 일에 종사하는 소녀들을 다루었다.

나는 이 영화를 세미다큐멘터리의 형식으로 만들기로 했다.

말하자면 공장을 빌려서 그곳을 무대로 연기를 하는 것이 아니라, 실제로 공장에서 일하는 소녀들을 다큐멘터리처럼 촬영하고 싶었다.

그러기 위해서, 나는 먼저 어린 여배우들 몸에 배어 있는 배우의 냄새를 없애는 일부터 시작했다.

화장품 냄새, 허세, 치장, 그리고 배우 특유의 자의식을 없애고 본래의 순수한 소녀로 되돌리겠다고 생각했다.

그래서 구보 훈련부터 시작해서 배구 연습을 하게 했고, 고적대를 조직해서 연습시킨 뒤 거리에서 행진하게 했다.

배우들은 구보나 배구는 별다른 저항 없이 했지만, 사람들의 시선을 끄는 고적대 행진은 수치심 때문에 상당히 저항을 느낀 것 같았다.

하지만 그것도 회를 거듭할수록 아무렇지 않게 되었고, 얼굴 화장도 되는대로 해서 얼핏 보면 어디나 흔히 있는 건강하고 활발한 소녀들처럼 보였다.

나는 그들을 일본광학의 기숙사에 들여보내 몇 명씩 각 일터에 배치하고 직공의 일과에 따라 노동을 하게 했다.

지금 생각하면 참 지독한 감독이었다.

다들 말없이 잘 따라주었다. 아무래도 당시는 전시 상황이었기 때문에 그런 일이 매우 자연스럽게 받아들여졌다.

나도 특별히 멸사봉공을 의식해서 그렇게 한 게 아니라, 이 작품은 그렇게라도 하지 않으면 리얼리티가 전혀 없는 인형극이 되어버린다고 생각했기 때문이다.

공장 기숙사의 사감 역은 이리에 다카코에게 부탁했다. 그는 타고난 포용력으로 어린 배우들의 중심이 되어주었다.

배우들이 공장 기숙사에 들어갈 때 우리 촬영 스태프들도 함께 들어갔다.

기숙사의 아침은 멀리서 들려오는 고적대 소리와 함께 밝았다.

그 소리가 들리면 우리들은 침상에서 튀어나와 서둘러 옷을 입고 히라쓰카 건널목으로 달려간다.

머리에 수건을 맨 고적대가 단조로우면서도 씩씩한 곡을 연주하면서 안개에 싸인 새하얀 길을 행진해서 온다.

모두 피리를 불고 북을 두드리면서 우리 스태프들을 곁눈으로 흘겨보며 지나간다. 그리고 건널목을 건너 일본광학 공장 문으로 들어간다.

우리는 그 모습을 지켜보고 기숙사에 돌아가 아침 식사를 마친 다음, 촬영을 위해 공장으로 간다. 완전히 기록영화와 같은 방식으로 찍겠다고 각오한 일이었다.

각자의 일터에서 일하는 배우들은 시나리오대로 연기를 하기는 했지만, 카메라를 의식하기보다 실제로 자기가 맡은 기계를 조작하느라 바빴다. 그 눈빛과 동작에는 연기를 한다는 의식이 거의 없었고, 일하는 자의 생생한 약동감과 묘한 아름다움이 있었다.

그런 모습은 일터에서 일하는 배우들의 클로즈업을 계속 이어서 편집한 장면에 가장 잘 나와 있다.

나는 그 장면에 존 필립 수자의 〈충성행진곡〉에 나오는 용맹한 야전 북소리를 넣었고, 그 광경은 최전선에서 싸우는 군대의 전열처럼 용감하고 씩씩해 보였다. (희한하게도, 수자의 행진곡을 사용했음에도 불구하고 이 장면을 본 내무성 검열관은 미국적이라고 하지 않았다)

당시 공장에서 나오는 식사는 형편없어서, 옥수수나 피가 섞인 싸라기에 반찬은 바닷가에 밀려온 해초 같은 것뿐이었다.

매일 그걸 먹고 8시간 넘게 일하고 있는 배우들이 불쌍해서, 우리는 돌아가며 고구마를 사다가 기숙사의 가마솥에 쪄서 배우들에게 주었다.

그때 여성 봉사대의 대장이었던 야구치 요코는 훗날 나와 결혼하는데, 당시에는 배우들을 대표해서 가끔 내게 덤볐다. 꽤 고집이 센 친구였고 나도 마찬가지라 자주 정면충돌했다. 그럴 때마다 이리에 씨가 중재하느라 고생을 했다.

어쨌든 이 작품에서는 특별히 고생을 했다.

그것은 나와 스태프보다도 배우들에게 두 번 다시 경험하지 못할 고생이었을 것이다.

그래서인지 모르겠지만, 출연했던 배우들 대부분이 이 작품을 마친 뒤에 배우를 그만두고 결혼해버렸다.

개중에는 배우로서 재능이 뛰어나서 기대했던 사람도 많았기 때문에, 나는 기뻐해야 할지 슬퍼해야 할지 알 수 없었다.

그래도 내가 너무나 말도 안 되는 일을 시켜서 그들이 배우를 그만두었다고 생각하고 싶지는 않았다.

나중에 배우를 그만두고 결혼했던 사람들 이야기를 들어보니, 다들 그것 때문은 아니라고 했다. 여배우로서 몸에 걸치고 있던 여러 가지 껍데기를 벗고서 보통 여자로 돌아가 결혼에 이르렀을 뿐이라는 것이다.

하지만 그런 말에는 다분히 나를 감싸주려는 배려가 느껴진다.

객관적으로 보면, 역시 내가 부과했던 가혹한 일이 그들에게 여배우라는 직업을 버리게 한 원인의 하나였을 것이다.

아무튼 그들은 정말로 열심히 노력했다.

그야말로 여배우 자원봉사대였다.

〈가장 아름다운 자〉라는 작품은 소품이었지만 가장 사랑스러운 작품이다.

〈속 스가타 산시로〉

〈스가타 산시로〉가 흥행에 성공하자, 회사는 속편을 만들라는 말을 하기 시작했다.

이런 것이 상업주의의 나쁜 점으로, 영화사의 홍보부는 '장마다 망둥이 날까'(늘 자기에게 좋은 일만 있는 게 아니다-역주)라는 속담을 모르는 모양이다.

그들은 과거에 성공한 작품을 영원히 쫓아간다. 새로운 꿈을 꾸려고 하지 않고 옛 꿈만을 바란다. 리메이크한 작품이 절대 원작에 미치지 못한다는 사실이 증명되었음에도 불구하고, 여전히 그런 오류를 되풀이하고 있다. 참으로 어리석은 짓이다.

리메이크하는 사람은 원작에 신경을 쓰면서 만드니까, 먹다 남은 음식을 재료로 해서 이상한 요리를 만드는 셈이다. 그런 것을 먹어야 하는 관객은 무슨 죄인가.

〈속 스가타 산시로〉는 리메이크가 아니라 그래도 괜찮았지만, 어쨌든 재탕이었다. 나는 이 영화를 만들기 위해 억지로 창작 의욕을 짜내야 했다.

다만 히노가키 겐노스케의 동생 뎃신이 형의 설욕을 위해 산시로에게 대결을 청하는 이야기 속에서, 겐노스케가 동생에게서 예전의 자신의 모습을 발견하고 괴로워한다는 상황에는 흥미를 느꼈다.

이 작품의 클라이맥스는 눈 덮인 산에서 산시로와 뎃신이 대결하는 장면인데, 홋포発哺(나가노에 있는 온천지, 스키장)의 현지촬영에서 두 가지 재미있는 사건이 있었다.

한 가지는 오두막 세트를 만들 때의 일이다. 그 작업을 돕다 보니 장갑에 묻은 눈이 화톳불에 녹으면서 후줄근해졌고, 저녁 무렵에는 감각이 없어질 정도로 손이 얼어서 모두 온천 여관으로 도망쳐왔다.

곧장 목욕탕으로 달려간 나는 탕 속에 들어가려고 했지만, 물이 너무 뜨거워서 들어갈 수가 없었다. 서둘러 물을 식히려고 수조에서 찬물을 퍼 올린 순간, 얼어 있던 욕탕 바닥에 미끄러지면서 그 물을 머리에서부터 뒤집어쓰고 말았다.

내 평생 그렇게 추웠던 적이 없었다.

이건 앞에 썼던 야마 상의 '덥다'라는 이야기보다 나으면 낫지 못하지 않은 '춥다'일 것이다.

내가 알몸으로 와들와들 떨면서 욕조의 물을 식히려고 고군분투하고 있는데, 스태프가 들어왔다.

그는 내가 "거들어!"라고 외치면서 이를 딱딱 부딪치는 것을 보더니, 바가지로 욕조의 물을 푼 다음 거기에 찬물을 섞어서 내 머리 위에 끼얹었다.

나는 그렇게 해서 겨우 되살아난 심경이었다.

그렇게 하면 될 걸.

사람은 극도로 당황하면 바보가 된다.

또 한 가지 재미있는 일화는 히노가키 겐노스케의 막내동생 겐자부로에 관한 이야기다.

이 캐릭터는 반미치광이라 분장을 어떻게 할지 무척 고심했다.

머리에 긴 가발을 씌우고 얼굴을 하얗게 칠하고 입술에는 새빨간 입술연지를 바르고 소복을 입힌 다음, 손에 대나무(전통극 노[能]에서 광인이 드는 물건)를 들렸다.

겐자부로 역을 맡은 건 고노 아키타케였는데, 하루는 출연이 빨리 끝나서 먼저 여관에 돌아가게 했다.

촬영 현장은 눈이 쌓인 절벽 위였는데, 내가 거기서 내려다보니 그 절벽 아래에서 일곱 명쯤 되는 스키어들이 올라오는 참이었다.

그 스키어들이 전방을 보고 갑자기 걸음을 멈추더니, 올라오던 길을 쏜살같이 도망쳐 내려가기 시작했다.

인적 없는 깊은 산속에서 괴기한 차림의 겐자부로가 자기들 쪽으로 뛰어오는 것을 봤으니 무리도 아니었다.

아무래도 영화 일을 하다보면, 악의는 없어도 가끔 사람을 놀라게 하는 일이 많다.

그 스키어들에게는 나중에 여관에서 만났을 때 사정을 이야기하고 사과했다.

이 촬영에서는 스가타 산시로와 히노가키 뎃신이 깊은 눈 속에서 대결하는데, 두 사람 다 맨발이라 고생했다.

후지타 스스무는 지금도 나만 보면 그때 발이 얼마나 시렸는지 모른다며 끈질기게 원망을 늘어놓는다.

〈스가타 산시로〉를 찍었을 때도 2월에 연못 속에 뛰어들었으니 나에게 쌓인 게 많겠지만, 나도 후지타가 미워서 그런 건 아니다.

그 덕에 스타가 됐으니 이제는 그러려니 하길 바란다.

〈속 스가타 산시로〉는 별로 잘 된 영화는 아니었다.

비평 가운데 '구로사와가 자만했다'는 말이 있었지만, 딱히 자만한 것이 아니라 이 작품에서는 혼신의 힘을 내지 못했을 뿐이다.

결혼

나는 〈속 스가타 산시로〉가 개봉된 달에 결혼했다.

정확히는 1945년 서른다섯 살 때, 배우 야구치 요코(본명 가토 기요)와 메이지 신궁의 결혼식장에서 식을 올렸다.

중매인은 야마 상 내외분께서 맡아주셨다.

아버지와 어머니는 아키타에 피난 중이라 참석하지 못하셨다.

식을 올린 다음 날 아침에는 미군의 전투기가 도쿄를 공습했고, 밤에는 대규모의 B29 편대가 다시 도쿄를 폭격해서 메이지 신궁이 불탔다.

그래서 우리 부부는 결혼사진이 없다.

정말 어수선한 결혼식이어서, 식이 한창일 때 공습 경계경보 사이렌이 울리기도 했다.

당시에는 혼인신고를 하면 특별히 합환주合歡酒 용으로 정종 한 병이 배급되었는데, 결혼식장에 가기 전에 조금 마셔봤더니 형편 없는 화학주였다.

그런데 식장에서 삼배의식을 할 때 마신 술은 화학주가 아니라 상당히 좋은 술이라서 더 마시고 싶었다.

그리고 처가댁에서 열린 피로연에는 산토리 위스키 한 병밖에 나오지 않았다.

어째 결혼식 이야기에 술 얘기뿐이라 아내가 화를 낼 것 같은데, 당시의 결혼식의 리얼리티를 살리기 위해서는 이런 이야기도 필요할 것 같아서 썼다.

아무튼 결혼식도 이런 식이었으니 결혼에 이르기까지의 과정도 그다지 로맨틱하지 못했다.

아버지와 어머니를 피난 보내고 혼자 힘들어 하는 나를 보다 못한 모리타 씨(당시 제작 부장)가 결혼을 생각해보지 그러냐고 말을 꺼낸 것이 계기였다.

내가 "결혼상대는요?"라고 물었더니 "야구치가 있잖아?"라고 모리타 씨가 대답했다.

〈가장 아름다운 자〉를 찍으면서 워낙 싸운 사이라서 "좀 벅찬데요"라고 했더니, 모리타 씨는 "자네한테는 그 정도가 딱 좋아"라며 싱글싱글 웃었다.

나는 그것도 그렇겠다 싶었다.

아무래도 전쟁은 질 것 같았고 그 결과 일억옥쇄의 사태가 되면 피차 죽을 테니, 그 전에 결혼생활이라는 것이 어떤 건지 한번 경험해보는 것도 나쁘지 않을 것 같았다.

그런 말을 하면서 청혼했다.

대답은 "생각해보겠습니다"였다.

나는 가까운 친구에게 혼담을 성사시킬 수 있게 도와달라고 부탁했다.

그런데 아무리 기다려도 전혀 진척이 없었다.

기다리다 지친 나는 야구치에게 가서 "예스야, 노야?"라고 답을 요구했다.

그때는 가까운 시일 내에 답을 주겠다는 약속을 듣고 헤어졌는데, 다음에 만났더니 야구치는 두툼한 편지 다발을 내게 건네면서 "이걸 읽어보세요. 이런 사람과는 결혼할 수 없어요"라고 했다.

그건 나한테 결혼 중개를 부탁받은 친구가 야구치 앞으로 보낸 편지였는데, 그 편지를 읽고 나는 경악했다.

편지 내용은 온통 나에 대한 험담이었고, 험담하는 기술이 참으로 천재적이었다. 나에 대한 증오로 가득한 문장에 소름이 끼쳤다.

그 친구는 결혼 중개를 부탁받고는 오히려 결혼을 깨뜨리는 일에 힘을 쏟고 있었다.

심지어 그는 가끔 나와 함께 야구치 집을 방문해서, 내 앞에서는 혼담을 성사시키기 위해 애쓰는 것 같은 얼굴을 하고 있었다.

그런데 야구치의 어머니가 그 편지를 보고 야구치에게 이렇게 말했다고 한다.

"너는 험담을 하는 사람이랑 그 사람을 믿고 험담을 당하는 사람 중에 어느 쪽을 믿겠니?"

그 결과 야구치와 나는 결혼했다.

우리가 결혼한 뒤에도 그 친구는 아무렇지도 않은 얼굴로 찾아 왔지만, 야구치의 어머니는 그를 절대 집에 들이지 않았다.

아직도 모르겠다.

나는 그에게 그 정도로 원한을 살만한 기억이 전혀 없는데.

사람의 마음 깊은 곳에는 뭐가 살고 있는 걸까?

그 뒤에도 나는 여러 사람들을 봐왔다.

사기꾼, 돈에 미친 사람, 표절하는 사람.

하지만 모두 보통 사람의 얼굴을 하고 있으니 곤란하다.

아니, 그런 사람일수록 사람 좋은 얼굴을 하고 듣기 좋은 말을 한다.

어쨌든 우리는 결혼 생활에 들어갔는데, 그게 아내에게는 큰일이 었던 것 같다.

아내는 결혼하기 위해 배우를 그만두었는데, 내 월급은 아내 월 급의 3분의 1도 안 됐다.

감독의 월급이 그렇게 적은 줄은 꿈에도 생각지 못한 모양이었다. 가계는 위기일발이었다.

〈스가타 산시로〉는 시나리오 집필료와 감독료가 각각 100엔이 었다. 그 뒤 〈가장 아름다운 자〉와 〈속 스가타 산시로〉에서는 각각 50엔 씩 올랐지만, 대부분 현지촬영에서 술 마시는 데 써버렸으니 생활이 힘들 수밖에 없었다.

〈속 스가타 산시로〉에서는 정식으로 감독 계약을 하게 돼서, 그때까지 사원으로서 일한 공로에 대해 퇴직금이 나오게 됐다. 하지만 회사는 내 장래를 위해 적립해두겠다며 청구해도 주지 않았다.

그 퇴직금은 아직도 못 받았다.

아마 내 장래를 위해 여전히 적립하고 있거나, 내가 도호에 빚이 많으니까 거기에서 제할 생각인가 보다.

그러니 퇴직금도 안 들어오고 신혼 초부터 생활비에 쪼들렸기 때문에, 나는 또 시나리오를 써서 돈을 벌 수밖에 없었다.

무리해서 세 편을 동시에 쓴 적도 있다.

그때는 젊었으니까 그런 일도 가능했지만, 시나리오 세 편을 완성한 날 밤에는 지칠 대로 지쳐서 술을 마시는데 눈물이 줄줄 흘러서 멈추지 않았다.

〈호랑이 꼬리를 밟은 사나이〉

결혼한 직후, 나는 공습의 위험을 느끼고 시부야의 에비스에서 세타가야의 소시가야로 이사했다.

이사한 다음 날, 시부야의 집이 공습으로 불탔다.

전쟁은 급속하게 패전을 향해 내닫고 있었지만, 도호 촬영소에서는 사람들이 주린 배를 움켜쥐고도 활발하게 영화제작을 계속하고 있었다.

다른 한편에서는 일이 많지 않은 사람들이 촬영소 광장에 쭈그리고 앉아 잡담을 나누고 있었다. 배가 고파서 서 있을 힘도 없었던 것이다.

그 무렵 나는 오코치 덴지로와 에노모토 겐이치(에노켄) 두 사람을 주연으로 하는 〈이 창을 들고どっこい! この槍〉라는 시나리오를 쓰고 영화제작을 준비하고 있었다. 그 작품의 마지막 장면은 오케하자마 전투桶狭間の合戦(1560년 오다 노부나가의 2천 병사가 이마가와 요시모토의 수만 대군을 물리친 전투-역주)가 벌어지는 날 아침에, 노부나가가 그의 측근들과 함께 말을 타고 싸우러 가는 장면이었다. 그래서 나는 촬영 장소를 정하고 말을 구하기 위해 야마가타에 갔다.

하지만 예전부터 말 산지로 유명했던 야마가타에도 있는 말이라고는 늙었거나 병든 말뿐, 달릴 수 있는 말은 한 마리도 없었다.

결국 이 야마가타 행은 〈이 창을 들고〉의 영화제작이 불가능하다는 결론을 내리기 위해 갔던 거나 마찬가지였다. 다만 그때 아키타까지 가서 피난해 계시던 아버지와 어머니를 찾아뵐 수 있었던 것이 유일한 수확이었다.

부모님이 계신 집에 도착한 것은 한밤중이었다. 쾅쾅 하고 대문을 두드리자 두 분을 돌보기 위해 함께 가 있던 다네요 누나가 대문 틈새로 내다보고 "아키라다!" 하고 외치더니, 밖에 있는 나를 그대로 내버려두고 부엌으로 뛰어가서 서둘러 쌀을 씻기 시작한 데는 어이가 없었다.

재미있지만 웃지 못할 이야기다. 제대로 쌀 구경도 못 했을 동생에게 빨리 쌀밥을 먹이고 싶은 누나의 마음이 눈물겨웠다.

그때 지낸 며칠간이 아버지와 보낸 마지막 시간이었다.

아버지는 〈스가타 산시로〉를 보고 나서 피난을 가셨기 때문에, 며느리의 얼굴을 본 적이 없어서 야구치에 대해 끊임없이 물으셨다.

나도 패전 직후에 아버지가 됐지만, 우리 아버지는 손주의 얼굴도 보지 못하고 돌아가셨다.

내가 도쿄로 돌아가는 날, 아버지는 배낭 가득 쌀을 지워주셨다.

임신한 며느리에게 쌀밥이라도 먹이려는 아버지의 마음을 너무 잘 알았기 때문에, 끔찍하게 무거워서 자칫하면 뒤로 넘어갈 것 같은 짐을 등에 지고 만원 열차에 올랐다. 도중에 육군 장교 한 명이 부인을 데리고 열차 창문으로 억지로 타더니, 거기에 불평하는 아주머니에게 "제국 군인에게 뭐라고 지껄이는 건가?"라고 으름장을 놓았다. 그러자 아주머니는 "제국 군인 좋아하시네! 제국 군인이야말로 무슨 짓을 했는데?"라고 덤볐다. 그 장교는 도쿄에 도착할 때까지 얌전히 있었다.

나는 그때 일본이 전쟁에 졌다는 것을 실감했다.

다음 날 아침 나는 쌀이 가득한 무거운 배낭을 지고 소시가야에 있는 집에 도착했다. 그대로 현관에 앉았다가 배낭을 맨 채 다시 일어나려고 했지만 도저히 일어설 수가 없었다.

〈호랑이 꼬리를 밟은 사나이虎の尾を踏む男達〉는 〈이 창을 들고〉의

촬영이 불가능해졌기 때문에 그 대안으로 급하게 기획된 것이다.

가부키 〈간진초勸進帳〉를 기초로 해서 전체의 구성이나 오코치가 연기하는 벤케이도 그대로였다. 다만 에노켄을 위한 강렬한 역할만 새로 만들면 되니까 시나리오는 이틀이면 쓸 수 있다고 내가 제안했다. 상영할 작품이 모자라서 난처했던 회사로서는 마침 다행이었다.

게다가 세트도 하나뿐이고 현지촬영은 촬영소 후문 뒤에 있는 황실 소유림으로 해결한다고 하니까, 회사에서는 좋아했다.

그런데 그게 김칫국부터 마신 격이었다.

〈호랑이 꼬리를 밟은 사나이〉의 촬영이 순조롭게 진행되는 동안 일본이 전쟁에서 지고 미군이 주둔하게 되자, 우리 세트에도 가끔 미군 병사가 나타나기 시작했다.

한번은 떼로 몰려와서, 세트가 재미있는지 찰칵찰칵 사진을 찍어대고 8mm 비디오도 돌렸다. 개중에는 자기가 검에 찔려 쓰러지는 모습을 찍어달라는 녀석까지 나와서 수습이 되지 않아 촬영을 중지한 적도 있다.

어느 날은 내가 크레인에 올라가서 촬영을 하고 있는데, 무대에 미국 장관과 고급 장교 한 무리가 들어왔다.

그들은 촬영하는 것을 조용히 구경하고 돌아갔는데, 알고 보니 그중에 존 포드가 있었다.

훗날 런던에서 존 포드를 만났을 때 그 이야기를 듣고 깜짝 놀랐다.

존 포드가 이렇게 물었다.

"그날 당신에게 인사를 전해달라고 전언을 남기고 돌아왔는데 들었습니까?"

하지만 나는 그런 전언을 듣지 못했고, 런던에서 만날 때까지 그가 우리 세트에 왔었다는 사실도 전혀 몰랐다.

아무튼 이 〈호랑이 꼬리를 밟은 사나이〉가 황당하게 되었다. 이 이야기에도 검열관이 등장한다.

일본에 주둔한 미군은 일본의 군국주의를 퇴치하기 시작했고, 그 일환으로 사법경찰과 검열관을 해고했다.

그런데도 나는 검열관에게 불려갔다.

〈호랑이 꼬리를 밟은 사나이〉에 대해 이의가 있다는 것이다.

모리 이와오 씨(당시 제작 담당 중역)도 질렸는지, 나를 불러서 "이제 검열관 놈들은 이러쿵저러쿵 말할 권한이 없어. 가서 실컷 해대고 와"라고 말했다.

그때까지는 무슨 일이 있을 때마다 쉽게 흥분하는 내게 늘 적당히 하라고 말하던 모리 씨가 실컷 해대고 오라는 걸 보니, 모리 씨도 검열관의 초출이 어지간히 분했었나 보다.

나는 모리 씨의 말을 듣고 의기양양하게 나섰다.

검열관들은 내무성에서 나와서 다른 곳에 모여 있었다. 양철통 속에 서류를 태우거나 의자 다리를 톱으로 잘라 땔감을 만들고 있는 모습은 몰락한 권력자의 말로를 보는 것 같아서 좀 애처로웠다.

그런데도 놈들은 여전히 거드름 피우는 버릇을 고치지 못하고 고

자세로 나를 힐문했다.

"이 〈호랑이 꼬리를 밟은 사나이〉는 대체 뭔가? 일본의 전통예능인 가부키 〈간진초〉를 개악하고 우롱한 것이다."

이건 과장해서 쓴 게 아니다. 나는 지금 일언일구를 정확하게 쓰고 있다. 놈들이 한 말은 잊으려고 해도 도저히 잊을 수가 없다.

놈들의 힐문에 대해 나는 이렇게 대답했다.

"〈호랑이 꼬리를 밟은 사나이〉를 가부키 〈간진초〉의 개악이라고 하지만, 나는 가부키 〈간진초〉가 노能 〈아타카安宅〉의 개악이라고 봅니다. 그리고 가부키를 우롱했다고 하지만, 나에겐 그런 의도가 전혀 없습니다. 어디가 우롱에 해당하는지 통 모르겠으니 그 점에 대해서 구체적으로 지적해주시죠."

검열관들 모두 잠시 침묵했지만, 그중 한 사람이 이렇게 말했다.

"〈간진초〉에 에노켄을 출연시키는 것 자체가 가부키를 우롱하는 거다."

"이상하네요. 에노켄은 훌륭한 희극배우입니다. 그가 출연하는 것만으로 가부키를 우롱한 게 된다는 말이야말로, 훌륭한 희극배우 에노켄을 우롱하는 겁니다. 희극이 비극보다 못합니까? 희극배우가 비극배우보다 못합니까? 돈키호테에게는 산초 판자라는 희극적인 인물이 따라다니는데, 요시쓰네에게 에노켄이라는 강렬한 희극적 인물이 있는 게 왜 나쁩니까?"

논지에서 좀 벗어났지만 나는 발끈해서 떠들어댔다.

그러자 검열관 가운데 엘리트 냄새를 풀풀 풍기는 애송이가 물고 늘어졌다.

"어쨌든 이 작품은 시시해. 당신, 이렇게 재미없는 걸 만들어서 어쩔 셈인가?"

나는 쌓이고 쌓였던 울분을 그 애송이에게 퍼부었다.

"시시한 놈이 시시하다고 하는 건 시시하지 않다는 증거고, 재미없는 놈이 재미없다고 하는 건 대단히 재미있다는 얘기겠죠."

그 애송이 검열관의 낯빛이 빨강, 파랑, 노랑 삼원색으로 변했다.

나는 잠시 그 얼굴을 구경하고 나서 자리에서 일어나 지체 없이 돌아왔다.

하지만 그 덕에 〈호랑이 꼬리를 밟은 사나이〉는 GHQ로부터 상영금지 처분을 받았다.

일본의 검열관이 촬영중인 일본 영화를 보고하는 문서에서 〈호랑이 꼬리를 밟은 사나이〉만 삭제했기 때문이다.

그래서 이 영화는 신고되지 않은 비합법 작품으로 묻혀버렸다.

하지만 3년 뒤, GHQ의 영화 부문 담당자가 이 영화를 보고 무척 재미있어 해서 상영 금지를 풀어주었다.

재미있는 것은 누가 봐도 재미있다.

물론 시시한 놈은 논외다.

다음은 미국의 검열에 대해서 조금 적으려고 한다.

일본이 전쟁에 지고 미군이 주둔하면서 민주주의가 찬양되고 언론의 자유(맥아더 군정이 허용하는 범위 내이지만)가 회복되자, 영화계는 되살아난 것처럼 활동을 시작했다. (우리는 무엇보다도 내무성 검열관들

이 추방된 것이 기뻤다)

생각만 하고 아무것도 말하지 못하던 우리들은 그때까지 가슴에 담아두고 있던 것을 일제히 떠들기 시작했다.

나는 패전 직후에 〈떠들다喋る〉라는 단막 희곡을 썼다. 흔히 볼 수 있는 생선 가게 일가를 배경으로 해서, 일제히 떠들기 시작한 일본인의 모습을 희극풍으로 쓴 작품이었다.

이 〈떠들다〉라는 희곡이 GHQ의 연극 담당 검열관의 흥미를 끌었고, 나는 그 사람에게 불려가서 거의 하루 종일 이야기를 나누었다.

그 미국인은 이름은 모르지만 연극 전문가인 것 같았다. 희곡의 대사 하나하나에서 인물의 동작에 대한 연출에 이르기까지 세세하게 질문했다.

그리고 내 대답에 미소를 짓기도 하고 웃음을 터뜨리기도 했다.

지금 여기에 이런 이야기를 쓰는 이유는, 그때 내가 전시 중에는 경험한 적 없는 이상한 기쁨을 느꼈기 때문이다.

아니, 그건 이상한 게 아니라 당연한 기쁨이었다.

일방적인 생각을 강요하지 않고 서로 이해하는 것을 전제로 한, 미국 검열관과의 대화는 내게 가슴이 부풀어 오르는 느낌을 주었다.

나는 창작의 자유와 창작물에 대한 존경심이 없는 시대를 살아와서, 그때 처음으로 그런 것이 존재한다는 사실을 실감했다.

그때 그 검열관의 이름을 묻지 않은 것이 아쉽다.

물론 미국 검열관이 전부 그런 사람만은 아니었지만, 모두 우리들을 신사적으로 대했다. 일본의 검열관처럼 우리를 범죄자 취급하는 사람은 하나도 없었다.

일본인

전쟁이 끝난 뒤 내 일도 궤도에 오르기 시작하는데, 그것에 대해 쓰기 전에 다시 한 번 전쟁 중의 나 자신을 돌아보고 싶다.

전쟁 중의 나는 군국주의에 대해 무저항적인 태도를 취했다. 유감이지만 적극적으로 저항할 용기가 없었고, 적당히 영합 혹은 도피했다고 할 수밖에 없다.

부끄럽지만 솔직하게 인정해야 하는 일이다.

그러니 잘난 체하면서 전쟁 중의 일을 비판할 자격은 없다.

전후의 자유주의나 민주주의는 모두 남의 힘에 의해 주어졌지 자력으로 싸워서 얻은 것이 아니다. 그러니 나는 그것을 우리 것으로 갖추기 위해서는 진지하게 배우고 겸허하게 다시 시작하겠다는 마음가짐이 필요하다고 생각한다.

그런데 전후의 일본은 아무 생각 없이 받아들인 자유주의와 민주주의를 마구 휘두르기 시작했다.

1945년 8월 15일, 나는 천황의 조칙을 라디오 방송으로 듣기 위해 촬영소로 갔는데, 그때 걷던 길가의 정경을 잊을 수 없다.

집에서 기누타 촬영소까지 가는 길에 본 상점가는 정말로 모두 죽을 각오를 한 듯 어수선한 분위기였다. 심지어 일본도를 가지고 나와서 칼을 뽑아든 채 칼날을 노려보고 있는 가게 주인도 있었다.

조칙이 패전 선언이라고 예상하고 있던 나는, 그런 모습을 보면서 '이제 일본은 어떻게 될까?' 하고 생각했다.

하지만 패전 조칙을 듣고 집으로 돌아가는 길은 분위기가 완전히 바뀌어서, 상점가 사람들은 축제 전날처럼 신나는 표정으로 부지런히 일하고 있었다.

이건 일본인의 유연성일까 아니면 허약함일까?

나는 적어도 일본인의 성격에는 이런 양면성이 있다고 생각하지 않을 수 없었다.

이 양면성은 내 자신 속에도 있다.

만일 패전 조칙이 아니었다면, 만일 그것이 모두에게 자결을 호소하는 것이었다면 그 거리의 사람들은 거기에 따라서 죽었을 것이다.

아마 나도 그랬을 것이다.

자아를 악덕으로 보고 자아를 버리는 것이야말로 양식 있는 태도라고 배운 일본인은 그 가르침에 익숙해서 의심조차 하지 않는다.

하지만 그런 자아를 확립하지 않는 한, 자유주의도 민주주의도 없다고 생각한다.

전후의 첫 작품 〈우리 청춘 후회 없다わが青春に悔なし〉는 그런 자아의 문제를 주제로 했다.

전쟁 중의 우리는 벙어리 같았다.

아무 말도 하지 못하고, 말한다 해도 정해진 군국주의의 교조를 앵무새처럼 되풀이할 수밖에 없었다.

그래서 자기를 표현하기 위해서는 사회적인 문제를 떠난 길을 찾아야 했다.

하이쿠가 유행한 것도 그래서다.

다카하마 교시高浜虚子(메이지 시대에서 쇼와 시대에 걸쳐 활약한 하이쿠 시인-역주)가 말하는 '화조풍월花鳥風月'은 쉽게 말해서 검열관에게 지적당할 위험이 없는 길이었다.

도호 촬영소에도 하이쿠 모임이 생겨서 가끔 도쿄 근교에 있는 절을 빌려서 모임을 가졌다.

그것은 하이쿠를 지으며 즐기기 위해서만이 아니라, 도쿄를 벗어나면 조금은 식량사정이 좋아서 뭔가 먹을 게 있었기 때문이다.

하지만 허기진 사람들이 모여서 공허한 기분으로 머리를 짜냈자 쓸 만한 하이쿠는 나오지 않는다.

무슨 일이든지 혼신의 힘을 다해 몰두하지 않으면 나오는 것은 없다.

당시에 나도 이것저것 하이쿠를 지었지만, 여기에 공개할 만한 건 하나도 없다.

하나 같이 경박하고 멋을 부린 것뿐이다.

그런 어느 날, 나는 교시의 책에서 그가 추천하는 하이쿠 한 구를 읽었다.

'폭포'라는 제목이었다.

'폭포 위 물이 나타나서 떨어지도다.'

나는 놀랐다.

아마추어의 작품인 모양인데, 그 순수하고 솔직한 관찰과 소박하고 단순한 표현에 나는 머리를 한 대 얻어맞은 듯한 기분이 들었다.

단어를 주물럭거리는 데에 불과한 내 하이쿠에 정나미가 떨어졌고, 또 내가 얼마나 공부가 부족하고 재주가 없는지를 깨닫고 부끄러워졌다.

알고 있는 것 같아도 실은 모르는 일이 많다.

나는 일본의 전통문화에 대해서 다시 공부하자고 마음먹었다.

그때까지 도자기에 대해서 아무것도 몰랐고, 그 밖의 공예에 대해서도 수박 겉핥기 정도의 지식밖에 없었다.

그리고 그림 외에는 보는 눈이 거의 없었다.

또 일본의 가장 독자적인 예능인 노能도 한 번도 본 적이 없었다.

나는 우선 일본의 골동품에 대해 잘 아는 친구를 찾아가서 도자기에 대해서 가르쳐달라고 부탁했다.

사실 그때까지 나는 잘 알지도 못하면서 그 친구의 골동 취미를 약간 무시하고 있었는데, 그 친구에게 배우다 보니 일률적으로 골동 취미라고 부르는 게 잘못이라는 것을 알았다. 그 길에도 깊이의 차이가 있어서, 은퇴 후의 취미에서부터 학문적으로 일본 문화사를 연구하는 길, 또 예술적인 감상을 통해서 일본의 오랜 문화를 배우는 길도 있다는 사실을 알았다.

오래된 그릇 하나에서도 그 시대의 정신이나 그 시대를 살았던 인간의 삶을 알 수 있었다. 친구에게 도자기에 대해 배우는 사이에, 나는 아직도 배워야 할 것과 흡수해야 할 것이 무한히 있다는 사실을 깨달았다.

전쟁 중의 나는 미美에 굶주려 있었기 때문에, 일본의 전통미의 세계에 금세 빠져들었다.

현실도피였는지도 모르지만, 나는 거기서 적지 않은 것을 배우고 흡수했다.

나는 그 즈음에 처음으로 노를 봤다.

그리고 제아미世阿弥(무로마치 시대 초기의 악사-역주)가 남긴 예술론, 그에 관한 문헌, 그 밖에 노에 관한 책을 닥치는 대로 읽었다.

내가 노에 끌린 것은 그 독자성 때문이었는데, 어쩌면 그것이 영화와는 너무나도 동떨어진 형식이어서 그랬는지도 모른다.

어쨌든 그 기회에 노에 친숙해지고, 기타 로페이타, 우메와카 만자부로, 사쿠라마 긴타로의 공연을 볼 수 있어서 행복했다.

인상적인 무대는 많이 있었지만, 그중에서도 잊을 수 없는 것이 만자부로의 〈빈지문(한 짝씩 끼웠다 떼었다 하는 널문-역주)〉이었다.

공연장 밖은 엄청난 뇌우였는데, 만자부로의 무대를 보고 있는 동안 그 소리가 전혀 들리지 않았다.

그리고 빈지문에서 나온 만자부로가 춤을 추기 시작하자 그 모습에 살짝 석양이 비낀 것처럼 보였다.

'아, 박꽃이 피었다.'

나는 묘한 황홀경 속에서 그런 생각을 했다.

일본인에게는 이런 독자적인 재능도 있다.

전쟁 중에는 국수주의적인 관점에서 일본의 전통이나 미를 대대적으로 찬미하는 경향이 있었다. 하지만 그런 독선적인 입장에 서지 않아도 일본이 가진 독자적인 미의 세계를 널리 세계에 자랑할 수 있다고 생각했다.

이런 자각은 나 자신에게도 이어졌다.

제6장
〈라쇼몽〉까지

〈우리 청춘 후회 없다〉

이 영화는 전후에 만든 첫 번째 작품이다.

그 뒤로 '우리 ○○에 후회 없다'라는 말이 신문 등에서 유행했었다.

하지만 내게 이 작품은 제목과 달리 후회가 많았다.

왜냐하면 본의 아니게 시나리오를 고쳐야 했기 때문이다.

이 작품은 두 차례의 파업 속에서 태어났다.

1946년 2월에 제1차 도호 쟁의가 있었고 같은 해 10월에 제2차 도호 쟁의가 있었는데, 그 사이의 7개월 동안에 이 작품을 제작했다.

제1차 파업에서 승리한 결과, 사원 노조는 강력해지고 공산당원의 수도 늘어났다. 작품에 대한 그들의 발언권도 강해져서 시나리오 심의회가 생겼다.

〈우리 청춘 후회 없다わが青春に悔なし〉의 시나리오는 심의회의 의향으로 제1고를 변경해야 했기 때문에 수정한 제2고에 기초했다.

개정은 내용의 잘잘못 때문이 아니라, 우연히 소재가 비슷한 시나리오가 심의회에 제출되어 있었기 때문이다.

하지만 내 눈에 두 시나리오는 유사하기는커녕 전혀 이질적인 것으로 보였다. 영화화하면 그 차이가 더욱 뚜렷해져서 전혀 다른 영화가 완성될 거라고 생각했다. 그래서 이런 생각을 심의회에서 말했지만 받아들여지지 않았다.

나중에 완성된 작품을 본 시나리오 심의회 사람들이 말했다.

"자네가 한 말이 맞았어. 이럴 줄 알았으면 제1고 그대로 찍게 할 걸 그랬어."

무책임하기 짝이 없는 이야기다.

히사이타 에이지로의 멋진 시나리오가 그런 무책임한 사람들 때문에 묻혀버린 건 지금 생각해도 안타깝다.

〈우리 청춘 후회 없다〉의 제2고는 억지로 스토리를 바꿨기 때문에 좀 부자연스러워졌다.

특히 작품의 마지막 20분간이 그랬다.

하지만 나는 그 20분간에 작품의 성패를 걸었다.

그 2천 피트의 필름, 2백 컷에 가까운 영상에 나는 집념에 가까운 열의를 쏟아부었다.

어쩌면 나는 그 영상에 시나리오 심의회에 대한 분노를 터뜨렸는지도 모른다.

이 작품이 완성되었을 때 나는 흥분과 피로로 작품을 냉정하게 평가할 여유도 없었고, 뭔가 이상한 걸 만들었다는 기분뿐이었다.

시사회 때 미국 검열관들이 잡담을 하고 있기에 '역시 이 영화는 실패했구나'라고 생각했다.

그런데 영화의 마지막 20분에 들어가자, 그들은 갑자기 입을 다물더니 상체를 내밀고 스크린을 바라보기 시작했다.

그리고 그대로 엔딩 타이틀이 올라갈 때까지 숨을 죽이고 주시했다.

영사실이 밝아지자 그들은 일어나서 일제히 내게 손을 내밀었다. 모두 한껏 칭찬하면서 축하한다고 했지만, 나는 멍하니 있었다.

내가 이겼다는 실감이 든 것은 그들과 헤어지고 난 뒤였다.

그때의 미국 검열관은 가키라는 사람이었는데, 나중에 이 작품의 완성 축하 파티를 열어주었다.

그때는 제2차 도호 쟁의로, 이 작품의 주연배우들은 열 명의 스타를 중심으로 하는 '10인 깃발의 회'에 들어가서 파업 반대를 표명한 뒤 신도호新東宝로 옮겨 갔다.

그런데 가키 씨는 우리들과 결별한 배우들도 파티에 초대해서, "양쪽이 협력했기에 〈우리 청춘 후회 없다〉가 완성됐다"며 다시 손을 잡았으면 한다고 말했다.

(결국 그들은 돌아오지 않았다. 다시 돌아오는 데 10년 가까이 걸렸다. 배우들만이 아니다. 그들과 함께 신도호로 떠난 영화 기술자들도 같은 길을 걸었다. 도호는 10년에 걸쳐 이룬 사람들 사이의 우정과 육성한 인재들을 한꺼번에 버렸을 뿐만 아니라, 그 위에 10년을 더 낭비했다)

〈우리 청춘 후회 없다〉는 이런 격동 속에서 태어났다.

하지만 전후에 얻은 자유로운 분위기 속에서 처음 했던 이 작업은 감회가 깊었다.

교토 현지촬영 때의 와카바 언덕, 꽃이 핀 오솔길, 햇빛을 받아 반짝이는 개울 등. 지금이야 아무것도 아닌 풍경이지만, 당시에는 특별한 감회를 가지고 촬영했다.

그것은 왠지 가슴이 설레는 느낌이었다.

날개가 돋아서 하늘을 나는 듯한 기분이었다.

전쟁 중에는 그런 경치조차 섣불리 찍을 수 없었다.

청춘을 제대로 그리는 일도 불가능했다.

검열관의 견해에 따르면, 연애는 외설적인 행위이고 청춘의 신선한 감각은 미국적인 유약한 정신 상태였다.

당시의 청춘은 '후방'이라는 이름의 감옥 속에서 숨을 죽이고 있었다.

하지만 전후의 청춘들도 그 숨을 돌이키기 위해서 고통스러운 시간을 보내야 했다.

그것이 내 다음 작품의 이야기다.

〈멋진 일요일〉

열 명의 배우가 신도호로 가버리자 도호 영화사에는 스타가 한 사람도 없었다.

뜻하지 않게 도호와 신도호는 각각 감독 중심주의와 스타 중심주의라는 기치를 내걸고 우열을 다투게 되었다.

그야말로 골육상쟁의 전국시대였다.

스타의 이름을 화려하게 늘어놓은 작품 레퍼토리를 발표한 신도호에 대항하기 위해, 우리는 도호에 남아 있는 감독, 시나리오 작가, 프로듀서 전원이 이즈의 온천 여관에 모여서 새로운 작품 레퍼토리를 상의했다.

당시의 분위기는 마치 결전 전야의 막사처럼 용맹하고 삼엄했다.

그 이즈 회의의 결과 기획된 작품은 기누가사 데이노스케, 야마모토 가지로, 나루세 미키오, 도요타 시로의 〈네 개의 사랑 이야기四つの恋の物語〉, 고쇼 헤이노스케의 〈지금 한 번今ひとたびの〉, 야마모토 사쓰오와 가메이 후미오의 〈전쟁과 평화戦争と平和〉, 나의 〈멋진 일요일素晴らしき日曜日〉, 그리고 다니쿠치 센키치의 첫 작품 〈은산의 끝銀嶺の果て〉이었다.

나는 〈네 개의 사랑 이야기〉 중 한 편과 다니쿠치 센키치의 〈은산의 끝〉, 그리고 내 작품 〈멋진 일요일〉, 이렇게 세 편의 시나리오 집필을 맡았다.

나는 먼저 우에쿠사 게이노스케와 함께 〈멋진 일요일〉의 골자에 대해 이야기한 뒤 구체적인 구성을 그에게 맡기고, 다니쿠치 센키치와 이즈의 온천에 남아서 〈은산의 끝〉을 쓰기로 했다.

그리고 〈네 개의 사랑 이야기〉 중의 한 편은, 〈은산의 끝〉을 완성한 뒤 우에쿠사와 함께 〈멋진 일요일〉에 착수하기 전의 며칠간을 이용해서 쓰기로 했다.

계획대로 세 편의 시나리오를 완성했지만, 당시의 긴박한 상황, 신도호에 대한 대항 의식, 그 스타 중심주의에 대한 반발이 없었다면 도저히 할 수 없는 작업이었다.

특히 다니쿠치 센 짱의 〈은산의 끝〉은 단순히 '남성적인 액션물에, 센 짱이 산 사나이니까 산을 무대로 한다'라는 아이디어밖에 없었다.

사흘가량 센 짱과 마주 앉아 눈싸움을 했지만 좀처럼 묘안이 나오지 않았다.

나는 "에라, 모르겠다"하고 원고용지에 '신문기사. 삼인조 은행 강도: 나가노 현의 산악 지방으로 도주. 수사본부: 일본 알프스 기슭으로 이동'이라고 썼다.

그런 다음 삼인조 은행 강도를 눈 덮인 일본 알프스로 도망가게 하고 경찰관에게 그들을 쫓게 하고, 센 짱의 등산 경험과 지식을 적당히 삽입하면서 매일 꾸준히 썼더니 꽤 재미있는 스토리가 되어 20일 만에 시나리오가 완성됐다.

곧바로 〈네 개의 사랑 이야기〉에 착수했는데, 이건 단편인 데다 이미 머릿속에 완성되어 있던 이야기여서 나흘 만에 다 썼다. 나는 드디어 〈멋진 일요일〉을 쓰기 위해 우에쿠사 게이노스케와 함께 책상 앞에 앉았다.

구로다 소학교 이래 25년 만에 '우에쿠사 시키부'와 '구로사와 쇼나곤'은 다시 책상을 나란히 하고 앉았다. 그때 우리는 서른일곱 살이었다.

그런데 같이 시나리오를 쓰다 보니, 우리가 겉모습은 변했지만 알맹이는 거의 변하지 않았다는 사실을 알게 되었다.

게다가 매일 얼굴을 마주하고 있으니까, 마흔이 다 된 남자의 얼굴에서 소년 시절의 모습이 떠올라서 26년의 세월이 꿈처럼 사라지고 둘 다 게이 짱과 구로 짱 시절로 돌아갔다.

게이노스케만큼 변하지 않는 녀석도 드물다. 순진한 건지 완고

한 건지, 겁쟁이인 주제에 허세를 부리고 로맨티스트인 주제에 리얼리스트인 척하고, 사람을 조마조마하게 만드는 일만 한다.

아무튼 녀석은 소학교 시절부터 줄곧 내 걱정거리다.

〈멋진 일요일〉의 작업보다 10년쯤 전의 일이었다. 내가 야마상의 〈도주로의 사랑〉의 오픈세트에서 크레인을 타고 엑스트라들에게 동작을 지시하고 있는데, 그 군중 속에서 카메라를 향해 손을 흔들고 있는 사람이 있었다.

배우는 카메라를 보면 안 된다는 것이 영화 촬영의 원칙이라, 나는 야단칠 생각으로 그쪽으로 날아갔다.

그런데 얼굴에 안 어울리는 상투를 쓴 이상한 남자가

"어이, 구로 짱."

하며 싱글벙글 웃고 있었다.

자세히 보니 우에쿠사였다.

내가 어이가 없어서 여기서 뭘 하고 있느냐고 물었더니, 우에쿠사는 요즘 엑스트라로 뛰면서 돈을 벌고 있다며 삐졌다.

안 그래도 바쁜데 녀석이 왔다 갔다 하면 정신이 산만해질 게 분명해서, 나는 5엔을 건네고 돌아가게 했다.

하지만 나중에 그가 고백하기를, 5엔을 받은 뒤에도 돌아가지 않고 떠돌이 무사 역의 엑스트라가 되어 삿갓으로 내 눈을 피해가며 약삭빠르게 출연료도 챙겼다고 한다.

그러고 보니 〈도주로의 사랑〉의 오픈세트에서 이상한 무사가 돌아다녀서 몹시 신경이 쓰였었던 것 같다.

내게 게이노스케라는 자는 정말이지 신경 쓰이는 존재다.

무슨 전생의 인연인지, 이 친구는 어느 날 홀연히 내 눈앞에서 사라졌다가 또다시 홀연히 나타나곤 했다.

그리고 안 보이는 동안 깜짝 놀랄 만한 일만 했다.

자갈을 채취하는 인부들의 십장을 하는가 하면, 엑스트라가 되기도 하고, 매춘부와 여행을 가는가 하면, 또 그사이에 갑자기 멋진 희곡이나 시나리오를 쓰기도 했다.

이 신출귀몰한 우에쿠사도 방랑에 싫증이 났는지, 〈멋진 일요일〉의 시나리오를 집필하는 동안은 아주 차분하게 매일 책상 앞에 앉아 있었다.

또 시나리오의 내용이 패전 직후의 가난한 연인들에 관한 이야기였기 때문에, 약자나 인생의 그늘진 부분에 쉽게 끌리는 우에쿠사에게 딱 맞는 소재였다. 그래서 시나리오에 대해 의견이 충돌하는 일은 거의 없었다.

다만 마지막의 클라이맥스 부분에서 약간 의견이 대립했다.

그것은 가난한 남녀가 아무도 없는 음악당에서 환상 속의 〈미완성 교향곡〉을 듣는 장면이었다.

남자가 아무도 없는 무대 위에서 지휘봉을 흔든다.

물론 소리가 들릴 리 없다.

여자가 영화의 원칙을 무시하고, 스크린 너머 영화를 보고 있는 관객을 향해 말을 건넨다.

"여러분, 이런 저희를 불쌍하다고 생각하신다면 부디 박수를 쳐주세요. 여러분이 박수를 쳐주시면 틀림없이 저희들 귀에 음악이 들려올 거예요."

관객이 박수를 친다.

그리고 영화 속 남자가 아무도 없는 무대에서 지휘봉을 흔들면 슈베르트의 '미완성 교향곡'이 들려온다.

나는 여기서 영화 속 인물이 직접 관객에게 말을 건다는 새로운 수법으로 관객을 이 영화에 참여시키고 싶었다.

영화를 볼 때 관객은 크든 작든 그 영화에 참여한다.

영화에서 받은 감동으로 자아를 잊고 참가하는 것이다.

하지만 그건 관객의 마음속에서 일어나는 일이고, 행동으로 나오는 것은 자기도 모르게 박수를 치는 정도다.

나는 〈멋진 일요일〉의 마지막 장면에서 박수를 치는 관객의 행동을 영화의 전개에 직접 결부시킴으로써 관객을 완전히 영화의 등장인물로 만들고 싶었다.

반면에 우에쿠사는 '아무도 없는 음악당에 박수 소리가 들린다. 남녀 주인공이 살펴보니, 어두운 객석 여기저기에 앉아 있던 비슷한 처지의 연인들이 박수를 치고 있었다'는 것으로 하고 싶다고 했다.

우에쿠사다운 설정이었고 그것도 나름대로 재미있다고 생각했지만, 나는 내 아이디어를 양보하지 않았다. 이것은 우에쿠사가 말하는 '그와 내가 본질적으로 전혀 다른 인간이기 때문'이라는 심각한 이유 때문은 아니었다.

나는 다만 내 아이디어로 연출상의 모험을 해보고 싶었을 뿐이다.

(이 모험은 일본에서는 성공하지 못했다. 일본의 관객은 좀처럼 박수를 치지 않기 때문에 생각처럼 안 됐다. 하지만 파리에서는 성공했다. 프랑스의 관객은 열광적으로 박수를 쳐줘서, 그 박수 소리에 이끌리듯 아무도 없는 음악당 무대에서 오케스트라의 튜닝 소리가 들려왔을 때는 묘한 감동이 솟구쳤다)

그 장면과 관련해서 또 한 가지 잊지 못할 이야기가 있다.

'미완성 교향곡'을 지휘하던 누마자키 이사오가 보기 드문 음치였다는 사실이다.

음치에도 여러 가지가 있는데, 누마자키는 음의 강약이나 부드러움, 날카로움, 무거움, 가벼움 등 음의 성질에 대한 음치라, 음악 감독 핫토리 다다시 씨도 두 손을 들었다.

그렇다고 그냥 보고만 있을 수 없어서, 핫토리 씨와 나는 온몸이 경직된 채 어색하게 손을 흔들어 대는 누마자키에게 매일 손짓 발짓을 해가며 '미완성 교향곡'의 지휘법을 가르쳤다.

사실 나부터가 요령이 없어서, 전화 다이얼을 돌리는 손놀림이 침팬지와 똑같다는 말을 듣는 사람이다. 그런데 누마자키를 가르치는 사이에 핫토리 씨로부터 "구로사와 씨도 이제 '미완성 교향곡' 제1악장을 지휘해도 되겠어요"라고 인정받을 정도가 되었으니, 그때 내가 얼마나 노력했는지 알 수 있을 것이다.

주연은 이 누마자키와 나카키타 지에코였다. 두 사람 모두 당시에는 무명 배우라 얼굴이 알려지지 않았기 때문에, 카메라만 감추면 길거리에서 촬영을 해도 아무도 신경을 쓰지 않아서 좋았다.

몰래카메라 촬영을 위해 카메라를 상자에 넣어서 보자기로 싼 다음 렌즈 부분만 구멍을 뚫어서 들고 나갔다.

한번은 신주쿠 역에서 전철에서 내리는 나카키타를 찍기 위해 보자기로 싼 카메라를 플랫폼에 놓고 전차가 오기를 기다리는데, 그 카메라 앞에 한 중년 남자가 와서 섰다.

촬영에 방해가 되기에 내가 옆에서 그 사람의 옆구리를 밀었다.

그러자 그는 황급히 주머니에 손을 넣더니 지갑을 확인했다.

나를 소매치기로 오해한 것이다.

또 신주쿠의 환락가에 카메라 꾸러미를 내려놓고 누마자키와 나카키타가 걸어오는 모습을 잡고 있었는데, 그 앞에서 한 여자가 엉덩이를 북북 긁었다.

그렇게 되면 카메라가 엉덩이를 긁는 여자의 액션을 잡은 것으로밖에는 보이지 않고, 누마자키와 나카키타가 걸어와도 그쪽으로는 시선이 가지 않는다.

누마자키는 허름한 양복에 군용 외투를 걸치고 있었고, 나카키타도 낡은 레인 코트에 흔해빠진 목도리를 하고 있어서, 사람들 속에 있으면 눈에 띄지 않았다. 오히려 비슷한 복장의 남녀가 많아서 감독도 카메라맨도 두 사람을 놓치고 두리번거리기 일쑤였다.

남녀 주인공은 '주변에 흔히 있을 법한 사람'이라는 설정이었는데, 그런 점에서 두 사람은 정말 완벽했다.

그래서 지금 생각해보면, 두 사람은 내 영화의 주인공이라기보다 패전 직후 신주쿠에서 우연히 만나 다정하게 이야기를 나눈 사람들 같다.

〈멋진 일요일〉이 개봉되고 며칠 뒤, 나는 한 장의 엽서를 받았다.

그 엽서는 이런 말로 시작되었다.

영화 〈멋진 일요일〉이 끝나고 영화관 안이 밝아졌다. 관객들이 일어섰다. 그런데 일어나지 않고 울고 있는 한 노인이 있었다.

엽서를 읽던 나는 나도 모르게 소리를 지를 뻔했다.

울고 있는 노인은 다치카와 선생님이었다.

나와 우에쿠사를 귀여워해주시고 북돋아주신 그 다치카와 세이지 선생님이었다.

선생님의 엽서에는 또 이렇게 적혀 있었다.

오프닝 타이틀에서 '시나리오 우에쿠사 게이노스케, 감독 구로사와 아키라'라는 글자를 읽었을 때부터 스크린이 흐려져서 잘 보이지 않았다.

나는 당장 우에쿠사에게 연락해서 다치카와 선생님을 도호 스튜디오에 모시고 식사를 대접하기로 했다. 식량 사정이 좋지 않은 때였지만, 그곳이라면 전골요리 정도는 대접할 수 있었다.

우리가 선생님과 함께 식사를 하는 것도 25년만이었다. 가슴 아프게도 선생님은 무척 작아지셨고, 이도 약해서 고기도 잘 씹지 못하시는 것 같았다.

내가 부드러운 음식을 가져오겠다며 일어서는 것을 다치카와 선생님은 말리면서 말씀하셨다.

"두 사람 얼굴을 보는 것만으로 충분해."

우에쿠사와 나는 선생님 앞에 공손하게 앉아 있었다.

선생님은 그런 우리를 바라보며 '음, 음' 하고 신음하는 듯한 소리를 내며 고개를 끄덕이셨다.

나는 선생님을 바라보는 동안 선생님의 얼굴이 흐려져서 잘 보이지 않았다.

시궁창이 있는 거리

다음 시나리오도 우에쿠사와 함께 썼다.

그때 둘이 틀어박혀 있던 아타미의 여관 창문으로 바다가 보였는데, 그곳에 이상한 화물선이 침몰해 있었다. 그건 전쟁 말기에 철이 부족해서 아쉬운 대로 콘크리트로 만든 선박이었다.

아이들이 바다 위로 튀어나와 있는 콘크리트 뱃머리에서 늦여름의 태양을 받아 반짝거리는 바다로 다이빙을 하며 놀고 있었다. 그 콘크리트 선박이 가라앉아 있는 바다가 왠지 전쟁에서 패한 일본을 상징하는 패러디처럼 보였다.

시나리오를 쓰면서 날마다 바라보던 바다의 음울한 인상이 〈주정뱅이 천사酔いどれ天使〉에 나오는 시궁창의 이미지가 되었다.

야마 상이 전후의 세태를 그린 〈신 바보 시대新馬鹿時代〉라는 영화를 찍을 때 거대한 암시장이 있는 마을의 오픈세트를 만들었기 때문에, 그걸 이용해서 뭔가 만들 게 없을까 하는 이야기에서 나온 것이 바로 〈주정뱅이 천사〉였다.

야마 상의 〈신 바보 시대〉도 패전 후 우후죽순처럼 생긴 암시장과 그곳에 뿌리를 내린 야쿠자의 세계를 그린 작품인데, 나는 더 나가서 야쿠자라는 존재 자체에 메스를 대보고 싶었다.

그들은 도대체 어떤 인간일까?

그들의 조직을 지탱하는 의리, 그들 개인의 정신구조, 그리고 그들이 자랑스러워하는 폭력이란 도대체 어떤 걸까?

나는 암시장이 있는 마을을 무대로 해서 그곳에 군림하는 야쿠자의 이야기를 그린다는 기획을 세웠다.

그리고 그 수단으로 야쿠자와 대비되는 인물을 설정했다.

처음에는 막 개업한 젊은 휴머니스트 의사를 등장시키기로 했다.

하지만 지나치게 이상적이고 이성의 화신 같은 이 캐릭터는 우에쿠사와 내가 아무리 애를 써도 살아 움직이려고 하지 않았다.

반면에 마을을 지배하는 야쿠자는 모델이 있었다. 그 남자와 친해진 우에쿠사가 나중에 그게 원인이 되어 나와 충돌할 정도로 그 남자의 사는 방식에 공감했기 때문에, 그 캐릭터는 언제든지 움직일 수 있는 생생한 존재가 되어 있었다.

또 무대가 되는 마을 한 구석에 그 마을의 병소病巢를 상징하는 추한 시궁창을 만드는 일도 정해졌다. 그 쓰레기장 같은 시궁창의 이미지도 나날이 뚜렷하게 떠오르건만, 또 다른 주인공인 의사는 아무리 기다려도 마네킹처럼 움직이지 않았다.

우에쿠사와 나는 날마다 찢거나 구겨버린 원고지에 둘러싸여 시무룩한 얼굴로 마주보고 있었다.

다 틀렸다는 생각이 들었다.

때려치우자고도 생각했다.

하지만 어떤 시나리오든지 한두 번쯤은 포기하고 싶을 때가 있다.

그것을 꾹 참고 달마처럼 벽을 노려보다 보면 언젠가 길이 열린다는 것을, 나는 많은 시나리오를 써본 경험으로 알고 있었다.

그래서 그때도 꾹 참고 이 마네킹 같은 의사의 전혀 자랄 줄 모르는 이미지를 매일같이 노려보고 있었다.

닷새쯤 지났을 때 우에쿠사와 나는 거의 동시에 어떤 의사를 생각해냈다.

이 시나리오에 들어가기 전에, 여러 암시장을 보러 다니다가 요코하마의 빈민가에서 만난 주정뱅이 의사였다.

그 남자는 매춘부를 상대로 하는 무면허 의사였는데, 그의 방약무인한 태도가 재미있어서 술집을 네 군데쯤 데리고 다니면서 이야기를 들었다.

부인과 전문인 듯한 그 무면허 의사의 이야기는 속이 메스꺼워질 정도로 상스러웠다. 하지만 가끔씩 던지는 인간에 대한 통렬한 야유에는 번쩍하고 빛나는 날카로움이 있었고, 때로 입을 크게 벌리고 웃는 그의 얼굴에는 묘하게 비릿한 고뇌의 빛이 있었다. 세상을 등진 반골의 말로가 이럴까?

우에쿠사와 나는 그 남자를 떠올림과 동시에 '이거다!' 하는 느낌을 받았다.

막상 떠올리고 보니 그때까지 생각하지 못한 게 희한할 정도였다.

마네킹 같은 휴머니스트 의사의 이미지는 이 주정뱅이 의사를 떠올린 순간 산산조각이 되어 날아가 버렸다.

야쿠자를 비판하기 위해 설정한 대조적인 인물이 너무나 이상에 치우쳐져 있었다는 것이 우리의 실수였다.

이렇게 해서 '주정뱅이 천사'가 등장했다.

갑자기 생생하게 움직이기 시작한 이 인물은 50대 중반의 알코올 중독 개업의다. 출세를 외면한 채 서민들 속에 뿌리를 내리고, 의사로서의 실력과 괴팍하지만 올곧은 인품으로 인기를 모으고 있다. 늘 수염을 되는대로 기르고 머리가 덥수룩한 모주망태 개업의는 거침없이 진실을 말하지만, 겉보기와는 달리 따뜻하고 순수한 마음을 가지고 있다.

이렇게 인물 설정을 마친 개업의를 암시장에 인접한 시궁창 건너편에 있는 병원에 살게 했더니, 암시장에 군림하는 야쿠자와 멋진 대조를 이루었다. 이 두 사람이 드라마를 전개하기 위해서는, 그저 두 사람의 접촉을 기다리기만 하면 된다.

우에쿠사와 나는 두 사람을 영화의 첫머리에서 맞부딪히게 했다.

영역 싸움에서 부상을 입은 야쿠자가 총알을 빼기 위해 그 의사를 찾아간다.

그때 의사는 야쿠자의 폐에 결핵으로 인한 구멍이 있다는 것을 발견하고, 결핵균이 두 사람을 연결시켜준다. 나머지는 결핵균에 대한 두 사람의 상반된 반응을 중심으로 드라마를 전개하면 된다.

시나리오는 일단 쓰기 시작하자 순식간에 끝났지만, 그사이에 우에쿠사와 만사 순조로웠던 것은 아니다.

우에쿠사는 모델이 된 야쿠자와 친하게 지내는 사이에 그에게 지나치게 빠졌는지, 아니면 약자나 상처 입은 사람이나 그늘에 있는 사람들에 대한 타고난 편애 때문인지, 야쿠자를 부정하는 내 태도에 불만을 늘어놓기 시작했다.

요컨대 야쿠자가 인간성이 부족하거나 굴절된 것은 그들만의 책임이 아니라는 것이다.

그 말이 맞는지도 모른다.

하지만 그 책임의 일정 부분을 그것을 만들어낸 사회가 져야 한다고 해서, 그들의 행동을 시인할 수는 없다.

그런 악을 낳는 사회에도 착실한 생활을 영위히는 성실하고 선량한 사람들도 있다.

그런 사람들을 위협하거나 그런 사람들의 생활을 파괴하면서 사는 자들을 용서할 수는 없다.

또 그런 자들을 부정하는 것이 강자의 에고이즘이라고도 생각하지 않는다.

범죄자가 나오는 것이 사회의 결함 때문이라는 논리에도 어느 정도 타당성은 있지만, 그것을 근거로 범죄자를 옹호하는 것은 사회의 결함 속에서도 범죄로 치닫지 않고 사는 사람들을 무시한 궤변에 지나지 않는다.

우에쿠사는 걸핏하면 우리 둘을 비교하면서 본질적으로 완전히 다른 인간이라고 하지만, 내가 보기에 우에쿠사와 나는 본질적으로 다른 게 아니라 표면적으로 다를 뿐이다.

우에쿠사는 나를 회한과 절망과 굴욕과는 인연이 먼 타고난 강자라고 하고, 자신은 타고난 약자라 끊임없이 눈물의 골짜기에서 쓰라리고 고통스러운 마음을 안고 살고 있다는 듯이 말하지만, 그런 관찰은 얕은 것이다.

나는 삶의 고뇌에 저항하기 위해 강자의 가면을 쓰고, 우에쿠사는 삶의 고뇌에 침잠하기 위해 약자의 가면을 쓰고 있는 것에 불과하다.

그리고 그것은 표면적인 차이일 뿐, 본질적으로는 둘 다 약한 인간이다.

내가 여기에 우에쿠사와 나의 사적인 대립 문제를 꺼낸 것은 특별히 우에쿠사를 공격하기 위해서도 아니고 나를 변호하기 위해서도 아니다. 다만 이 기회에 나라는 사람의 정체를 알아주었으면 하는 마음에서다.

나는 특별한 사람이 아니다.

특별히 강하지도 않고 특별히 재능이 많은 것도 아니다.

나는 약점을 보이는 게 싫은 사람이고, 남에게 지기 싫어서 노력하는 사람에 지나지 않는다.

그저 그뿐이다.

우에쿠사는 〈주정뱅이 천사〉를 마친 뒤에 나와 결별하고 다시 모습을 감추었다.

하지만 그 이유는 우에쿠사가 말한, 나와의 본질적인 성격 차이에 따른 '단절된 다리' 같은 심각한 문제는 아니었다.

그런 말은 우에쿠사의 변명이고, 그의 타고난 방랑벽이 다시 찾아온 것이다.

그 증거로『분게이슌주샤』에서 마련한「옛 친구와의 한 때」기획 화보를 찍었을 때, 우에쿠사는 나와 어깨를 나란히 하고 즐거운 얼굴로 사진을 찍었다.

또 이『자서전 비슷한 것』을 쓰기 위해 한담을 나눈 자리에서도 즐겁게 이야기했고, 그 뒤에 찾아왔을 때도 시간 가는 줄 모르고 옛 이야기를 하느라 하룻밤 묵고 갔을 정도다.

한마디로 우에쿠사와 나는 지극히 사이좋은 죽마고우, 싸움 친구일 뿐이다.

〈주정뱅이 천사〉

〈주정뱅이 천사〉라는 영화에 대해서 쓰려면 미후네 도시로라는 배우를 언급하지 않을 수 없다.

1946년 6월, 도호는 대약진을 기대하며 배우를 모집했다.

그 광고 문구에 '뉴페이스 모집'이라는 말을 써서 많은 응모자가 모였다.

면접과 실기 시험이 있는 날, 나는 〈우리 청춘 후회 없다〉의 세트 촬영 중이라 시험에 입회하지 못했는데, 점심시간에 세트에서 나왔더니 배우 다카미네 히데코가 나를 불러세웠다.

"굉장한 사람이 하나 있어요. 그런데 그 남자, 태도가 좀 거칠어서 당락이 위태위태해요. 좀 보러 오세요."

점심을 먹는 둥 마는 둥 하고 시험장으로 간 나는 문을 열고는 흠칫했다.

젊은 남자가 미친 듯이 날뛰고 있었다.

그 모습은 사로잡힌 맹수가 날뛰는 것처럼 무시무시해서, 나는 한동안 우두커니 선 채로 움직이지 못했다.

물론 그 남자는 실제로 화가 난 게 아니라 과제로 주어진 분노 연기를 하는 중이었다.

연기를 마친 남자는 뚱한 태도로 의자에 앉더니, 마음대로 하라는 듯이 인상을 쓰고 심사 위원을 둘러보았다.

나는 그런 태도가 쑥스러움을 감추기 위한 행동인 줄 알고 있었지만, 심사 위원의 태반은 그것을 불손한 태도로 받아들인 눈치였다.

그에게 묘한 매력을 느낀 나는 심사 결과가 마음에 걸려서, 세트 촬영을 일찌감치 마무리하고 심사 위원회의 방에 들렀다.

그 남자는 야마 상이 적극 밀었지만 투표에서 떨어졌다.

나는 나도 모르게 "잠깐만요"라고 소리를 높였다.

심사 위원회는 감독, 카메라맨, 프로듀서, 배우로 이루어진 영화 제작의 전문가와 노동조합의 대표들로 구성되어 있었는데, 양쪽 인원이 같았다.

당시는 노조 세력이 강해서 매사 조합 대표가 얼굴을 내밀었고 모든 결정을 투표로 하게 되어 있었다. 하지만 배우의 심사나 선발에까지 그것을 적용하는 것은 도가 지나친 일이었다.

나는 그런 방식에 화가 나 있었기 때문에 이의를 제기했다.

배우의 소질을 가리고 장래성을 판단하기 위해서는 전문가의 능력과 경험이 필요하다. 배우를 뽑는데 배우에 관한 전문가의 한 표와 문외한의 한 표를 같은 한 표로 취급하는 것은, 보석 감정을 보석상에게 시키나 채소 장수에게 시키나 마찬가지라고 생각하는 것과 같다. 적어도 배우의 선발에 관해서는, 그 분야의 전문가의 한 표가 아마추어의 한 표에 비해 세 표 내지 다섯 표의 가치가 있다고 보고 투표 계산을 다시 해야 한다고 강력하게 주장했다.

심사 위원회가 떠들썩해졌다.

'반민주주의'라거나 '감독 전제주의'라고 외치는 사람도 있었다. 하지만 영화제작 분야에 있는 위원들은 모두 내 제안에 손을 들어주었고, 끄덕이는 노조 대표도 있었다. 결국 심사 위원장인 야마상이 문제의 응시자의 배우로서의 소질과 장래성에 대해 감독으로서 책임을 지기로 하고 아슬아슬하게 합격시켰다.

이 문제의 응시자가 미후네 도시로다.

미후네는 그 뒤 다니쿠치 센 짱의 〈은산의 끝〉에서 삼인조 은행 강도 중에 가장 난폭한 역을 맡아서 놀랄 만한 박력을 보여주었다.

또 야마 상의 〈신 바보 시대〉에서는 야쿠자 두목 역을 맡아서 〈은산의 끝〉에서와는 전혀 다른, 세련되면서도 무서움이 있는 연기를 보였다.

나는 그에게 반해서 〈주정뱅이 천사〉의 주인공으로 그를 발탁했다.

따라서 내가 미후네라는 배우를 발견해서 키운 것처럼 말하는 것은 오해다.

미후네라는 소재를 발견한 것은 야마 상이었다.

그리고 미후네라는 소재에서 '배우 미후네'를 발굴한 것은 센 짱과 야마 상이었다.

나는 그것을 보고 〈주정뱅이 천사〉에서 미후네의 배우로서의 재능을 마음껏 발휘하게 했을 뿐이다.

미후네의 재능은 그때까지의 일본 영화계에는 유례가 없었다.

특히 표현하는 속도가 뛰어났다.

간단히 말하면, 다른 배우가 10피트 걸려서 하는 것을 3피트로 표현했다.

동작이 민첩해서 보통 세 동작 걸리는 것을 한 동작처럼 움직였다.

뭐든지 거리낌 없이 척척 표현하는 그 속도감은 종래의 일본 배우에게는 없었다.

게다가 놀랄 만큼 섬세한 신경과 감각을 가지고 있었다.

격찬이 되어버렸지만, 사실이니까 어쩔 수 없다. 굳이 결점을 찾자면 발성에 약간 문제점이 있어서 마이크로폰으로 녹음하면 알아듣기 힘들다는 것 정도다.

어쨌든 웬만해서 배우에게 반하지 않는 나도 미후네에게는 한방 먹었다.

하지만 여기에 감독으로서 괴로운 부분이 있는데, 야쿠자 역의 미후네가 너무 매력적이면 대조적인 인물인 의사 역의 시무라 다카시와 균형이 깨지게 된다.

그 결과 작품의 구조가 일그러진다.

그렇다고 균형을 잡기 위해 귀한 미후네의 매력을 죽이는 건 아깝다.

아니, 미후네의 매력은 그가 가지고 태어난 강렬한 개성이 발산되는 것이기 때문에, 그를 화면에 비추지 않는 것 외에 그 매력을 죽일 수 있는 방법은 없었다.

나는 이런 미후네의 매력이 기쁘면서도 동시에 곤혹스러웠다.

이런 딜레마 속에서 데이닌 〈주정뱅이 천사〉는 구소에 부소화도 있고 주제가 흐려진 감도 있지만, 미후네라는 멋진 개성과의 격투를 통해 나도 뭔가 단단한 벽을 깨고 나온 듯한 느낌이 드는 작품이었다.

주정뱅이 의사 시무라도 90점이었는데 상대 역의 미후네가 120점이라 좀 안 됐다.

지금은 죽고 없는 야마모토 레이자부로도 더할 나위 없었다.

나는 그런 무서운 눈을 가진 사람을 본 적이 없어서, 처음에는 가까이 가서 말을 하는 것도 무서웠다.

하지만 이야기를 해보니 사람이 다정해서 깜짝 놀랐다.

이 작업에서 처음으로 하야사카 후미오와 일을 했다. (이후 하야사카는 죽을 때까지 내 영화의 음악을 담당하고 내 최고의 벗이 되었다. 그에 대해서는 나중에 자세히 쓰고 싶다)

이 작품을 만드는 중에 아버지가 돌아가셨다.

아버지가 위독하시다는 전보를 받았지만, 이 영화의 개봉을 앞두고 있었기 때문에 아키타에 계신 아버지께 갈 수가 없었다.

아버지의 부고를 들은 날, 나는 혼자 신주쿠에 갔다.

그리고 술을 마셨지만 기분이 점점 우울해질 뿐이었다.

나는 주체할 수 없는 기분을 안은 채로 신주쿠의 인파 속을 정처 없이 걸었다.

그때 어딘가의 스피커에서 '뻐꾸기 왈츠'가 들렸다.

그 경쾌한 음악은 그때의 내 어두운 기분을 더욱 우울하고 견디기 힘들게 만들었다.

나는 그 음악 소리에서 도망치듯이 걸음을 재촉했다.

〈주정뱅이 천사〉에서 야쿠자가 고민에 빠져 암시장을 걷는 장면이 있다.

더빙 회의 때, 나는 하야사카에게 그 장면에 스피커에서 흘러나오는 〈뻐꾸기 왈츠〉를 넣어보자고 했다.

하야사카가 약간 놀란 표정으로 나를 봤지만 금세 미소를 지으며 말했다.

"대위법對位法(두 개 이상의 독립적인 선율을 조화롭게 배치하는 작곡 기술-역주)이군요."

"응, 저격병."

나는 대답했다.

'저격병'이라는 것은 나와 하야사카 사이에서만 통하는 말이었다. 〈저격병〉이라는 러시아 영화에 영상과 음악을 대위법으로 멋지게 보여준 기법이 있었기 때문에, 그런 기법을 가리키는 말로 쓰고 있었다.

그리고 하야사카와 나는 〈주정뱅이 천사〉의 어딘가에서 그것을 시도해보자고 이야기한 적이 있었다.

더빙하는 날, 우리는 그것을 실험해보았다.

암시장을 걷는 야쿠자의 비참한 모습에 스피커에서 나오는 〈뻐꾸기 왈츠〉가 겹쳤다.

야쿠자의 어두운 상념이 그 밝은 음악으로 인해 놀랄 만큼 강렬하게 영상에서 스며나왔다.

하야사카가 나를 보고 환하게 웃었다.

그리고 야쿠자가 술집에 들어가 미닫이문을 닫는 부분에서 〈뻐꾸기 왈츠〉가 정확히 끝났다.

하야사카가 깜짝 놀라서 나를 보고 물었다.

"곡 길이에 맞춰서 편집했나요?"

"아니."

대답하는 나도 깜짝 놀랐다.

나는 그 장면과 곡의 대위법적 효과는 계산하고 있었지만, 길이는 계산하지 않았다. 그런데 어떻게 길이까지 정확하게 맞은 걸까?

어쩌면 아버지의 부고를 듣고 신주쿠를 걷던 그때, 야쿠자와 마찬가지로 생각에 빠져 〈뻐꾸기 왈츠〉를 들으면서 무의식중에 머릿속으로 곡의 길이를 계산했을지도 모른다.

그 뒤에도 가끔 그런 일이 있었지만, 언제나 일에 대해 본능적으로 생각하는 습성은 업보에 가깝다.

감독이라는 직업도 여기까지 오면 참으로 팔자다.

삼도천

〈주정뱅이 천사〉가 개봉된 1948년 4월, 제3차 도호 쟁의가 시작되었다.

나는 〈주정뱅이 천사〉를 완성한 뒤에 겨우 아키타에 가서 아버지의 제사를 마쳤지만, 곧바로 불려가서 파업의 소용돌이 속으로 들어갔다.

지금 생각하면 그 파업은 애들 싸움 같았다.

두 아이가 서로 인형을 가지겠다고 싸우다가 인형의 머리와 팔다리를 잡아 뜯어버렸다.

두 아이는 회사와 노조였고, 인형은 촬영소였다.

파업의 발단은 회사 측의 해고 공세였고, 그건 촬영소의 사원 조합에서 좌익 세력을 몰아내는 것이 목적이었다. 그것은 전년도 12월에 있었던 수뇌부 인사이동에서 빨간색이라면 치를 떠는 것으로 유명한 인물과 파업 파괴 전문가를 각각 사장과 노무 담당으로 앉힌 것도 그렇고, 해고 대상을 좌익 성향의 조합원으로 좁힌 사실을 봐도 분명했다.

실제로 촬영소의 사원 조합은 좌익 세력이 강해서, 한때 생산관리까지 관여하는 등 도가 지나친 점도 있었다. 하지만 회사가 공격에 나선 그 무렵에는, 조합 측도 감독을 비롯한 영화제작 현장의 비판을 받아들여 자숙하는 분위기였고 영화제작도 차차 정상적인 궤도에 올라서고 있었다. 그러는 차에 회사에서 이렇게 강압적인 공격에 나선 것이다. 제2차 도호 쟁의로 황폐해진 여건 속에서 겨우 재건의 발판을 굳힌 우리에게는 민폐가 따로 없었다.

그런 방식은 회사로서도 결코 현명한 길이 아니었다.

지금도 잊지 못할 어처구니없는 장면이 있다.

그 일로 우리 감독들이 신임 사장을 설득하고 있을 때였다.

사장도 우리의 말에 귀를 기울이고 마음을 움직이는 기색이 보였다. 그때 교섭이 한창이던 방의 커다란 유리창 밖으로 조합원의 시위대가 몰려왔다, 붉은 깃발을 앞세우고서!

볼 장 다 봤다. 투우 앞에 빨간 천을 흔든 셈이었다.

붉은 깃발을 본, 빨간색이라면 치를 떠는 사장에게는 이제 무슨 말을 해도 소용이 없었다.

195일간의 대파업이 시작됐다.

그 파업에서 내가 얻은 것이라고는 쓰디쓴 경험뿐이었다.

도호 촬영소의 조합은 다시 분열해서, 탈퇴자들은 제2차 도호 쟁의 때 분열한 사람들이 갔던 신도호에 합류했다. 그렇게 세력이 커진 신도호는 도호 촬영소의 탈환을 꾀했고, 그 때문에 도호 촬영소는 마치 과달카날 섬(솔로몬 제도에 있는 섬. 1942년 그곳에서 일본군과 연합군의 2차대전 최대의 지상전이 있었다-역주)처럼 되었다.

매일같이 몰려오는 신도호 세력으로부터 도호 촬영소를 지키기 위해 농성하는 직원들은 경계를 군혔고, 촬영소는 마치 요새처럼 되었다.

지금 생각하면 애들 장난처럼 우스워 보이지만, 당시는 진지하게 대응책을 생각했다.

밖에서 치고 들어올 수 있는 곳에는 전부 철조망을 쳤고, 특기인 라이트를 배치해서 야간의 습격에 대비했다.

걸작은 정문과 후문의 방비였다. 두 곳 다 촬영용 대형 선풍기를 문을 향해 대포처럼 설치하고, 만일의 경우를 위해 공격용으로 다량의 고춧가루를 준비했다.

그것은 단순히 신도호 세력에 대비하기 위해서만은 아니었다. 회사 측의 태도에 따라서는 경찰력에 의한 강제 집행도 있을 수 있었기 때문에, 그에 대한 대비이기도 했다.

지금에야 우스갯소리 같지만 그때는 파업의 성패에 사원들의 생활이 걸려 있었다.

또 그곳에서 자란 우리들은 촬영소에 각별한 애착이 있었고 무대나 모든 촬영 기재에도 끊기 어려운 정이 있었기 때문에, 그것을 지키기 위해 필사적이었다.

아마 신도호 사람들도 우리들과 마찬가지 심정으로 도호 촬영소의 탈환을 도모했겠지만, 우리와 그들 사이에는 깊은 감정적인 대립이 있었다.

떠난 자들에 대한 반감은 그들이 떠나고 1년 반 동안 촬영소를 재건하느라 고생하는 과정에서 더욱 깊어졌고, 새로 분열한 탈퇴자가 다시 그들과 합류하자 그 감정은 더 이상 회복할 수 없는 적대감으로 바뀌었다.

게다가 신도호의 배후에 당면의 적인 회사 수뇌부와 그 수뇌부를 도와서 분열을 조장한 사람이 있다는 것이 분명했기 때문에, 이 대립은 이제 건널 수 없는 강이 되고 말았다.

내가 가장 괴로웠던 건 도호 촬영소의 직원과 신도호의 직원들이 "들어가겠다", "그렇게는 못한다"라며 줄다리기를 하고 있는 틈새에 끼었을 때였다.

그때 밀고 들어오려는 신도호의 지원 중에, 밀리고 있는 나를 도우려고 자기 동료들을 열심히 잡아당기고 있는, 예전 우리 팀에 있던 스태프들도 있었다.

그들은 모두 울고 있었다.

그들의 얼굴을 보면서 나는 회사 수뇌부에게 화가 치밀었다.

그들은 제2차 쟁의의 과오를 겪고도 그 위에 과오를 더하고 있다.

그들은 우리가 키워낸 소중한 재능으로 이루어진 협동체를 갈기 갈기 찢고 있다.

우리는 지금 그 아픔에 울고 있는데, 그들은 아무런 느낌도 없다.

그들은 영화를 만드는 것이 인간의 재능, 혹은 그 재능의 협동체라는 사실을 모른다.

그리고 그 협동체를 완성하기 위해 얼마나 많은 노력이 들어갔는지 알지 못한다.

그러니까 그들은 아무렇지도 않게 그것을 무너뜨린다.

우리는 삼도천에서 돌을 쌓고 있는 죽은 아이의 혼령과 같다.

쌓아도 쌓아도 무심한 도깨비들이 그 돌탑을 무너뜨린다(어려서 죽은 아이는 부모를 공양하기 위해 돌탑을 쌓는데, 그것이 완성될 만하면 도깨비들이 무너뜨리기 때문에 끝없이 되풀이한다는 민간신앙으로 헛된 노력을 비유한다-역주).

애초에 신임 사장과 노무 담당 중역은 영화에 대한 이해도 애정도 없었다.

게다가 그 중역은 파업에 이기기 위해서라면 어떤 비열한 수단이라도 사용했다.

어느 날 신문을 보니 내가 노조의 강요를 받아 작품 속에 어떤 대사를 삽입했다고 적혀 있었다.

그건 사실무근이거니와 그런 일을 했다면 영화감독으로서 얼굴을 들고 다닐 수 없는 일이기 때문에, 그에게 해명을 요구했다. 그러자 "본인이 그렇게 말하면 그런 거겠죠"라고 태연하게 사과했다.

하지만 사과한들 대문짝만하게 쓰인 기사는 이미 읽힌 뒤고, 정정 기사가 나온다고 해도 조그만 활자로 기껏해야 두세 줄이다.

그것까지 계산하고 아무렇지도 않게 사과하는 거다.

그의 비열한 태도에 세키가와 히데오 감독이 흥분해서 테이블을 치면서 따지다가 테이블 유리가 깨졌다.

그러자 다음 날 신문에는 교섭 중에 회사 중역이 어떤 감독에게 폭행을 당했다는 기사가 나왔고, 그것에 대해 따지자 또 태연한 얼굴로 사과했다.

우리는 치사한 수단에 있어서 천재적인 중역과 빨간색만 보면 이성을 잃는 사장 콤비에게 완전히 데어서, 향후 그 두 사람과는 절대로 일을 하지 않겠다는 성명을 냈다.

그에 대한 답변은 일명 '군함만 빼고 다 도착한' 탄압이었다.

정문에는 경찰 장갑차, 후문에는 미군 탱크, 하늘에는 정찰기로 촬영소 전체를 포위한 강제 진압 태세에는 대형 선풍기도 고춧가루도 아무 소용없고 촬영소를 회사에 내줄 수밖에 없었다.

촬영소에서 쫓겨났다가 몇 시간 뒤에 출입 허가를 받고 들어가 보니, 강제집행 간판이 하나 서 있었다.

그것 말고는 아무런 변화도 없어 보였지만, 그날부터 촬영소에서 없어진 것이 한 가지 있었다.

우리의 가슴속에서 촬영소에 대한 헌신적인 마음이 사라져 버렸다.

10월 19일, 제3차 도호 쟁의가 끝났다.

봄부터 시작한 파업은 가을이 깊어질 무렵에야 끝났고, 촬영소에는 가을바람이 불고 있었다.

내 가슴속에도 허무한 바람이 지나갔다.

그 허무함은 슬프거나 쓸쓸한 것은 아니었다.

소리 내어 말하지 않고 '멋대로 해' 하며 어깨를 으쓱하는, 그런 기분이었다.

나는 이미 표명한 대로 그 두 사람과 일하는 것은 죽어도 싫었다.

내 집이라고 생각하고 있던 촬영소가 생판 남의 집이었다는 사실을 겨우 이해했다.

나는 두 번 다시 들어가지 않을 생각으로 그 문을 나섰다.

삼도천에서 돌을 쌓는 것도 이제 지긋지긋했다.

〈조용한 결투〉

그해 파업이 시작되기 전에 영화예술협회라는 동인 조직이 생겼다.

동인은 야마모토 가지로, 나루세 미키오, 다니구치 센키치에 나까지 네 명의 감독과 프로듀서 모토키 쇼지로였다.

그 동인 조직은 파업 때문에 개점휴업 상태였지만, 파업이 끝난 뒤에 도호를 나온 나는 그곳을 거점으로 일을 했다.

그 뒤에 나온 그 첫 작품이 다이에이에서 찍은 〈조용한 결투静かなる決闘〉였다.

195일간의 파업으로 우리 집의 재정도 위태로웠지만, 그것보다 하루라도 빨리 영화를 만들고 싶었다.

다이에이에는 조감독 시절에 가끔 시나리오를 쓴 인연이 있어서, 우선 거기서 한 편을 찍게 되었다.

시나리오는 다니구치 센키치와 함께 썼다.

주연은 미후네였나.

미후네는 데뷔 이래 거의 야쿠자 역할만 했는데, 이쯤에서 그의 연기의 폭을 넓히고 싶었기 때문에 분위기를 완전히 바꿔서 윤리 의식이 투철한 인텔리 역할을 준비했다.

이 캐스팅에 다이에이에서도 걱정하는 사람들이 많았지만, 미후네는 멋지게 해냈다.

지금까지와는 전혀 다른 몸의 선으로 비극적인 주인공의 고뇌를 드러내 보인 데에는 솔직히 말해서 나도 놀랐다.

배우는 어떤 배역에서 성공하면 그 배역에 묶이는 경향이 있다.

그것은 배우를 쓰는 쪽의 편의와 안이한 생각 때문이지만, 그것만큼 배우에게 불행한 일은 없다.

되풀이해서 판에 박은 듯이 같은 역할만 해야 하는 건 견디기 힘든 일이다.

배우에게는 끊임없이 새로운 역할을 맡게 해서 신선한 과제를 주지 않으면, 물을 주지 않는 화초처럼 말라버린다.

〈조용한 결투〉에서 잊지 못할 기억은 클라이맥스를 촬영할 때였다.

주인공이 마음 깊은 곳에 감춰두고 있던 고뇌를 더 이상 견디지 못하고 털어놓는 장면인데, 당시로서는 이례적으로 5분이 넘는 긴 컷이었다.

촬영 전날 밤, 미후네와 상대역 센고쿠 노리코는 둘 다 흥분해서 잠을 못 이룬 모양이었다.

왠지 결전 전야 같은 느낌이 들어, 나도 좀처럼 잠들지 못했다.

다음 날, 드디어 촬영이 시작되자 세트 안에는 심상치 않은 긴장감이 감돌았다.

나는 두 대의 라이트 사이에 서서 연기를 지켜보고 있었다.

미후네와 센고쿠의 연기는 그야말로 정면 승부의 분위기가 있었다.

두 사람의 연기는 일 초 일 초 시간이 감에 따라 격렬해지면서 불꽃이 튀어, 나도 모르게 손에 땀을 쥐는 기분이었다. 이윽고 미후네의 눈에서 터지듯이 눈물이 넘쳐흘렀을 때, 내 양 옆에 있던 두 대의 라이트가 덜덜 소리를 냈다.

내 몸이 떨리는 바람에, 버티고 있던 발밑의 이중벽을 통해서 라이트가 흔들리고 있었다.

'큰일 났다! 의자에 앉아 있는 건데'라고 생각했지만 이미 늦었다.

나는 두 팔로 몸을 꽉 죄어서 떨리는 것을 참으며 카메라맨을 슬쩍 보고는 나도 모르게 숨을 삼켰다.

파인더를 들여다보면서 카메라를 조작하고 있는 카메라맨이 줄줄 울고 있었다.

그는 눈물 때문에 파인더가 보이지 않는 듯, 가끔 황급히 한 손으로 눈물을 훔치고 있었다.

나는 가슴이 두근거리기 시작했다.

카메라맨이 울 정도니까 미후네와 센고쿠의 연기는 감동적임이 틀림없다. 하지만 그것 때문에 카메라맨의 눈이 안 보여서 카메라 워크가 실패하면 본전도 못 찾는다.

나는 배우의 연기와 카메라맨의 모습을 번갈아, 아니 거의 카메라맨 쪽을 보고 있었다.

이전에도 이후에도 한 컷이 그렇게 길게 느껴진 적이 없었다.

카메라맨이 눈물로 범벅이 된 얼굴로 "오케이"라고 했을 때는 정말로 안심했다.

그리고 나는 여전히 긴장된 열기가 가득한 세트 안에서 취한 것 같아서, 오케이라고 말하는 것을 잊고 있었다.

그때는 나도 아직 젊었다.

지금은 감동적인 장면에서 배우가 아무리 박진감 있게 연기하더라도 냉정하게 볼 수 있게 되었다. 그래서 약간 쓸쓸한 기분도 든다.

나, 미후네, 센고쿠 모두 젊었으니까 그렇게 흥분도 하고 그런 장면을 찍을 수 있었다.

지금은 다시 그 장면을 찍으라고 해도 못한다.

그런 의미에서 〈조용한 결투〉는 애틋한 작품이다.

또 도호를 나온 뒤의 첫 작품이라 그런지 제2의 데뷔작 같은 느낌도 든다. 그런 의미에서도 애틋한 작품이다.

다이에이의 스태프들도 파업에 실패하고 굴러들어온 나를 따뜻하게 맞아 주었다.

다이에이의 도쿄 촬영소는 고슈 가도 옆의 조후調布에 있어서, 근처에 다마 강이 흐르고 그 기슭에 있는 여관이나 요릿집도 예스럽고 시골티가 났다. 촬영소의 분위기도 옛날의 활동사진가 기풍이 남아 있어서 고집스럽지만 쩨쩨하지 않았다.

또 그 무렵은 어느 촬영소든 분위기의 차이는 있겠지만 모두 영화가 좋아서 어쩔 줄 모르는 사람들만 모여 있었기 때문에, 나로서는 처음 일하는 스태프들이었지만 위화감도 전혀 없이 자유롭게 일할 수 있었다.

하지만 다이에이의 스태프들을 보고 있으면 파업으로 해고당한 도호의 스태프들을 떠올리지 않을 수 없었다.

연어의 넋두리

나는 연어처럼 내가 태어나서 자란 곳을 잊지 못한다.

나는 서른아홉 살에 도호를 나와서 3년간 다이에이, 신도호, 쇼치쿠 영화사를 전전하다가 마흔둘에 도호로 돌아갔고, 그 뒤에도 계속 도호를 들락거렸다.

그런데 어디에 있든 내가 자란 곳이 줄곧 마음 한구석에 있어서, 무슨 일이 있을 때마다 도호라는 강의 물결을 떠올리곤 한다.

특히 지금도 잊을 수 없는 것은 파업으로 해고된 조감독들이다.

그들은 유능한 인재였지만 그만큼 전투적이었기 때문에 해고자 리스트에 올라서 뿔뿔이 흩어지고 말았다.

이렇게 해서 일본의 영화계는 여러 명의 우수한 감독을 잃었다.

언젠가 내가 다시 도호로 돌아가서 일을 시작했을 때, 중역 한 사람이 내게 요즘 조감독들에게는 예전 같은 패기가 없다며 우는 소리를 한 적이 있다.

내가 "패기 있는 친구들을 쫓아낸 건 당신들 아닙니까?"라고 말하자, 그 중역은 떨떠름한 얼굴로 "그 사람들, 지금은 생각을 고치지 않았을까?"라고 물었다.

나는 "무슨 말을! 생각을 고쳐야 하는 건 당신들이죠"라고 나도 모르게 언성을 높였다.

그 무렵부터 서서히 일본 영화가 붕괴하기 시작했다.

어떤 기업이든 사람을 키우고 그 새로운 피로 패기를 되돌리지 않는 한, 노화현상을 일으켜 쇠퇴하는 것은 자명한 이치다.

일본의 영화계만큼 같은 수뇌부가 오래 눌러앉아 있는 기업도 없다.

사람이 크지 않아서 눌러앉는 건지, 눌러앉아 있어서 사람을 키우지 않는 건지.

어쨌든 사람을 키우지 않은 책임은 모르는 체한다고 그냥 넘어갈 일이 아니다.

그리고 영화사는 사람을 키우는 일을 게을리할 뿐만 아니라, 영화제작의 기재에 대해서도 새로운 기술을 도입할 의욕이 없다.

오늘날 일본 영화계가 기울어가는 것을 마치 세계적인 추세인 것처럼 말하지만, 그 가운데 미국 영화가 명성을 회복하고 있는 이유는 뭔가?

미국 영화의 중심에는 미국 영화예술과학 아카데미라는 조직이 있고, 영화가 과학과 밀접하게 연결된 예술이라는 확고한 인식이 있기 때문이다.

TV라는 신흥 세력과 싸우기 위해서는, 영화도 TV에 뒤지지 않는 과학적인 무장이 필요하다.

TV는 새롭고 과학적인 기재를 도입하고 있는데 영화가 낡은 기재를 바꾸지 않는다면 영화의 독자성을 지키지 못하게 될 것이다.

본래 영화와 TV는 비슷해 보이지만 근본적으로는 전혀 다르다.

TV를 영화의 적으로 보는 생각은 영화에 대한 무지에 지나지 않는다.

영화는 영화 자체가 지닌 예술과학의 길을 가기만 하면 된다.

영화가 사양길에 접어든 것을 TV 탓으로 돌리지만 그건 번지수가 틀렸다.

영화계가 토끼처럼 낮잠을 자는 사이에 TV라는 거북이에게 추월당했을 뿐이다.

게다가 영화는 TV를 흉내 내서 TV영화 같은 것을 만들기 시작했다.

하지만 비싼 요금을 지불하면서까지 TV영화를 보러 영화관에 가는 호사가는 많지 않다.

이야기가 옆길로 빠졌지만, 영화감독이라는 연어는 태어나서 자란 강이 오염되고 물이 말라버리면 영화라는 알을 낳지 못하기 때문에 저도 모르게 불평도 나오는 거다.

그런 연어 한 마리가 할 수 없이 긴 여행을 해서 러시아의 강을 거슬러 올라가 알을 낳았다. 그것이 〈데루수 우자라Dersu Uzala〉다.

그것도 나쁜 일은 아니다.

하지만 일본의 연어는 역시 일본의 강에서 알을 낳는 것이 자연스럽다.

〈들개〉

나는 내 작품에 대해서 말하는 것을 좋아하지 않는다.

모든 것은 작품 속에서 말했으니, 그 이상 뭔가 말하는 것은 사족이라고 생각한다.

하지만 간혹 내가 작품 속에서 말했다고 생각하는 것을 관객들이 알아주지 않을 때면, 나도 모르게 설명하고 싶어진다.

그래도 참고 말하지 않는다.

왜냐하면 작품으로 말한 내용이 진실이라면 분명히 알아주는 이가 있으리라고 믿기 때문이다.

〈조용한 결투〉에서도 그랬다.

그 속에서 내가 가장 하고 싶었던 말을 많은 사람들이 잘 이해하지 못한 모양이지만, 적으나마 이해해준 사람도 있었다.

나는 더 많은 사람들이 그것을 이해할 수 있도록 〈들개野良犬〉를 만들었다.

〈조용한 결투〉가 많은 사람에게 이해받지 못한 것은, 그 영화에서 다룬 문제를 내가 충분히 소화하지 못했고 표현방식도 좋지 않았기 때문이다.

모파상이 말했다.

아무도 보지 못하는 부분까지 보라. 그리고 그것을 누구나
볼 수 있게 하라.

나는 〈들개〉에서 〈조용한 결투〉에서 다뤘던 문제와 다시 한 번 맞붙어, 이번에야말로 그 문제를 누구나 볼 수 있게 하겠다고 생각했다.

그러기 위해서 나는 시나리오를 먼저 소설 형식으로 썼다.

나는 조르주 심농을 좋아했기 때문에, 40일쯤 걸려서 심농풍의 사회 범죄 소설을 썼다.

그것을 시나리오로 고치는 데는 10일이면 될 거라고 생각했는데 웬걸, 처음부터 시나리오를 쓰는 것보다 더 고전해서 50일 넘게 걸리고 말았다.

생각해보면 당연한 것이, 소설과 시나리오는 전혀 다르다.

특히 소설에서는 심리묘사가 자유롭지만, 시나리오에서는 내레이션 없이 묘사하려고 하면 정말 쉽지가 않다.

하지만 소설 형식으로 쓰느라 생각지 않게 고생을 한 덕에 나는 시나리오와 영화의 장르를 재인식할 수 있었고, 또 소설 특유의 표현 형식 중에서 영화에 응용한 것도 적지 않았다.

예를 들면, 소설의 문장 구성에는 사건의 인상을 강조하거나 초점을 좁히기 위해서 독특한 수법을 쓰는데, 영화를 편집할 때도 그런 기교가 필요하다는 것을 알았다.

이 영화의 시나리오는 주인공인 젊은 형사가 경시청 사격장에서 돌아가는 길에 폭염으로 익을 듯한 만원 버스 안에서 권총을 도난당하는 장면으로 시작된다. 그런데 촬영한 필름을 시간의 흐름에 따라 충실하게 편집해보았지만 영 별로였다.

늘어지고 초점이 흐려져서, 관객을 극 속으로 끌어들이는 도입부의 힘이 전혀 없었다.

당황한 나는 소설의 첫 문장을 다시 읽어보았다.

거기에는 이렇게 적혀 있었다.

'그날은 올여름 들어 가장 더운 날이었다.'

나는 '이거다!'라고 생각했다.

개가 혀를 늘어뜨리고 헐떡거리는 장면. 거기에 내레이션이 들어간다.

'그날은 끔찍하게 더웠다.'

경시청 제1과의 표찰. 경시청 실내.

"뭐? 권총을 도난당했다고?"

수사 제1과장이 험악하게 올려다본다. 그 앞에 서 있는 젊은 형사.

새로 편집한 이 필름은 무척 짧았지만 관객을 재빨리 극의 핵심으로 끌어들이는 힘이 있었다.

그런데 영화의 첫 컷에서 혀를 늘어뜨리고 헐떡거리는 개 때문에 나는 어처구니없는 봉변을 당했다.

그 개의 모습은 타이틀 백(타이틀의 배경으로 사용되는 화면-역주)에서부터 나오는데, 촬영하는 것을 본 미국 동물애호협회의 여성이 아닌 밤중에 홍두깨 격으로 나를 고발하겠다고 나섰다.

미친개를 찍기 위해서 멀쩡한 개에게 광견병 주사를 놓았다는 것이다. 그런 억지가 없었다.

그 개는 들개 포획을 하다가 잡힌 개인데, 죽이려는 것을 우리가 촬영용으로 얻어 와서 귀여워하며 키우던 개였다.

잡종인데 순하게 생겨서 조금 무섭게 보이도록 메이크업을 하고, 자전거로 달려 운동을 시킨 뒤 혀를 늘어뜨리고 있는 모습을 촬영했던 것이다.

하지만 아무리 설명해도 미국 동물애호협회의 여성은 듣지 않았다.

일본인은 야만스러우니까 그럴 만하다며 한사코 내 말을 믿지 않았다.

야마 상까지 증인으로 나서서 "구로사와 군은 개를 좋아하니까 그런 일을 할 리가 없다"고 나를 변호해주었지만, 그 미국 여자는 나를 고발하겠다며 막무가내였다.

나도 부아가 나서 "동물을 학대하는 건 그쪽이다, 인간도 동물이다, 이런 식이면 인간애호협회가 필요하다"라며 따지러 가겠다고 하는 것을 다들 말렸다.

결국 이 사건은 내가 억지로 자술서를 쓰고 일단락을 지었는데, 그때처럼 전쟁에 진 비애를 느낀 적이 없었다.

이 불쾌한 사건만 제외하면 〈들개〉는 아주 즐거운 작업이었다.

영화예술협회와 신도호가 제휴한 작품이라 파업으로 분열한 스태프들과도 함께 일할 수 있었기 때문이다.

그 스태프 중에는 P.C.L. 동기인 녹음의 야노구치 후미오, 조명의 이시이 조시치로도 있었다. 촬영은 나와 가장 콤비를 많이 했던 나카이 아사카즈, 음악은 하야사카, 조감독은 P.C.L. 때부터 친구인 혼다 이시로, 미술은 마쓰야마 슈가 맡았다. 그리고 마쓰야마의 조수는 그 뒤로 내 모든 작업에서 미술감독을 맡은 무라키 요시로였다.

도호 촬영소는 파업의 여파가 채 가시지 않았고 내가 신도호의 촬영소로 가는 것도 마음에 걸렸기 때문에, 오이즈미에 있는 촬영소를 사용했다.

당시 그곳은 빈집이나 마찬가지였다. 그 안에 조그만 아파트 같은 건물이 있어서, 우리들은 거기에서 합숙하면서 완전히 우리들

끼리 일할 수 있었다.

그때는 한여름이었기 때문에 오후 5시쯤에 일이 끝나도 아직 해가 쨍쨍 비치고 있었다.

저녁 식사를 마쳐도 밖이 밝았는데, 패전 직후라 시내(오이즈미에서는 이케부쿠로 쪽으로 나갈 수밖에 없었다)에 나가도 별로 재미있는 일도 없었다. 시간이 남아돌자, 누가 먼저랄 것도 없이 좀 더 일을 하자고 해서 다시 세트에 들어가는 날이 많았다.

이 작품은 여러 장소에서 찍은 짧은 장면이 많았기 때문에, 작은 세트를 계속 정리해야 했다.

빠른 날은 하루에 대여섯 세트나 찍었다.

세트가 완성됐다 싶으면 바로 촬영해버리니까, 미술부는 우리가 자고 있는 동안 세트를 짜고 장식을 할 수밖에 없었다.

미술감독 마쓰야마는 이 작품 외에도 세 편쯤 더 맡고 있었기 때문에 도면만 그려주고 거의 오지 않았다.

고생한 사람은 조수 무라키와 또 다른 여자 조수였다.

어느 날 저녁, 오픈세트의 진행 상황을 보러 현장에 갔을 때의 일이다.

노을 진 하늘을 배경으로 목재가 쌓여 있는 곳에 두 개의 실루엣이 보였다.

녹초가 된 무라키와 여자 조수가 앉아 있었다.

나는 수고가 많다고 말을 걸려고 했지만, 두 사람의 모습에서 스며나오는 은근한 뭔가를 느끼고 그대로 돌아섰다.

함께 오픈세트를 보러 갔던 카메라맨과 조명 기사가 의아한 얼굴로 나를 보고 뭐라고 말하려고 했다.

나는 손으로 그들을 제지하고 목재 더미 위의 두 개의 실루엣 쪽을 보며 조그맣게 말했다.

"저 두 사람 결혼하겠는데."

내 예상이 들어맞아서 그 일이 끝난 뒤에 두 사람은 결혼했다.

그리고 무라키의 부인 시노부 여사도 우수한 미술감독이 되었다.

나는 중매를 한 적은 없지만, 〈들개〉를 강행군 촬영해서 두 사람을 엮은 실마리를 제공했으니까 보이지 않는 곳에서 중매를 했다고 할 수 있을지도 모르겠다.

이 이야기에서도 분위기를 짐작할 수 있겠지만, 이 작업처럼 화기애애하고 즐거운 소풍 같았던 일도 드물었다.

혼다에게는 주로 B반의 일을 부탁해서, 매일같이 패전 직후의 도쿄의 모습을 찍어오라고 지시했다.

혼다만큼 착하고 성실한 남자도 없다. 지시한 대로 충실하게 찍어 왔기 때문에, 혼다가 찍어온 것은 거의 다 작품에 사용했다.

이 작품이 전후의 풍속을 잘 묘사했다는 말을 많이 들었는데, 그건 순전히 혼다 덕분이다.

또 주연은 미후네와 시무라 다카시였고 조연도 다들 친한 사람들뿐이어서, 그런 점에서도 가족적인 분위기에서 일이 진행됐다.

다만 신인인 아와지 게이코는 쇼치쿠의 무대에서 춤추던 아이였는데 억지로 데려왔기 때문에 제멋대로 굴어서 다루기 힘들었다.

겨우 열여섯 살이었고 영화는 처음인 데다가 무대로 돌아가 춤을 추고 싶어서 안달을 했다. 뭐라고 하면 떼를 쓰기도 했고 울어야 하는 장면에서 깔깔대며 웃기도 했다.

그래도 시간이 지남에 따라 스태프들에게 귀여움을 받는 사이에 점점 일이 재미있어진 모양이었다.

하지만 그즈음에는 벌써 아와지가 출연하는 장면이 끝났다.

우리는 일을 마친 아와지를 촬영소 정문에 모여서 배웅했다.

그때 아와지는 자동차 안에서 울음을 터뜨리며 이렇게 말했다.

"울어야 할 때는 못 울고 이럴 때 울고 있어!"

〈들개〉 촬영처럼 순조롭게 진행된 일이 없었다.

날씨까지 촬영을 도와준 것 같았다.

오픈세트에서 소나기 장면을 찍을 때의 일이었다.

소방차가 출동해서 비를 뿌릴 준비를 하고 촬영에 들어갔다. 호스로 비를 뿌리고 "레디, 액션!"이라고 외침과 동시에 진짜 소나기가 맹렬하게 퍼부어서 엄청난 소나기 장면이 된 적도 있다.

마찬가지로 밖에 소나기가 온다는 설정으로 세트 안에서 찍고 있을 때, 실제로 밖에 소나기가 내려서 진짜 천둥소리까지 동시녹음한 일도 있다.

다만 앞에서도 썼지만, 오픈세트의 작업이 꽤 남았는데 태풍이 접근해서 생각처럼 찍지 못한 적도 있다.

그때는 라디오의 태풍 정보를 들으면서 시시각각 접근하는 태풍에 쫓겨 전쟁터 같은 소동이 벌어졌다.

그리고 태풍권에 들어간다는 날 저녁에 겨우 오픈세트의 촬영을 마쳤다.

예보대로 그날 밤 도쿄는 태풍권에 들어갔다.

스태프들과 세트를 보러 갔는데, 방금 다 찍은 마을의 세트가 우리들 눈앞에서 강풍을 맞아 순식간에 산산조각이 났다.

하지만 촬영을 마친 만족감 때문인지, 뭔가 가슴이 후련해지는 정경이었다.

어쨌든 〈들개〉의 촬영은 만사 순조롭게 진행되어 예정보다 빨리 끝났다.

순조로운 촬영과 의기투합한 스태프들의 좋은 기분이 작품의 분위기에서도 드러나는 것 같다.

지금도 잊을 수 없는 것은 촬영이 한창이던 토요일 밤의 일이다.

다음날이 휴일이라서 스태프들을 모두 버스에 태워서 집에 데려다주고 있었다.

버스 안은 일주일 만에 집에 돌아가는 사람들의 밝은 목소리로 가득했다.

"수고!"

"수고하셨습니다!"

한 사람 한 사람, 자기 집 근처에서 내렸다.

다마 강 근처의 고마에에 살고 있던 나는 항상 마지막에는 혼자 남았다.

텅 빈 버스 안에 혼자 남으면, 집으로 돌아가는 즐거움보다도 스태프들과 헤어진 쓸쓸함이 더 컸다.

지금은 〈들개〉처럼 즐거운 작업은 꿈같은 이야기가 되어버렸다.

하지만 관객이 정말로 즐길 수 있는 작품은 즐거운 작업에서 태어난다.

일의 즐거움은 성실하게 전력을 다했다는 자부심과 그것이 전부 작품 속에 들어 있다는 충족감이 없으면 나오지 않는다.

그리고 스태프의 그런 마음은 작품 속에 드러난다.

〈추문〉

전후에 '언론의 자유'라는 말이 입에 오르내리더니 점점 자제력 없는 일탈도 보이기 시작했다.

어떤 잡지는 독자의 호기심에 편승해서 가십거리를 뒤지고, 창피한 줄도 모르고 저속하고 악랄한 기사를 쓰기 시작했다.

나는 어느 날 전차 속에서 그런 잡지 광고를 읽고 기가 막혔다.

'○○의 정조를 빼앗은 것은 누구인가?'라는 제목이었다.

얼핏 보면 그 ○○라는 여성을 위해 쓴 것 같지만, 사실은 그 여성을 구경거리로 만들고 있었다.

또 이 광고의 파렴치한 문장의 이면에는, 그 여성이 유명인이라는 입장 때문에 강하게 항의하지 못하리라는 계산된 냉혹한 속내가 뻔히 들여다보였다.

나는 그 여성과는 면식도 없고 이름과 직업만 알 뿐이었지만, 그런 기사가 대문짝만하게 실린 그 사람의 입장을 생각하면 남의 일 같지 않아서 가만히 있을 수 없었다.

이런 일을 용납해서는 안 된다.

이건 언론의 자유가 아니라 언론의 폭력이다.

이런 경향은 지금 때려 부수지 않으면 엄청난 일이 된다. 그러기 위해서는 언론의 폭력에 억울하게 당하지 않도록 용감하게 맞서 싸우는 사람이 나오지 않으면 안 된다.

그런 생각으로 〈추문醜聞〉이라는 영화를 만들었다.

그런데 이런 나의 기우는 이제 현실이 되었을 뿐만 아니라, 아무도 그것을 이상하게 여기지 않는 세상이 되어버렸다. 결국 〈추문〉이라는 영화는 그런 경향에 대해 무력한 저항에 그쳤다. 하지만 나는 아직 포기하지 않았다. 나는 지금도 언젠가 저런 깡패 같은 비인간적이고 폭력적인 언론에 제대로 맞서 싸우는 사람이 나오기를 기대하고 있다.

아니, 다시 한 번 그런 영화를 만들고 싶다.

〈추문〉은 미력했지만, 좀 더 강력한 〈추문〉을 만들고 싶다.

생각해보면 〈추문〉이라는 영화는 너무 약했다.

게다가 시나리오를 쓰는 도중에 생각지 않은 인물이 주인공보다 활발하게 움직이기 시작해서 그에게 끌려다니고 말았다.

그 인물은 히루타라는 악덕 변호사였다. 그가 언론의 폭력에 맞서 법정에서 싸우려고 하는 주인공을 반대편에 팔아넘기는 대목에서부터 이 작품은 내 의지를 거슬러 심상치 않게 전개되기 시작했다.

영화 속 인물들은 모두 살아 있어서 작가 마음대로 되지 않는다.

또 작가 마음대로 되는 꼭두각시 같은 인물은 어떤 매력도 보여주지 못한다.

이 히루타라는 인물이 등장했을 때부터 시나리오를 쓰는 내 연필이 마치 살아 있는 것처럼 움직이기 시작해서, 기분 나쁘리만치 히루타의 행동과 말을 써내려갔다.

나도 시나리오를 꽤 많이 써왔지만 이런 일은 처음이었다.

히루타의 처지에 대해서 생각하지 않아도 연필이 미끄러지듯이 쓰고 있었다.

그러니 당연히 히루타라는 인물이 주인공을 제치고 작품 전면에 나왔다.

이러면 안 된다고 생각해도 어쩔 수가 없었다.

영화 〈추문〉이 완성되고 나서 6개월 정도 지났을 때의 일이다.

영화를 보러 시부야에 갔다가 돌아오는 전차 안에서 나도 모르게 소리를 지를 뻔 했다.

전차가 시부야 다음 역인 신센 역의 건널목을 통과하는 순간, 별안간 기억이 떠올랐다.

나는 그 히루타라는 인물을 만난 적이 있었다.

지금 전차가 통과한 신센 역 건널목 근처에 있는 고마가타야라는 술집에서, 나는 히루타와 나란히 앉아 술을 마신 적이 있었다.

나는 어리둥절해졌다.

왜 지금까지 그 생각을 못했는지 희한하기만 했다.

사람의 뇌는 무슨 짓을 하는 걸까?

그 히루타라는 인물은 내 뇌의 주름 속 어딘가에 숨어 있었을 것이다.

그런데 왜 이제 와서 갑자기 나왔을까?

고마가타야는 조감독 시절에 자주 갔던 술집이다.

오시게라는 예쁜 여자가 있었는데, 그 사람이 우리의 주머니 사정을 잘 알고 있었기 때문에 우리는 아무렇지도 않게 외상을 했다.

늘 조감독 동료들과 같이 갔었다.

그런데 그날은 왜 그랬는지 혼자 갔고, 보통은 좀 지저분해도 편한 2층 방에 올라가는데, 그날은 1층 주방 앞에 앉아서 혼자 마셨다.

그때 옆에 히루타가 있었다.

쉰 가까이 되어 보이는 그 남자는 이미 상당히 취해서 끊임없이 내게 말을 걸었다.

주방에 있던 오시게의 아버지가 그 남자의 끝도 없는 이야기를 막으려고 했지만, 나는 괜찮다고 고개를 젓고 그 남자의 이야기에 귀를 기울이며 술을 마셨다.

그의 모습이며 이야기에서 가슴을 울리는 쓰라린 감정이 묻어나서, 단순히 말 많은 주정뱅이처럼 쌀쌀하게 뿌리칠 수 없는 무엇이 있었다.

이 남자는 지금까지 이 이야기를 얼마나 많이 되풀이해서 말했을까?

마치 암기한 대사처럼 종알종알 경박하게 지껄였는데, 그 경박한 말투가 슬픈 내용 때문에 오히려 우울하게 느껴졌다.

결핵에 걸려 누워 있는 딸에 대한 이야기였다.

그는 자기 딸이 얼마나 훌륭한 아이인지를 반복해서 말했다.

천사 같다든가 별님 같다든가 하는 낯간지러운 표현을 써가며 딸에 대해 줄기차게 이야기했는데, 나는 왠지 남의 일 같지 않아서 조용히 듣고 있었다.

그리고 그가 그런 딸에 비해서 자신이 얼마나 형편없는 인간인지를 여러 가지 예를 들어가며 이야기하기 시작했을 때, 보다 못한 오시게의 아버지가 그 남자 앞에 유리그릇을 내밀었다.

"자, 이제 그만하고 가요. 딸이 기다려요."

남자는 갑자기 입을 다물더니 그 유리그릇에 가만히 시선을 고정하고 한동안 꼼짝하지 않았다.

유리그릇 안에는 환자가 먹기에 좋은 음식이 들어 있었다.

남자는 갑자기 그 그릇을 들더니 품에 안고 서둘러 술집을 나갔다.

"큰일이에요. 저런 말을 하면서 매일같이 술주정을 하거든요."

오시게의 아버지는 내게 사과하듯이 말했지만, 나는 그 남자가 나간 가게 문을 언제까지나 바라보고 있었다.

그 남자가 집에 돌아가서 병상에 누워 있는 딸에게 무슨 말을 할까 하는 생각을 했다.

그 남자의 심정을 생각하니 나도 마음이 괴로워졌다.

그날은 아무리 마셔도 취하지 않았다.

그리고 그 남자를 잊지 못할 것 같았다.

하지만 깨끗이 잊었다.

그것이 〈추문〉을 쓰고 있을 때 무의식중에 머릿속에서 튀어나와 이상한 힘으로 내 연필을 달리게 한 것이다.

히루타라는 인물은 내가 쓴 게 아니다.

고마가타야에서 만난 그 남자가 썼다.

〈라쇼몽〉

그 문은 날이 갈수록 내 머릿속에서 커졌다.

〈라쇼몽羅生門〉을 촬영하기 위해 교토에 있는 다이에이에 갔을 때의 일이었다.

다이에이의 수뇌부는 〈라쇼몽〉을 기획에 올리기는 했지만 '내용이 난해하다', '제목이 매력 없다' 하며 촬영을 미루고 있었다.

그사이에 나는 매일 교토와 나라에 있는 오래된 문을 이것저것 보며 다녔는데, 그러다 보니 라쇼몽의 크기가 처음 생각한 것보다 점점 커졌다.

처음에는 교토의 도지東寺의 문 정도로 생각했던 것이 나라의 데가이몬転害門만 한 크기가 되더니, 마침내 닌나지仁和寺나 도다이지東大寺의 산문山門만큼 커져 버렸다.

그건 단지 오래된 문을 보고 다녀서가 아니라, 라쇼몽에 관한 문헌과 유물 등을 조사한 결과이기도 했다.

라쇼몽은 라조몽羅城門을 가리킨다. 간제 노부미쓰観世信光(무로마치 시대의 노 작가이자 배우-역주)가 지은 노의 제목에서 바뀐 이름이다.

라조는 성의 외곽이라는 뜻이고, 라조몬은 그 외곽의 정문을 말한다.

영화 〈라쇼몽〉 속의 문은 헤이안쿄平安京(794년부터 1868년까지의 일본의 수도-역주) 외곽의 정문으로, 그 문에 들어가면 일직선으로 뻗은 대로 북단에 주작문朱雀門이 있고, 동쪽과 서쪽에 각각 도지東寺와 사이지西寺가 있었다.

그렇게 보면, 외곽의 정문인 라조몽은 성 안에 있는 도지의 문보다 크지 않으면 안 된다.

또 남아 있는 라조몽의 기왓장 크기를 봐도 그 문이 거대했음을 짐작할 수 있다.

그런데 아무리 조사해도 라조몽의 구조를 알 수 없었다.

그래서 영화 〈라쇼몽〉의 문은 사찰의 산문을 참고로 해서 만들었기 때문에, 아마 실제의 라조몽과는 다를 것이다.

어쨌든 세트로 만들기에는 너무 컸다. 지붕을 제대로 만들면 기둥이 그것을 지탱하지 못하기 때문에, 황폐해 있다는 설정을 구실로 지붕 반쪽을 생략하고 수치를 줄여서 지었다.

또 문 반대편에는 대궐이나 주작문이 보여야 하지만, 다이에이의 오픈세트는 부지가 별로 넓지 않은 데다 그렇게 했다가는 예산에 구멍이 나기 때문에, 커다랗게 판지를 잘라 만든 산을 세웠다.

그래도 상당히 큰 오픈세트가 되고 말았다.

내가 이 영화의 기획을 다이에이에 제안했을 때 "세트는 라쇼몽의 오픈세트가 한 개, 검비위사청檢非違使庁(잘못을 감찰하는 검비위사가 사무를 보던 관청-역주)의 담장, 나머지는 현지촬영"이라고 말했기 때문에, 다이에이는 선뜻 이 기획을 올린 것이다.

나중에 가와구치 마쓰타로 씨(당시 다이에이 중역)가 "구로 상한테 속았어. 하나란 건 맞지만, 그렇게 큰 오픈세트를 지을 거면 작은 세트 백 개를 짓는 편이 낫지"라고 투덜거렸지만, 솔직히 나도 그렇게 큰 걸 지을 생각은 없었다.

교토에 불러 놓고 계속 기다리게 하니까 점점 이미지가 부풀어서 그런 큰 문을 짓게 된 것이다.

〈라쇼몽〉의 기획은, 쇼치쿠에서 〈추문〉을 완성한 뒤 다이에이에서도 또 한 편 부탁한다는 이야기가 들어와서 그때부터 생각한 것이다.

뭘 찍을까 하고 이것저것 생각하는데 문득 떠오르는 시나리오가 있었다.

그것은 이타미 만사쿠 감독 밑에서 시시하고 있는 하시모토라는 사람이 아쿠타가와 류노스케의 『덤불 속藪の中』을 각색한 것이었다.

그 시나리오는 상당히 좋았지만 영화로 만들기에는 너무 짧았다.

그것을 쓴 하시모토라는 사람이 그 뒤에 우리 집에 와서 몇 시간 동안 이야기를 나누었는데, 꽤 심지가 굳어보여서 마음에 들었다.

그가 바로 나중에 〈살다〉, 〈7인의 사무라이〉등을 나와 함께 쓴 하시모토 시노부다.

그가 『덤불 속』을 각색한 시나리오는 제목이 〈자웅雌雄〉이었다.

나는 아마 무의식중에 '그 시나리오를 그대로 묻히게 하는 건 아깝다. 어떻게 안 될까?' 하고 생각하고 있었던 것 같다.

그것이 갑자기 머릿속 깊은 곳에서 기어 올라와서 어떻게 해달라고 외친 것이다.

동시에 '그래. 『덤불 속』은 세 개의 이야기로 되어 있으니까, 거기에 한 가지를 새로 창작해서 넣으면 영화로 만들기에 적절한 길이가 되겠다'는 생각이 떠올랐다.

거기에 아쿠타가와 류노스케의 『라쇼몽』이라는 소설도 생각났다. 『덤불 속』과 마찬가지로 헤이안 시대의 이야기였다.

영화 〈라쇼몽〉은 이렇게 해서 서서히 내 머릿속에서 자라서 형태를 갖추기 시작했다.

당시 나는 영화가 토키 시대에 들어가면서 무성영화의 장점과 그 독특한 영상미를 잃어버린 것 같다는 생각에 왠지 초조해하고 있었다.

다시 한 번 무성영화로 돌아가서 영화의 원점을 찾을 필요가 있었다.

특히 프랑스의 아방가르드 영화의 정신에서 다시 배울 점이 뭔가 있을 거라고 생각했다.

당시에는 필름 라이브러리도 없었기 때문에 아방가르드 영화의 문헌을 뒤지고, 예전에 봤던 영화의 구조를 떠올리면서 그 독특한 영상미를 반추하고 있었다.

〈라쇼몽〉은 그런 나의 생각과 의욕을 실험할 최고의 소재였다.

아쿠타가와 류노스케의 소설 『덤불 속』은 인간 마음의 기괴한 굴절과 복잡한 음영을 묘사하고 인간성의 심연을 날카로운 메스로 열어 보였다. 나는 그 제목이 보여주는 풍경을 하나의 상징적인 배경으로 보고, 그 속에서 꿈틀거리는 인간의 기묘한 마음의 움직임을 빛과 그림자가 절묘하게 교차하는 영상으로 표현해보고 싶었다.

그리고 영화에서는 마음이라는 덤불 속을 헤매는 인간의 행동반경이 커지기 때문에 무대를 큰 숲으로 했다.

그 숲은 나라에 있는 깊은 산속의 원생림과 교토 근교에 있는 고묘지光明寺의 숲을 골랐다.

내용이야 복잡하고 심오하지만 등장인물도 여덟 명뿐이고 시나리오 구성도 되도록 간단하게 해서 짧아졌기 때문에, 그것을 영상화할 때는 영화의 이미지를 마음껏 부풀릴 수 있을 것 같았다.

게다가 카메라맨은 꼭 한번 같이 작업해보고 싶었던 미야가와 가즈오, 음악은 하야사카 후미오, 미술은 미쓰야마 다카시, 배우는 미후네 도시로, 모리 마사유키, 교 마치코, 시무라 다카시, 지아키 미노루, 우에다 기치지로, 가토 다이스케, 혼마 후미코 등, 모두 속속들이 아는 사람들로 구성된 바라마지 않던 포진이었다.

또 이야기도 여름이 배경인데 촬영 시기도 여름, 그것도 무더운 교토와 나라였다.

이만큼 조건이 갖추어졌으니 더 이상 바랄 게 없었다.

나머지는 내가 마음먹고 영화와 씨름하는 일이었다.

그런데 촬영에 들어가기 전에, 다이에이에서 내게 붙여준 조감독 세 명이 나를 찾아 여관에 왔다.

용건이 뭔가 했더니 시나리오가 전혀 이해가 안 돼서 설명을 듣기 위해 왔다는 것이다.

나는 "자세히 읽으면 알 거다. 알 수 있도록 썼으니까 시나리오를 좀 더 읽어보면 좋겠다"라고 말했다.

그런데 그들은 돌아가지 않고 "시나리오를 자세히 읽었지만 그래도 전혀 몰라서 찾아왔다"며 거듭 설명을 요청했다.

나는 간단히 설명했다.

인간은 자기 자신에 대해서 솔직하게 말하지 못한다. 허식 없이는 자신에 대해 말하지 못한다. 이 시나리오는 그런 허식 없이는 살아갈 수 없는 인간이라는 존재를 그렸다. 아니, 죽어서까지 허식을 완전히 버리지 못하는 인간의 뿌리 깊은 죄를 그렸다. 그것은 인간이 가지고 태어난 업이고, 인간의 구제하기 힘든 속성이며, 이기심이 만드는 기괴한 이야기다. 자네들은 이 시나리오를 전혀 모르겠다고 하지만, 인간의 마음이야말로 수수께끼다. 그런 알 수 없는 인간의 심리에 초점을 맞춰서 읽어보면 이해가 될 것이다.

내 설명을 들은 세 조감독 중에 두 사람은 납득해서 다시 한 번 시나리오를 읽어보겠다며 일어섰지만, 나머지 한 사람(제1 조감독)은 납득이 가지 않는지 화난 표정으로 돌아갔다.

그 뒤로도 그 제1 조감독과는 마음이 맞지 않아서, 결국 사실상 그만두게 된 점은 지금 생각해도 유감스럽다.

그 외에는 이 작업은 기분 좋게 진행되었다.

촬영에 들어가기 전의 리허설에서는 교 마치코의 열의에 두 손을 들었다.

그럴 만한 게, 아직 자고 있는 내 베갯머리에 대본을 들고 와서,

"감독님, 좀 가르쳐주세요."

라고 하니 깜짝 놀랐다.

다른 배우들도 한창 왕성할 때라, 일도 정력적으로 했지만 먹고 마시는 것도 무지막지했다.

우리는 '산적 구이'라는 요리를 개발해서 자주 먹었다. 소고기를 기름에 볶아서 카레 가루를 녹인 버터 소스에 찍어 먹는 요리였는데, 한 손에 양파를 들고 있다가 가끔 통째로 씹어 먹는, 별로 점잖지 못한 스타일이었다.

먼저 나라의 현지촬영부터 시작했는데, 나라의 원시림에는 거머리가 많아서 나무 위에서 떨어지거나 땅에서 기어 올라와서 몸의 피를 빨았다.

달라붙은 거머리는 좀처럼 떨어지지 않았고, 살에 파고든 놈을 겨우 떼어내도 피가 좀처럼 멎지 않았다.

여관 현관에 소금 통을 두고, 촬영에 나가기 전에 모두 목이며 팔이며 양말에 소금을 잔뜩 문지르고 나갔다. 거머리는 달팽이와 마찬가지로 소금을 싫어한다.

당시 나라의 원시림은 거대한 삼나무나 편백나무가 많고 구렁이만 한 덩굴이 나무에서 나무로 구불구불 뻗어 있어서, 그야말로 심산유곡의 분위기가 있었다.

매일 아침 나는 촬영 장소를 물색할 겸 숲 속을 걸었다.

별안간 검은 그림자가 눈앞을 달려갔다. 야생 사슴이었다.

바람도 없는데 느닷없이 나뭇가지가 떨어질 때도 있었다.

올려다보면 거목 위에 원숭이 무리가 있었다.

숙소는 와카쿠사 산 밑에 있었는데, 그 여관 지붕에 거구의 원숭이가 와서 우리들이 떠들썩하게 저녁 식사를 하는 모습을 빤히 바라본 적도 있다.

또 와카쿠사 산 위에 달이 떠서 그 달빛 아래 사슴 모습이 똑똑히 보인 적도 있다.

우리는 저녁을 먹은 다음에 가끔 와카쿠사 산에 뛰어올라가서 달빛 아래 원을 그리며 춤을 추었다.

어쨌든 〈라쇼몽〉을 촬영할 당시는 나도 젊었고, 더 젊은 배우들은 힘이 남아돌아서 자유롭고 왕성하게 작업했다.

나라 원시림에서의 현지촬영을 마치고 교토의 고묘지로 이동했다. 기온 축제(교토의 야사카 신사에서 7월 한 달간 열리는 축제-역주) 무렵이라 어김없이 찾아온 폭염에 일사병으로 쓰러지는 스태프도 나왔지만, 우리들의 활기는 수그러들 줄 몰랐다.

오후가 되면 다들 물 한 방울도 마시지 않고 일을 하다가, 일을 마치고 여관에 돌아가는 도중에 시조 가와라마치에 있는 맥주집에 들러서 생맥주를 큰 잔으로 네 잔씩 단숨에 비웠다.

저녁 식사는 술 없이 밥만 먹고 일단 해산했다가, 밤 10시에 다시 모여서 그때부터 위스키를 들이켰다.

그리고 다음 날은 멀쩡하게 땀에 젖어 일을 했다.

고묘지의 숲에서는 태양 광선이 신통치 않으면 주저 없이 나무를 베었다.

고묘지의 주지 스님이 무서운 얼굴로 보곤 했는데, 시간이 지나자 스님이 솔선해서 나무를 베라고 지시를 내려주었다.

고묘지 현지촬영을 마친 날, 스님께 인사를 드리러 갔더니 스님이 진지한 말투로 내게 말했다.

"솔직히 처음에는 여러분이 절의 나무를 자기 것처럼 베는 걸 보고 어이가 없었습니다. 하지만 언제부턴가 일심으로 몰두하는 모습에 빠져들었습니다. 관객들에게 조금이라도 좋은 것을 보여주겠다는 데만 열중해서 무아지경이더군요. 나는 영화라는 것이 이 정도로 노력이 들어가는 줄은 지금까지 몰랐습니다. 대단히 감명을 받았습니다."

스님은 그렇게 말하더니 부채 한 개를 내 앞에 내밀었다.

기념으로 주신 그 부채에는 '益衆生(중생을 이롭게 하라)'이라고 적혀 있었다.

나는 대답할 말이 없었다.

나야말로 그 스님께 깊은 감명을 받았다.

고묘지 촬영과 라쇼몽의 오픈세트는 스케줄이 동시에 잡혀 있어서, 맑은 날은 고묘지에서 찍고 흐린 날은 비 오는 라쇼몽을 촬영했다.

라쇼몽의 세트가 워낙 거대했기 때문에 뿌리는 비의 양도 어마어마해서, 소방차의 도움을 빌리고 촬영소의 소화전을 총동원했다.

라쇼몽에서 하늘을 올려다보는 앵글에서는 비가 흐린 하늘과 섞여서 잘 보이지 않았기 때문에 먹물 섞은 비를 뿌리기도 했다.

연일 30도가 넘는 무더위였지만, 거대한 라쇼몽의 문이 열려 있는 공간으로 바람이 지나가곤 해서 맹렬하게 비를 뿌리면 그 바람이 차서 쌀쌀할 정도였다.

내게는 그 거대한 문을 어떻게 하면 더 거대하게 보일까 하는 것이 과제의 하나였다. 거기에는 나라의 현지촬영 때 거대한 대불전 건물을 대상으로 해서 이것저것 연구한 게 도움이 되었다.

이 작품에서 중요한 또 하나의 과제는, 숲 속의 빛과 그림자가 작품 전체의 기조가 되기 때문에 빛과 그림자를 만드는 태양을 어떻게 잡을 것인가 하는 문제였다.

나는 태양을 직접 찍는 방법으로 그 문제를 해결하겠다고 생각했다.

지금이야 카메라로 태양을 찍는 것이 드문 일은 아니지만, 당시 그것은 영화 촬영의 금기 가운데 하나였다.

렌즈를 통해서 초점을 모으는 태양 광선에 필름이 탈 위험성이 있다는 생각도 있었다.

하지만 미야가와 가즈오는 이 첫 시도에 과감하게 도전해서 훌륭한 영상을 잡아주었다.

카메라가 숲 속의 빛과 그림자의 세계, 인간 마음의 미로 속으로 들어가는 도입부는 정말로 멋진 카메라 솜씨였다.

훗날 베니스 영화제에서 '카메라가 최초로 숲 속에 들어갔다'라는 평을 들은 이 장면은, 미야가와의 걸작임과 동시에 세계 흑백영화사의 하나의 쾌거라고 해도 좋을 것이다.

그런데 당시에 나는 왜 그랬는지 미야가와에게 칭찬하는 것을 잊고 있었다.

'훌륭하다'고 생각했을 때 이미 그에게 말한 것 같은 기분이 든 모양이다. 어느 날 미야가와와 친한 시무라 다카시로부터 미야가와가 카메라는 이걸로 괜찮은지 무척 걱정하고 있더라는 말을 들을 때까지 눈치채지 못했다.

나는 시무라에게 그 말을 듣고 나서야 생각이 나서 당황하며 말했다.

"100점이야. 카메라는 100점! 100점 이상이지!"

〈라쇼몽〉의 추억담은 끝이 없다.

쓰다 보니 한이 없으니까 마지막으로, 깅렬한 인상으로 남아 있는 이야기를 한 가지만 하고 마치기로 한다.

그 이야기는 음악에 관해서다.

시나리오에서 여주인공에 관한 에피소드를 쓸 때부터 내 귀에는 볼레로의 리듬이 들렸다.

그래서 하야사카에게 그 장면을 위해서 볼레로를 써달라고 부탁했다.

그 장면에 음악을 넣을 때 하야사카는 내 옆에 앉아서 "그럼, 음악을 넣어 보겠습니다"라고 말했다.

그의 표정과 태도에 불안과 기대가 보였다.

나도 불안과 기대로 가슴이 답답했다.

스크린에 영상이 비치고 볼레로가 조용히 리듬을 타기 시작했다.

장면이 진행되면서 볼레로의 울림도 서서히 고조되기 시작했지만, 영상과 음악이 어긋나서 좀처럼 맞물리지 않았다.

나는 아차 싶었다.

'내 머릿속에서 계산한 영상과 음악이 안 맞는구나' 하고 식은땀이 흐르는 것 같은 심경이었다.

그때였다.

볼레로의 곡조가 한층 높아지기 시작했을 때, 갑자기 영상과 음악이 딱 들어맞아 묘한 분위기를 고조시키기 시작했다.

나는 등골에 차가운 것이 달리는 듯한 감동을 느끼고 나도 모르게 하야사카를 보았다.

하야사카도 나를 보았다.

그의 얼굴은 다소 창백해져 있어서, 그도 묘한 감동에 전율하고 있음을 알았다.

그다음부터는 영상과 음악이 내 머릿속의 계산을 넘어서 일사천리로 맞아떨어지면서 오묘한 감동을 엮어갔다.

〈라쇼몽〉은 이렇게 해서 완성되었다.

그 사이 다이에이 촬영소에 화재가 두 번 났었는데, 〈라쇼몽〉에서 비 오는 장면에 소방차를 동원한 것이 마치 화재에 대비한 예행연습 같은 효과를 발휘해서 피해를 최소한으로 줄일 수 있었다.

나는 〈라쇼몽〉 다음으로 쇼치쿠에서 도스토옙스키의 〈백치〉를 만들었다.

이 〈백치〉는 최악이었다.

쇼치쿠의 수뇌부와 충돌했는데, 나에 대한 수뇌부의 반감을 반영한 것처럼 비평이란 비평은 온통 매도와 비방이었다.

다음에 다이에이에서 하려던 일도 다이에이 쪽에서 거절해왔다.

나는 조후에 있는 다이에이 촬영소에서 그 냉정한 선고를 듣고 막막하게 문을 나섰다. 전차를 탈 기분도 안 들어서 터벅터벅 어두운 기분을 곱씹으며 고마에에 있는 집까지 걸어서 돌아갔다.

당분간 찬밥 신세라고 각오했다. 안달해도 소용없다고 체념하고 다마 강에 낚시를 하러 갔다.

다마 강에서 낚싯대를 휘두르자 그 실이 뭔가에 걸려 뚝 끊어졌다.

여분의 낚시 도구기 없어서 일찌감치 낚싯대를 챙기고, 운이 없을 때는 이런 법이라고 생각하면서 집으로 돌아갔다.

힘없이 현관문을 여는데 아내가 뛰어나와서 말했다.

"축하해요."

나는 나도 모르게 발끈해서 물었다.

"뭐가?"

"〈라쇼몽〉이 그랑프리예요."

〈라쇼몽〉이 베니스 영화제에서 그랑프리를 받았다.

이렇게 해서 나는 찬밥 신세를 면했다.

이번에도 때맞게 천사가 나타났다.

나는 〈라쇼몽〉이 베니스 영화제에 출품된 사실조차 몰랐다.

출품은 〈라쇼몽〉을 본 이탈리아의 스트라미지올리 씨의 이해
심 있는 배려에 의한 것으로, 일본 영화계에는 아닌 밤중에 홍두깨
같은 일이었다.

〈라쇼몽〉은 나중에 아카데미 외국영화 최우수상도 받았는데,
일본의 비평가들은 이 두 개의 상이 단지 동양이라는 이국정서에
대한 호기심의 결과에 지나지 않는다고 평했다.

난처한 일이다.

일본인은 왜 일본이라는 존재에 자신감을 갖지 않는 걸까?

왜 외국 것이라면 존중하고 일본 것은 비하하는 걸까?

우타마로歌麿나 호쿠사이北斎나 샤라쿠写楽(모두 에도 시대를 대표하
는 우키요에 화가-역주)도 유럽에서 역수입된 뒤에야 비로소 존중받게
되었으니, 이 얕은 식견은 무슨 까닭일까?

슬픈 국민성이라고 할 수밖에 없다.

〈라쇼몽〉과 관련해서, 나는 또 한 가지 인간의 슬픈 속성을 보
게 되었다.

〈라쇼몽〉이 TV에서 방영되었을 때의 일이다.

그때 이 작품의 제작회사 사장 인터뷰가 함께 방영되었는데, 그

인터뷰를 듣고 나는 말문이 막혔다.

사장은 이 작품의 제작에 난색을 표했고 완성된 작품에 대해서도 도통 모르겠다며 제작을 추진한 중역과 프로듀서를 좌천시켰음에도 불구하고, 인터뷰에서는 제작을 추진한 것이 전부 자기의 공인 것처럼 자랑스럽게 이야기했다.

심지어 지금까지의 영화는 태양을 등지고 촬영하는 것이 상식이었지만 이 작품에서 처음으로 카메라를 태양을 향해서 촬영하게 했다고 떠벌리면서, 끝까지 내 이름도 카메라맨 미야가와 이름도 꺼내지 않았다.

나는 그 인터뷰를 보면서 이것이야말로 정말 〈라쇼몽〉이라고 생각했다.

〈라쇼몽〉에서 그린 인간성의 슬픈 측면을 눈앞에 보는 것 같았다.

인간은 있는 그대로의 자신을 이야기하기가 어렵다.

인간에게는 본능적으로 스스로를 미화하는 속성이 있다는 것을 새삼 알게 되었다.

하지만 나도 그 사장을 비웃을 수 없다.

나도 자서전 비슷한 것을 쓰고 있지만, 과연 이 속에서 나 자신에 대해서 솔직하게 썼을까?

역시 자기 자신의 추한 부분은 건드리지 않고 많건 적건 자신을 미화해서 쓴 것은 아닐까?

나는 이 〈라쇼몽〉 부분을 쓰면서 그 점을 반성하지 않을 수 없다.

그리고 더 이상 쓸 수 없을 것 같다.

우연치 않게 〈라쇼몽〉은 내가 영화인으로서 세계로 나가는 문이 되었지만, 이 자서전은 그 문에서 더 이상 나가지 못하고 있다.

하지만 이것도 나쁘지만은 않을 것 같다.

〈라쇼몽〉 이후의 나에 대해서는 그 뒤의 내 작품에 등장하는 인물을 통해 이해하는 것이 가장 자연스럽고 바람직할 것이다.

사람은 자신에 대해서 이게 나라고 솔직하게 말하지는 못하지만, 간혹 다른 사람의 입을 빌려서 있는 그대로의 자기 자신에 대해서 말하기도 한다.

작품 이상으로 그 작가에 대해 잘 말해주는 것은 없다.

작품 해설

1998년, 일본영화가 개방되기 전에도 구로사와 아키라는 한국에서 유명했다. 할리우드 서부극 〈황야의 7인〉의 원작으로 유명한 〈7인의 사무라이〉, 일본에서 처음으로 베니스영화제 그랑프리를 수상한 〈라쇼몽〉의 감독 구로사와 아키라는 영화를 좋아하는 한국인이라면 모두 알고 있는 이름이었다. 동시대에 활동했던 오즈 야스지로, 미조구치 겐지와 함께 구로사와는 반드시 알아야 할 일본 감독이었다. 지금은 오즈 야스지로의 평가가 더 높다고도 할 수 있지만 그렇다고 구로사와 아키라의 영화가 이전보다 저평가되는 것은 아니다. 지금도, 앞으로도 〈7인의 사무라이〉와 〈라쇼몽〉을 포함한 구로사와 아키라의 영화는 영원한 걸작으로 남을 것이다.

내가 처음으로 본 구로사와 아키라의 영화는 〈란〉이었다. 1980년대에는 다방이나 만화방에서 비디오를 틀어줬다. 아직 비디오 플레이어가 많이 보급되지 않을 때였고, 비디오테이프를 대여하는 곳도 거의 없었다. 다방에서는 손님을 끌기 위해 구석에 TV를 설치하고 종종 비디오를 틀었다. 정식으로 비디오테이프가 출시되기 전에는, 불법으로 해외의 비디오를 복사하여 공급하는 업자들이 있었다. 서류가방에 비디오테이프를 가득 담고 다니면서, 원하는 만큼 비디오를 교환해 주는 방식이었다. 80년대 중반으로 가면 불법테이프에도 자막이 붙었지만 초반에는 자막도 없었다.

선택권이 없이 틀어주는 대로 봐야 했던 다방에서 영화를 보다가, 구로사와 아키라의 〈란〉을 만났다. 자막이 없는 비디오라 대충 화면만 봤다. 선연한 색감과 웅장한 화면이 기억난다. 일본 영화잡지 『스크린』과 『로드쇼』를 가끔 보던 시절이라, 어떤 영화인지 정보는 알고 있었다. 하지만 그가 어떤 감독인지는 몰랐다. 대학에 들어가 본격적으로 영화에 관한 책도 읽고 공부도 하면서 차차 구로사와 아키라 감독이 누구인지 알게 되었다. 한때 일본의 국민감독이었지만 1970년대부터 일본영화계의 불황으로 거의 5년에 한번 신작을 만들 수 있었고, 해외의 유명 감독인 스티븐 스필버그, 조지 루카스, 마틴 스콜세지 등이 그의 팬이라 제작비를 지원했다는 소식도 들었다.

구로사와 아키라의 대표작인 〈라쇼몽〉과 〈7인의 사무라이〉를 볼 수 있었던 것은 80년대 말 사설 시네마테크에서였다. 책에서만 보던 영화를 실제로 볼 때는 약간 실망하는 경우가 있다. 책을 보며 상상했던 이미지와 실제 영화의 이미지는 결국 다를 수밖에 없기 때문이다. 그래도 구로사와 아키라의 영화는 간극이 적었다. 가장 인상적인 것은 생명력이었다. 그의 영화에는 들끓는 에너지 같은 것이 있었다. 구로사와의 후배 정도인 이마무라 쇼헤이 감독의 〈나라야마 부시코〉, 〈우나기〉 등에서 느껴지는 생명력이 원초적이라고 하면, 구로사와 아키라의 생명력은 끈질긴 싸움 같은 것이었다. 의지를 가지고 뭔가에 도전하고, 승부를 겨루는 느낌.

그리고 구로사와 아키라의 영화들을 더 보면서 '인간'에 대해 생각하게 되었다. 잘 알려진 것처럼 〈라쇼몽〉은 진실과 거짓말, 인간이 가진 본질적인 혼돈에 대해 이야기한다. 사무라이가 아내와 함께 숲을 지나다가 강도를 만난다. 이후 강도가 잡힌 후, 그들 모두는 저마다 다른 이야기를 한다. 과연 무엇이 진실일까. 어쩌면 누구 하나가 거짓말을 하는 것이 아니라, 우리는 모두 저마다의 세계에 살면서 자신의 이야기만을 거듭하는 것은 아닐까. 진실은, 그들의 세계가 아슬아슬하게 교차하는 한순간에만 존재하는 것은 아닐까. 심오한 주제를, 구로사와 아키라 감독은 파워풀하게 그려낸다.

구로사와 감독의 영화가 서구에서 높게 평가된 것은 이유가 있다. 그의 영화는 일본적이면서도 서구적이다. 자서전에도 나오듯 구로사와는 검도와 노에 심취했고, 일본의 다양한 문화에 정통했다. 그러면서 서양 스타일의 캐릭터와 드라마 구성에 대해 깊은 이해가 있었다. 그의 영화는 셰익스피어, 도스토옙스키, 톨스토이, 고리키, 조르즈 심농, 대실 해미트 등의 서양 작품에 맞닿아 있는 경우가 많다. 〈백치〉는 도스토옙스키의 소실, 〈밑바닥〉은 막심 고리키의 소설이 원작이고 〈거미의 성〉과 〈란〉은 셰익스피어의 〈맥베스〉와 〈리어왕〉을 재구성했다. 〈나쁜 놈일수록 잘 잔다〉도 〈햄릿〉에서 차용했다. 〈들개〉는 조르주 심농 스타일로 만들었다 했고, 〈요짐보〉는 대실 해미트의 〈붉은 수확〉에서 차용했다. 이처럼 인물과 설정, 플롯 등이 서양 작품과 강하게 이어져 있다. 즉 서양인이 공감하기 좋은, 일본적인 스타일이라고 할 수 있다. 게다가 강렬하고 힘이 넘친다. 대중적으로 충분히 영향력을 가질 수 있는 영화들이었다. 오즈 야스지로보다 먼저 발견되고, 많은 감독과 팬에게 열광적인 사랑을 받는 이유가 있다.

구로사와 아키라의 자서전은 그가 어떻게 영화감독이 되었고, 어떤 영화들을 왜 만들었는지 알려준다. 대단히 인간적이며 정의를 위해 싸우는 사람의 이야기를 많이 담은 이유 등을 알게 된다. 구로사와 아키라는 무성영화의 변사를 했던 형 덕분에 어릴 때부터 좋은 영화들을 골라 볼 수 있었고, 빈민들이 모여 사는 공동주택에 살면서 인간의 복잡한 내면을 보게 되었다. '밝고 쾌활하고 솔직한 생활 이면에 무섭고 어두운 현실'이 있음을 깨닫는다. 그리고 우연히 도호의 전신인 P.C.L. 촬영소에 들어가게 되었는데, 그것은 '우연이라기에는 너무나 교묘하게 준비된 것 같다'는 것. '탐욕스럽게 미술, 문학, 연극, 음악 등의 예술에 몰두해서 머릿속에 집어넣은 나는, 마치 앞길에 그 모든 것을 쏟아 부을 수 있는 영화라는 길이 있다는 것을 예견한 것처럼 보일지 모르겠지만, 전혀 그렇지 않았다.'

야마모토 가지로, 나루세 미키오, 기무라 소토지, 후시미즈 슈 등을 선배로 둔 구로사와 아키라는 감독으로 데뷔한다. 모파상이 말한 '아무도 보지 못하는 부분까지 보라. 그리고 그것을 누구나 볼 수 있게 하라'는 말은 구로사와 아키라에게 큰 영향을 주었다. 인간과 사회의 내면을 깊숙하게 들여다보면서, 그것을 쉽게 표현하는 것은 구로사와 영화의 매력이다. 〈라쇼몽〉도 전혀 어렵지 않다.

어려운 것은 인간의 내면이고, 〈라쇼몽〉은 심연처럼 어두운 인간의 내면을 우리가 잘 볼 수 있게 인도하고 있다.

'인간은 자기 자신에 대해서 솔직하게 말하지 못한다. 허식 없이는 자신에 대해 말하지 못한다. 이 시나리오는 그런 허식 없이는 살아갈 수 없는 인간이라는 존재를 그렸다. 아니, 죽어서까지 허식을 완전히 버리지 못하는 인간의 뿌리 깊은 죄를 그렸다. 그것은 인간이 가지고 태어난 업이고, 인간의 구제하기 힘든 속성이며, 이기심이 만드는 기괴한 이야기다. 자네들은 이 시나리오를 전혀 모르겠다고 하지만, 인간의 마음이야말로 수수께끼다. 그런 알 수 없는 인간의 심리에 초점을 맞춰서 읽어보면 이해가 될 것이다.'

간토대지진에서 재난의 현장을 본 구로사와 아키라는 형의 말을 깊이 새긴다. '무서운 것에 대해 눈을 감으니까 무서운 거야. 똑바로 보면 무서운 것 따위는 없어.' 눈을 감고 보지 않으려는 자들이 차별을 하고, 약자에게 폭력을 휘두른다. 자신을 들여다보고 늘 질문을 해야 한다. 그렇기에 구로사와 아키라는 성숙한 개인의 영화를 만들고 있다. '자아를 악덕으로 보고 자아를 버리는 것이야말로 양식 있는 태도라고 배운 일본인은 그 가르침에 익숙해서 의심조차 하지 않는다. 하지만 그런 자아를 확립하지 않는 한, 자유주의도 민주주의도 없다고 생각한다.' 과거에도, 지금도 일본에 대한 통렬한 비판이다.

거장의 솔직한 회고는 감동을 준다. 그러면서도 질문을 던진다. '인간은 있는 그대로의 자신을 이야기하기가 어렵다. 인간에게는 본능적으로 스스로를 미화하는 속성이 있다는 것을 새삼 알게 되었다. …… 나도 자서전 비슷한 것을 쓰고 있지만, 과연 이 속에서 나 자신에 대해서 솔직하게 썼을까?' 자신이 아니고는 알 수 없다. 하지만 중요한 것은, 이런 질문을 던질 수 있는 마음이다. 자신을 객관적으로 들여다보고 질문할 수 있는, 열린 개인. 그것이 구로사와 아키라의 영화가 지금도 감동을 주는 이유다.

문화평론가 김봉석

구로사와 아키라 감독 작품

스가타 산시로(姿三四郎)
　1943년, 도호
　시나리오: 구로사와 아키라
　촬영: 미무라 아키라
　음악: 스즈키 세이치
　출연: 오코치 덴지로, 후지타 스스무, 쓰키가타 류노스케

가장 아름다운 자(一番美しく)
　1944년, 도호
　시나리오: 구로사와 아키라
　촬영: 오하라 조지
　음악: 스즈키 세이치
　출연: 시무라 다카시, 야구치 요코, 이리에 다카코

속 스가타 산시로(続姿三四郎)
　1945년, 도호
　시나리오: 구로사와 아키라
　촬영: 이토 다케오
　음악: 스즈키 세이치
　출연: 오코치 덴지로, 후지타 스스무, 도도로키 유키코

호랑이 꼬리를 밟은 사나이(虎の尾を踏む男たち)
　1945년, 도호
　시나리오: 구로사와 아키라
　촬영: 이토 다케오
　음악: 핫토리 다다시
　출연: 오코치 덴지로, 후지타 스스무, 에노모토 겐이치

우리 청춘 후회 없다(わが青春に悔なし)
　　1946년, 도호
　　시나리오: 히사이타 에이지로
　　촬영: 나카이 아사카즈
　　음악: 핫토리 다다시
　　출연: 하라 세쓰코, 후지타 스스무, 오코치 덴지로

멋진 일요일(素晴らしき日曜日)
　　1947년, 도호
　　시나리오: 우에쿠사 게이노스케
　　촬영: 나카이 아사카즈
　　음악: 핫토리 다다시
　　출연: 누마자키 이사오, 나카키타 지에코, 와타나베 아쓰시

주정뱅이 천사(酔いどれ天使)
　　1948년, 도호
　　시나리오: 우에쿠사 게이노스케, 구로사와 아키라
　　촬영: 이토 다케오
　　음악: 하야사카 후미오
　　출연: 시무라 다카시, 미후네 도시로, 야마모토 레이자부로

조용한 결투(静かなる決闘)
　　1949년, 다이에이
　　시나리오: 구로사와 아키라, 다니구치 센키치
　　촬영: 아이사카 소이치
　　음악: 이후쿠베 아키라
　　출연: 미후네 도시로, 산조 미키, 시무라 다카시

들개(野良犬)
　　1949년, 신도호
　　시나리오: 구로사와 아키라, 기쿠시마 류조
　　촬영: 나카이 아사카즈
　　음악: 하야사카 후미오

출연: 미후네 도시로, 시무라 다카시, 기무라 이사오

추문(醜聞)
   1950년, 쇼치쿠
   시나리오: 구로사와 아키라, 기쿠시마 류조
   촬영: 우부카타 도시오
   음악: 하야사카 후미오
   출연: 미후네 도시로, 야마구치 요시쿠(셜리 야마구치), 시무라 다카시

라쇼몽(羅生門)
   1950년, 다이에이
   시나리오: 구로사와 아키라, 하시모토 시노부
   촬영: 미야가와 가즈오
   음악: 하야사카 후미오
   출연: 미후네 도시로, 교 마치코, 시무라 다카시

백치(白痴)
   1951년, 쇼치쿠
   시나리오: 히사이타 에이지로, 구로사와 아키라
   촬영: 우부카타 도시오
   음악: 하야사카 후미오
   출연: 하라 세쓰코, 모리 마사유키, 미후네 도시로

살다(生きる)
   1952년, 두호
   시나리오: 구로사와 아키라, 하시모토 시노부, 오구니 히데오
   촬영: 나카이 아사카즈
   음악: 하야사카 후미오
   출연: 시무라 다카시, 지아키 미노루, 오다기리 미키

7인의 사무라이(七人の侍)
   1954년, 도호

시나리오: 구로사와 아키라, 하시모토 시노부, 오구니 히데오
촬영: 나카이 아사카즈
음악: 하야사카 후미오
출연: 미후네 도시로, 시무라 다카시, 후지와라 가마타리

산 자의 기록(生きものの記録)

1955년, 도호
시나리오: 하시모토 시노부, 오구니 히데오, 구로사와 아키라
촬영: 나카이 아사카즈
음악: 하야사카 후미오, 사토 마사루
출연: 미후네 도시로, 지아키 미노루, 아오야마 교코

거미의 성(蜘蛛巣城)

1957년, 도호
시나리오: 오구니 히데오, 하시모토 시노부, 기쿠시마 류조, 구로사와 아키라
촬영: 나카이 아사카즈
음악: 사토 마사루
출연: 미후네 도시로, 야마다 이스즈

밑바닥(どん底)

1957년, 도호
시나리오: 오구니 히데오, 구로사와 아키라
촬영: 야마자키 이치오
음악: 사토 마사루
출연: 야마다 이스즈, 가가와 교코

숨은 요새의 세 악인(隠し砦の三悪人)

1958년, 도호
시나리오: 기쿠시마 류조, 오구니 히데오, 하시모토 시노부, 구로사와 아키라
촬영: 야마자키 이치오
음악: 사토 마사로
출연: 미후네 도시로, 지아키 미노루

나쁜 놈일수록 잘 잔다(悪い奴ほどよく眠る)

1960년, 도호, 구로사와 프로덕션

시나리오: 오구니 히데오, 히사이타 에이지로, 구로사와 아키라, 기쿠시마 류조, 하시모토 시노부

촬영: 아이자와 유즈루

음악: 사토 마사루

출연: 미후네 도시로, 모리 마사유키

요짐보(用心棒)

1961년, 도호, 구로사와 프로덕션

시나리오: 기쿠시마 류조, 구로사와 아키라

촬영: 미야가와 가즈오

음악: 사토 마사루

출연: 미후네 도시로, 나카다이 다쓰야, 야마다 이스즈

쓰바키 산주로(椿三十郎)

1962년, 도호, 구로사와 프로덕션

시나리오: 기쿠시마 류조, 오구니 히데오, 구로사와 아키라

촬영: 고이즈미 후쿠조, 사이토 다카오

음악: 사토 마사루

출연: 미후네 도시로, 나카다이 다쓰야, 가야마 유조

천국과 지옥(天国と地獄)

1963년, 도호, 구로사와 프로덕션

시나리오: 오구니 히데오, 기쿠시마 류조, 히사이타 에이지로, 구로사와 아키라

촬영: 나카이 아사카즈, 사이토 다카오

음악: 사토 마사루

출연: 미후네 도시로, 나카다이 다쓰야

붉은 수염(赤ひげ)

1965년, 도호, 구로사와 프로덕션

시나리오: 이데 마사토, 오구니 히데오, 기쿠시마 류조, 구로사와 아키라

촬영: 나카이 아사카즈, 사이토 다카오

음악: 사토 마사루
출연: 미후네 도시로, 가야마 유조

도데스카덴(どですかでん)
1970년, 욘키노카이, 도호
시나리오: 구로사와 아키라, 오구니 히데오, 하시모토 시노부
촬영: 사이토 다카오, 후쿠자와 야스미치
음악: 다케미쓰 도오루
출연: 즈시 요시타카, 반 준자부로, 스가이 긴

데루수 우자라(デルス・ウザーラ)
1975년, 러시아 모스 필름
시나리오: 구로사와 아키라, 유리 나기빈, 하라 다쿠야
촬영: 나카이 아사카즈, 유리 간트만, 표도르 도브론라포프
음악: 이삭 슈바츠
출연: 막심 문주크

가게무샤(影武者)
1980년, 도호, 구로사와 프로덕션
시나리오: 구로사와 아키라, 이데 마사토
촬영: 사이토 다카오, 우에다 쇼지
음악: 이케베 신이치로
출연: 나카다이 다쓰야, 야마자키 쓰토무, 하기와라 겐이치

란(乱)
1985년, 헤럴드 에이스
시나리오: 구로사와 아키라, 오구니 히데오, 이데 마사토
촬영: 사이토 다카오, 우에다 쇼지
음악: 다케미쓰 도오루
출연: 나카다이 다쓰야, 네즈 진파치, 하라다 미에코

꿈(夢)
1990년, 구로사와 프로덕션

시나리오: 구로사와 아키라
촬영: 사이토 다카오, 우에다 쇼지
음악: 이케베 신이치로
출연: 데라오 아키라, 바이쇼 미쓰코, 마틴 스콜세지

8월의 광시곡(八月の狂詩曲)
1991년, 구로사와 프로덕션, feature film enterpriseII
시나리오: 구로사와 아키라
촬영: 사이토 다카오, 우에다 쇼지
음악: 이케베 신이치로
출연: 무라세 사치코, 이가와 히사시, 리처드 기어

마다다요(まあだだよ)
1993년, 다이에이, 덴쓰, 구로사와 프로덕션
시나리오: 구로사와 아키라
촬영: 사이토 다카오, 우에다 쇼지
음악: 이케베 신이치로
출연: 마쓰무라 다쓰오, 가가와 교코, 이가와 히사시

구로사와 아키라 자서전 비슷한 것

초판 1쇄 인쇄 2020년 10월 10일
초판 1쇄 발행 2020년 10월 15일

저자 : 구로사와 아키라
번역 : 김경남

펴낸이 : 이동섭
편집 : 이민규, 탁승규
디자인 : 조세연, 김현승, 황효주, 김형주, 김민지
영업 · 마케팅 : 송정환
e-BOOK : 홍인표, 유재학, 최정수, 서찬웅
관리 : 이윤미

㈜에이케이커뮤니케이션즈
등록 1996년 7월 9일(제302-1996-00026호)
주소 : 04002 서울 마포구 동교로 17안길 28, 2층
TEL : 02-702-7963~5 FAX : 02-702-7988
http://www.amusementkorea.co.kr

ISBN 979-11-274-3895-1 03990

GAMA NO ABURA: JIDEN NO YONA MONO
by Akira Kurosawa
Copyright © 1984, 1998 by Kurosawa Production Co., Ltd.
Originally published in 1984 by Iwanami Shoten, Publishers, Tokyo.
This Korean print edition published 2020
by AK Communications,Inc., Seoul
by arrangement with Iwanami Shoten, Publishers, Tokyo

이 도서의 국립중앙도서관 출판예정도서목록(CIP)은 서지정보유통지원시스템 홈페이지(http://
seoji.nl.go.kr)와 국가자료공동목록시스템(http://www.nl.go.kr/kolisnet)에서 이용하실 수 있습
니다. (CIP제어번호: CIP2020039961)

*잘못된 책은 구입한 곳에서 무료로 바꿔드립니다.

창작을 위한 아이디어 자료
AK 트리비아 시리즈

-AK TRIVIA BOOK

No. 01 도해 근접무기

오나미 아츠시 지음 | 이창협 옮김 | 228쪽 | 13,000원

근접무기, 서브 컬처석 지식을 고찰하다!
검, 도끼, 창, 곤봉, 활 등 현대적인 무기가 등
장하기 전에 사용되던 냉병기에 대한 개설
서. 각 무기의 형상과 기능, 유형부터 사용 방법은 물론 서
브컬처의 세계에서 어떤 모습으로 그려지는가에 대해서
도 상세히 해설하고 있다.

No. 02 도해 크툴루 신화

모리세 료 지음 | AK커뮤니케이션즈 편집부 옮김 | 240쪽 | 13,000원

우주적 공포. 현대의 신화를 파헤치다!
현대 환상 문학의 거장 H.P. 러브크래프트의
손에 의해 창조된 암흑 신화인 크툴루 신화.
111가지의 키워드를 선정, 각종 도해와 일러스트를 통해
크툴루 신화의 과거와 현재를 해설한다.

No. 03 도해 메이드

이케가미 료타 지음 | 코트랜스 인터내셔널 옮김 |
238쪽 | 13,000원

메이드의 모든 것을 이 한 권에!
메이드에 대한 궁금증을 확실하게 해결해주
는 책. 영국, 특히 빅토리아 시대의 사회를 중심으로, 실존
했던 메이드의 삶을 보여주는 가이드북.

No. 04 도해 연금술

쿠사노 타쿠미 지음 | 코트랜스 인터내셔널 옮김 | 220쪽
| 13,000원

기적의 학문, 연금술을 짚어보나!
연금술사들의 발자취를 따라 연금술에 대해
자세하게 알아보는 책. 연금술에 대한 풍부한 지식을 쉽고
간결하게 정리하여, 체계적으로 해설하며, '진리'를 위해
모든 것을 바친 이들의 기록이 담겨있다.

No. 05 도해 핸드웨폰

오나미 아츠시 지음 | 이창협 옮김 | 228쪽 | 13,000원

모든 개인화기를 총망라!
권총, 기관총, 어설트 라이플, 머신건 등, 개
인 화기를 지칭하는 다양한 명칭들은 대체
무엇을 기준으로 하며 어떻게 붙여진 것일까? 개인 화기
의 모든 것을 기초부터 해설한다.

No. 06 도해 전국무장

이케가미 료타 지음 | 이재경 옮김 | 256쪽 | 13,000원

전국시대를 더욱 재미있게 즐겨보자!
소설이나 만화, 게임 등을 통해 많이 접할 수
있는 일본 전국시대에 대한 입문서. 무장들
의 활약상, 전국시대의 일상과 생활까지 상세히 서술, 전
국시대에 쉽게 접근할 수 있도록 구성했다.

No. 07 도해 전투기

가와노 요시유키 지음 | 문우성 옮김 | 264쪽 | 13,000원

빠르고 강력한 병기, 전투기의 모든 것!
현대전의 정점인 전투기. 역사와 로망 속의
전투기에서 최신예 스텔스 전투기에 이르기
까지, 인류의 전쟁사를 바꾸어놓은 전투기에 대하여 상세
히 소개한다.

No. 08 도해 특수경찰

모리 모토사다 지음 | 이재경 옮김 | 220쪽 | 13,000원

**실제 SWAT 교관 출신의 저자가 특수경찰의
모든 것을 소개!**
특수경찰의 훈련부터 범죄 대처법, 최첨단
수사 시스템, 기밀 작전의 아슬아슬한 부분까지 특수경찰
을 저자의 풍부한 지식으로 폭넓게 소개한다.

No. 09 도해 전차

오나미 아츠시 지음 | 문우성 옮김 | 232쪽 | 13,000원

지상전의 왕자, 전차의 모든 것!
지상전의 지배자이자 절대 강자 전차를 소개
한다. 전차의 힘과 이를 이용한 다양한 전술,
그리고 그 독특한 모습까지 알기 쉬운 해설과 상세한 일
러스트로 전차의 매력을 전달한다.

No. 10 도해 헤비암즈

오나미 아츠시 지음 | 이재경 옮김 | 232쪽 | 13,000원

전장을 압도하는 강력한 화기, 총집합!
전장의 주역, 보병들의 든든한 버팀목인 강
력한 화기를 소개한 책. 대구경 기관총부터
유탄 발사기, 무반동총, 대전차 로켓 등, 압도적인 화력으
로 전장을 지배하는 화기에 대하여 알아보자!

No. 11 도해 밀리터리 아이템

오나미 아츠시 지음 | 이재경 옮김 | 236쪽 | 13,000원

군대에서 쓰이는 군장 용품을 완벽 해설!

이제 밀리터리 세계에 발을 들이는 입문자들을 위해 '군장 용품'에 대해 최대한 알기 쉽게 다루는 책. 세부적인 사항에 얽매이지 않고, 상식적으로 갖추어야 할 기초지식을 중심으로 구성되어 있다.

No. 12 도해 악마학

쿠사노 타쿠미 지음 | 김문광 옮김 | 240쪽 | 13,000원

악마에 대한 모든 것을 담은 총집서!

악마학의 시작부터 현재까지의 그 연구 및 발전 과정을 한눈에 알아볼 수 있도록 구성한 책. 단순한 흥미를 뛰어넘어 영적이고 종교적인 지식의 깊이까지 더할 수 있는 내용으로 구성.

No. 13 도해 북유럽 신화

이케가미 료타 지음 | 김문광 옮김 | 228쪽 | 13,000원

세계의 탄생부터 라그나로크까지!

북유럽 신화의 세계관, 등장인물, 여러 신과 영웅들이 사용한 도구 및 마법에 대한 설명까지! 당시 북유럽 국가들의 생활상을 통해 북유럽 신화에 대한 이해도를 높일 수 있도록 심층적으로 해설한다.

No. 14 도해 군함

다카하라 나루미 외 1인 지음 | 문우성 옮김 | 224쪽 | 13,000원

20세기의 전함부터 항모, 전략 원잠까지!

군함에 대한 입문서. 종류와 개발사, 구조, 제원 등의 기본부터, 승무원의 일상, 정비 비용까지 어렵게 여겨질 만한 요소를 도표와 일러스트로 쉽게 해설한다.

No. 15 도해 제3제국

모리세 료외 1인 지음 | 문우성 옮김 | 252쪽 | 13,000원

나치스 독일 제3제국의 역사를 파헤친다!

아돌프 히틀러 통치하의 독일 제3제국에 대한 개론서. 나치스가 권력을 장악한 과정부터 조직 구조, 조직을 이끈 핵심 인물과 상호 관계와 갈등, 대립 등, 제3제국의 역사에 대해 해설한다.

No. 16 도해 근대마술

하니 레이 지음 | AK커뮤니케이션즈 편집부 옮김 | 244쪽 | 13,000원

현대 마술의 개념과 원리를 철저 해부!

마술의 종류와 개념, 이름을 남긴 마술사와 마술 단체, 마술에 쓰이는 도구 등을 설명한다. 겉핥기식의 설명이 아닌, 역사와 각종 매체 속에서 마술이 어떤 영향을 주었는지 심층적으로 해설하고 있다.

No. 17 도해 우주선

모리세 료외 1인 지음 | 이재경 옮김 | 240쪽 | 13,000원

우주를 꿈꾸는 사람들을 위한 추천서!

우주공간의 과학적인 설명은 물론, 우주선의 태동에서 발전의 역사, 재질, 발사와 비행의 원리 등, 어떤 원리로 날아다니고 착륙할 수 있는지, 자세한 도표와 일러스트를 통해 해설한다.

No. 18 도해 고대병기

미즈노 히로키 지음 | 이재경 옮김 | 224쪽 | 13,000원

역사 속의 고대병기, 집중 조명!

지혜와 과학의 결정체, 병기. 그중에서도 고대의 병기를 집중적으로 조명, 단순한 병기의 나열이 아닌, 각 병기의 탄생 배경과 활약상, 계보, 작동원리 등을 상세하게 다루고 있다.

No. 19 도해 UFO

사쿠라이 신타로 지음 | 서형주 옮김 | 224쪽 | 13,000원

UFO에 관한 모든 지식과, 그 허와 실.

첫 번째 공식 UFO 목격 사건부터 현재까지, 세계를 떠들썩하게 만든 모든 UFO 사건을 다룬다. 수많은 미스터리는 물론, 종류, 비행 패턴 등 UFO에 관한 모든 지식들을 알기 쉽게 정리했다.

No. 20 도해 식문화의 역사

다카하라 나루미 지음 | 채다인 옮김 | 244쪽 | 13,000원

유럽 식문화의 변천사를 조명한다!

중세 유럽을 중심으로, 음식문화의 변화를 설명한다. 최초의 조리 역사부터 식재료, 예절, 지역별 선호메뉴까지, 시대상황과 분위기, 사람들의 인식이 어떠한 영향을 끼쳤는지 흥미로운 사실을 다룬다.

No. 21 도해 문장

신노 케이 지음 | 기미정 옮김 | 224쪽 | 13,000원

역사와 문화의 시대적 상징물, 문장!

기나긴 역사 속에서 문장이 어떻게 만들어졌고, 어떤 도안들이 이용되었는지, 발전 과정과 유럽 역사 속 위인들의 문장이나 특징적인 문장의 인물에 대해 설명한다.

No. 22 도해 게임이론

와타나베 타카히로 지음 | 기미정 옮김 | 232쪽 | 13,000원

이론과 실용 지식을 동시에!

죄수의 딜레마, 도덕적 해이, 제로섬 게임 등 다양한 사례 분석과 알기 쉬운 해설을 통해, 누구나 쉽고 직관적으로 게임이론을 이해하고 현실에 적용할 수 있도록 도와주는 최고의 입문서.

No. 23 도해 단위의 사전

호시다 타다히코 지음 | 문우성 옮김 | 208쪽 | 13,000원

세계를 바라보고, 규정하는 기준이 되는 단위를 풀어보자!

전 세계에서 사용되는 108개 단위의 역사와 사용 방법 등을 해설하는 본격 단위 사전. 정의와 기준, 유래, 측정 대상 등을 명쾌하게 해설한다.

No. 24 도해 켈트 신화

이케가미 료타 지음 | 곽형준 옮김 | 264쪽 | 13,000원

쿠 훌린과 핀 막 쿨의 세계!

켈트 신화의 세계관, 각 설화와 전설의 주요 등장인물들! 이야기에 따라 내용뿐만 아니라 등장인물까지 뒤바뀌는 경우도 있는데, 그런 특별한 사항까지 다루어, 신화의 읽는 재미를 더한다.

No. 25 도해 항공모함

노가미 아키토 외 1인 지음 | 오광웅 옮김 | 240쪽 | 13,000원

군사기술의 결정체, 항공모함 철저 해부!

군사력의 상징이던 거대 전함을 과거의 유물로 전락시킨 항공모함. 각 국가별 발달의 역사와 임무, 영향력에 대한 광범위한 자료를 한눈에 파악할 수 있다.

No. 26 도해 위스키

츠치아 마모루 지음 | 기미정 옮김 | 192쪽 | 13,000원

위스키, 이제는 제대로 알고 마시자!

다양한 음용법과 글라스의 차이, 바 또는 집에서 분위기 있게 마실 수 있는 방법까지, 위스키의 맛을 한층 돋우주는 필수 지식이 가득! 세계적인 위스키 평론가가 전하는 입문서의 결정판.

No. 27 도해 특수부대

오나미 아츠시 지음 | 오광웅 옮김 | 232쪽 | 13,000원

불가능이란 없다! 전장의 스페셜리스트!

특수부대의 탄생 배경, 종류, 규모, 각종 임무, 그들만의 특수한 장비, 어떠한 상황에서도 살아남기 위한 생존 기술까지 모든 것을 보여주는 책. 왜 그들이 스페셜리스트인지 알게 될 것이다.

No. 28 도해 서양화

다나카 쿠미코 지음 | 김상호 옮김 | 160쪽 | 13,000원

서양화의 변천사와 포인트를 한눈에!

르네상스부터 근대까지, 시대를 넘어 사랑받는 명작 84점을 수록, 각 작품들의 배경과 특징, 그림에 담겨있는 비유적 의미와 기법 등, 감상 포인트를 명쾌하게 해설하였으며, 더욱 깊은 이해를 위한 역사와 종교 관련 지식까지 담겨있다.

No. 29 도해 갑자기 그림을 잘 그리게 되는 법

나카야마 시게노부 지음 | 이연희 옮김 | 204쪽 | 13,000원

멋진 일러스트의 초간단 스킬 공개!

투시도와 원근법만으로, 멋지고 입체적인 일러스트를 그릴 수 있는 방법! 그림에 대한 재능이 없다 생각 말고 읽어보자. 그림이 극적으로 바뀔 것이다.

No. 30 도해 사케

키미치마 사토시 지음 | 기미정 옮김 | 208쪽 | 13,000원

사케를 더욱 즐겁게 마셔 보자!

선택 법, 온도, 명칭, 안주와의 궁합, 분위기 있게 마시는 법 등, 사케의 맛을 한층 더 즐길 수 있는 모든 지식이 담겨 있다. 일본 요리의 거장이 전해주는 사케 입문서의 결정판.

No. 31 도해 흑마술

쿠사노 타쿠미 지음 | 곽형준 옮김 | 224쪽 | 13,000원

역사 속에 실존했던 흑마술을 총망라!

악령의 힘을 빌려 행하는 사악한 흑마술을 총망라한 책. 흑마술의 정의와 발전, 기본 법칙을 상세히 설명한다. 또한 여러 국가에서 행해졌던 흑마술 사건들과 관련 인물들을 소개한다.

No. 32 도해 현대 지상전

모리 모토사다 지음 | 정은택 옮김 | 220쪽 | 13,000원

아프간 이라크! 현대 지상전의 모든 것!!

저자가 직접, 실제 전장에서 활동하는 군인은 물론 민간 군사기업 관계자들과도 폭넓게 교류하면서 얻은 정보들을 아낌없이 공개한 책. 현대전에 투입되는 지상전의 모든 것을 해설한다.

No. 33 도해 건파이트

오나미 아츠시 지음 | 송명규 옮김 | 232쪽 | 13,000원

총격전에서 일어나는 상황을 파헤친다!

영화, 소설, 애니메이션 등에서 볼 수 있는 총격전. 그 장면들은 진짜일까? 실전에서는 총기를 어떻게 다루고, 어디에 몸을 숨겨야 할까. 자동차 추격전에서의 대처법 등 건 액션의 핵심 지식.

No. 34 도해 마술의 역사

쿠사노 타쿠미 지음 | 김진아 옮김 | 224쪽 | 13,000원

마술의 탄생과 발전 과정을 알아보자!

고대에서 현대에 이르기까지 마술은 문화의 발전과 함께 널리 퍼져나갔으며, 다른 마술과 접촉하면서 그 깊이를 더해왔다. 마술의 발생시기와 장소, 변모 등 역사와 개요를 상세히 소개한다.

No. 35 도해 군용 차량
노가미 아키토 지음 | 오광웅 옮김 | 228쪽 | 13,000원
지상의 왕자, 전차부터 현대의 바퀴달린 사역마까지!!
　　전투의 핵심인 전투 차량부터 눈에 띄지 않는 무대에서 묵묵히 임무를 다하는 각종 지원 차량까지. 각자 맡은 임무에 충실하도록 설계되고 고안된 군용 차량만의 다채로운 세계를 소개한다.

No. 36 도해 첩보·정찰 장비
사카모토 아키라 지음 | 문성호 옮김 | 228쪽 | 13,000원
승리의 열쇠 정보! 정보전의 모든 것!
소음총, 소형 폭탄, 소형 카메라 및 통신기 등 영화에서나 등장할 법한 첩보원들의 특수 장비부터 정찰 위성에 이르기까지 첩보 및 정찰 장비들을 400점의 사진과 일러스트로 설명한다.

No. 37 도해 세계의 잠수함
사카모토 아키라 지음 | 류재학 옮김 | 242쪽 | 13,000원
바다를 지배하는 침묵의 자객, 잠수함.
　　잠수함은 두 번의 세계대전과 냉전기를 거쳐, 최첨단 기술로 최신 무장시스템을 갖추어왔다. 원리와 구조, 승조원의 훈련과 임무, 생활과 전투 방법 등을 사진과 일러스트로 철저히 해부한다.

No. 38 도해 무녀
토키타 유스케 지음 | 송명규 옮김 | 236쪽 | 13,000원
무녀와 샤머니즘에 관한 모든 것!
　　무녀의 기원부터 시작하여 일본의 신사에서 치르고 있는 각종 의식, 그리고 델포이의 무녀, 한국의 무당을 비롯한 세계의 샤머니즘과 각종 종교를 106가지의 소주제로 분류하여 해설한다!

No. 39 도해 세계의 미사일 로켓 병기
사카모토 아키라 | 유병준·김성훈 옮김 | 240쪽 | 13,000원
ICBM부터 THAAD까지!
　　현대전의 진정한 주역이라 할 수 있는 미사일. 보병이 휴대하는 대전차 로켓부터 공대공 미사일, 대륙간 탄도탄, 그리고 근래 들어 언론의 주목을 받고 있는 ICBM과 THAAD까지 미사일의 모든 것을 해설한다!

No. 40 독과 약의 세계사
후나야마 신지 지음 | 진정숙 옮김 | 292쪽 | 13,000원
독과 약의 차이란 무엇인가?
　　화학물질을 어떻게 하면 유용하게 활용할 수 있는가 하는 것은 인류에 있어 중요한 과제 가운데 하나라 할 수 있다. 독과 약의 역사, 그리고 우리 생활과의 관계에 대하여 살펴보도록 하자.

No. 41 영국 메이드의 일상
무라카미 리코 지음 | 조아라 옮김 | 460쪽 | 13,000원
빅토리아 시대의 아이콘 메이드!
　　가사 노동자이며 직장 여성의 최대 다수를 차지했던 메이드의 일과 생활을 통해 영국의 다른 면을 살펴본다. 『엠마 빅토리안 가이드』의 저자 무라카미 리코의 빅토리안 시대 안내서.

No. 42 영국 집사의 일상
무라카미 리코 지음 | 기미정 옮김 | 292쪽 | 13,000원
집사, 남성 가사 사용인의 모든 것!
　　Butler, 즉 집사로 대표되는 남성 상급 사용인. 그들은 어떠한 일을 했으며 어떤 식으로 하루를 보냈을까? 『엠마 빅토리안 가이드』의 저자 무라카미 리코의 빅토리안 시대 안내서 제2탄.

No. 43 중세 유럽의 생활
가와하라 아쓰시 외 1인 지음 | 남지연 옮김 | 260쪽 | 13,000원
새롭게 조명하는 중세 유럽 생활사
　　철저히 분류되는 중세의 신분. 그 중 「일하는 자」의 일상생활은 어떤 것이었을까? 각종 도판과 사료를 통해, 중세 유럽에 대해 알아보자.

No. 44 세계의 군복
사카모토 아키라 지음 | 진정숙 옮김 | 130쪽 | 13,000원
세계 각국 군복의 어제와 오늘!!
　　형태와 기능미가 절묘하게 융합된 의복인 군복. 제2차 세계대전에서 현대에 이르기까지, 각국의 전투복과 정복 그리고 각종 장구류와 계급장, 훈장 등. 군복만의 독특한 매력을 느껴보자!

No. 45 세계의 보병장비
사카모토 아키라 지음 | 이상언 옮김 | 234쪽 | 13,000원
현대 보병장비의 모든 것!
　　군에 있어 가장 기본이 되는 보병! 개인화기, 전투복, 군장, 전투식량, 그리고 미래의 장비까지. 제2차 세계대전 이후 눈부시게 발전한 보병 장비와 현대전에 있어 보병이 지닌 의미에 대하여 살펴보자.

No. 46 해적의 세계사
모모이 지로 지음 | 김효진 옮김 | 280쪽 | 13,000원
「영웅」인가, 「공적」인가?
　　지중해, 대서양, 카리브해, 인도양에서 활동했던 해적을 중심으로, 영웅이자 약탈자. 정복자, 야심가 등 여러 시대에 걸쳐 등장했던 다양한 해적들이 세계사에 남긴 발자취를 더듬어본다.

No. 47 닌자의 세계
야마키타 아츠시 지음 | 송명규 옮김 | 232쪽 | 13,000원
실제 닌자의 활약을 살펴본다!
어떠한 임무라도 완수할 수 있도록 닌자는 온
갖 지혜를 짜내며 궁극의 도구와 인술을 만들
어냈다. 과연 닌자는 역사 속에서 어떤 활약을 펼쳤을까.

No. 53 마도서의 세계
쿠사노 타쿠미 지음 | 남지연 옮김 | 236쪽 | 15,000원
마도서의 기원과 비밀!
천사와 악마 같은 영혼을 소환하여 자신의
소망을 이루는 마도서의 원리를 설명한다.

No. 48 스나이퍼
오나미 아츠시 지음 | 이삼이 옮김 | 240쪽 | 13,000원
스나이퍼의 다양한 장비와 고도의 테크닉!
아군의 절체절명 위기에서 한 끗 차이의 절묘
한 타이밍으로 전세를 역전시키기도 하는 스
나이퍼의 세계를 알아본다.

No. 54 영국의 주택
이마다 카요코 외 시음 | 문성호 옮김 | 252쪽 | 17,000원
영국인에게 집은 「물건」이 아니라 「문화」다!
영국 지역에 따른 집들의 외관 특징, 건축 양
식, 재료 특성, 각종 주택 스타일을 상세하게
설명한다.

No. 49 중세 유럽의 문화
이케가미 쇼타 지음 | 이은수 옮김 | 256쪽 | 13,000원
심오하고 매력적인 중세의 세계!
기사, 사제와 수도사, 음유시인에 숙녀, 그리
고 농민과 상인과 기술자들. 중세 배경의 판
타지 세계에서 자주 보았던 그들의 리얼한 생활을 풍부한
일러스트와 표로 이해한다!

No. 55 발효
고이즈미 다케오 지음 | 장현주 옮김 | 224쪽 | 15,000원
미세한 거인들의 경이로운 세계!
세계 각지 발효 문화의 놀라운 신비와 의의
를 살펴본다. 발효를 발전시켜온 인간의 깊
은 지혜와 훌륭한 발상이 보일 것이다.

No. 50 기사의 세계
이케가미 슌이치 지음 | 남지연 옮김 | 232 쪽 | 15,000 원
중세 유럽 사회의 주역이었던 기사!
기사들은 과연 무엇을 위해 검을 들었는가,
지향하는 목표는 무엇이었는가. 기사의 탄생
에서 몰락까지, 역사의 드라마를 따라가며 그 진짜 모습을
파헤친다.

No. 56 중세 유럽의 레시피
코스트마리 사무국 슈 호카 지음 | 김효진 옮김 | 164쪽
| 15,000원
간단하게 중세 요리를 재현!
당시 주로 쓰였던 향신료, 허브 등 중세 요리
에 대한 풍부한 지식은 물론 더욱 맛있게 즐길 수 있는 요
리법도 함께 소개한다.

No. 51 영국 사교계 가이드
무라카미 리코 지음 | 문성호 옮김 | 216쪽 | 15,000원
19세기 영국 사교계의 생생한 모습!
당시에 많이 출간되었던 「에티켓 북」의 기술
을 바탕으로, 빅토리아 시대 중류 여성들의
사교 생활을 알아보며 그 속마음까지 들여다본다.

No. 57 알기 쉬운 인도 신화
천축 기담 지음 | 김진희 옮김 | 228 쪽 | 15,000 원
전쟁과 사랑 속의 인도 신들!
강렬한 개성이 충돌하는 부아와 혼돈의 이야
기를 담았다. 2대 서사시 「라마야나」와 「마하
바라타」의 세계관부터 신들의 특징과 일화에
이르는 모든 것을 파악한다.

No. 52 중세 유럽의 성채 도시
가이쓰사 지음 | 김진희 옮김 | 232 쪽 | 15,000 원
견고한 성벽으로 도시를 둘러싼 성채 도시!
성채 도시는 시대의 흐름에 따라 문화, 상업,
군사 면에서 진화를 거듭한다. 궁극적인 기
능미의 집약체였던 성채 도시의 주민 생활상부터 공성전
무기, 전술까지 상세하게 알아본다.

No. 58 방어구의 역사
다카히라 나루미 지음 | 남지연 옮김 | 244쪽 | 15,000원
역사에 남은 다양한 방어구!
기원전 문명의 아이템부터 현대의 방어구인
헬멧과 방탄복까지 그 역사적 변천과 특색·
재질·기능을 망라하였다.

No. 59 마녀 사냥

모리시마 쓰네오 지음 | 김진희 옮김 | 244쪽 | 15,000원

중세 유럽의 잔혹사!

15~17세기 르네상스 시대에 서구 그리스
도교 국가에서 휘몰아친 '마녀사냥'의 광
풍. 중세 마녀사냥의 실상을 생생하게 드러낸다.

No. 60 노예선의 세계사

후루가와 마사히로 지음 | 김효진 옮김 | 256쪽 | 15,000원

400년 남짓 대서양에서 자행된 노예무역!

1000만 명에 이르는 희생자를 낸 노예무
역. '이동 감옥'이나 다름없는 노예선 바닥
에서 다시 한 번 근대를 돌이켜본다.

-AK TRIVIA SPECIAL

환상 네이밍 사전
신키겐샤 편집부 지음 | 유진원 옮김 | 288쪽 | 14,800원
의미 없는 네이밍은 이제 그만!
운명은 프랑스어로 무엇이라고 할까? 독일어,
일본어로는? 중국어로는? 더 나아가 이탈리아
어, 러시아어, 그리스어, 라틴어, 아랍어에 이르
기까지. 1,200개 이상의 표제어와 11개국어, 13,000개 이
상의 단어를 수록!!

중2병 대사전
노무라 마사타카 지음 | 이재경 옮김 | 200쪽 | 14,800원
이 책을 보는 순간, 당신은 이미 궁금해하고 있다!
사춘기 청소년이 행동할 법한 손발이 오그라드
는 행동이나 사고를 뜻하는 중2병. 서브컬처 작
품에 자주 등장하는 중2병의 의미와 기원 등, 102개의 항목
에 대해 해설과 칼럼을 곁들여 알기 쉽게 설명 한다.

크툴루 신화 대사전
고토 카츠 외 1인 지음 | 곽형준 옮김 | 192쪽 | 13,000원
신화의 또 다른 매력, 무한한 가능성!
H.P. 러브크래프트를 중심으로 여러 작가들의
설정이 거대한 세계관으로 자리잡은 크툴루 신
화. 현대 서브 컬처에 지대한 영향을 끼치고 있다. 대중 문화
속에 알게 모르게 자리 잡은 크툴루 신화의 요소를 설명하는
본격 해설서.

문양박물관
H. 돌메치 지음 | 이지은 옮김 | 160쪽 | 8,000원
세계 문양과 장식의 정수를 담다!
19세기 독일에서 출간된 H.돌메치의 『장식의
보고』를 바탕으로 제작된 책이다. 세계 각지의
문양 장식을 소개하는 이 책은 이론보다 실용에
초점을 맞춘 입문서. 화려하고 아름다운 전 세계의 문양을 수
록한 실용적인 자료집으로 손꼽힌다.

고대 로마군 무기·방어구·전술 대전
노무라 마사타카 외 3인 지음 | 기미정 옮김 | 224쪽 | 13,000원
위대한 정복자, 고대 로마군의 모든 것!
부대의 편성부터 전술, 장비 등, 고대 최강의 군
대라 할 수 있는 로마군이 어떤 집단이었는지
상세하게 분석하는 해설서. 압도적인 군사력으로 세계를 석
권한 로마 제국. 그 힘의 전모를 철저하게 검증한다.

도감 무기 갑옷 투구
이치카와 사다하루 외 3인 지음 | 남지연 옮김 | 448쪽 | 29,000원
역사를 망라한 궁극의 군장도감!
고대로부터 무기는 당시 최신 기술의 정수와 함
께 철학과 문화, 신념이 어우러져 완성되었다.
이 책은 그러한 무기들의 기능, 원리, 목적 등과 더불어 그 기
원과 발전 양상 등을 그림과 표를 통해 알기 쉽게 설명하고
있다. 역사상 실재한 무기와 갑옷, 투구들을 통사적으로 살펴
보자!

중세 유럽의 무술, 속 중세 유럽의 무술
오사다 류타 지음 | 남유리 옮김 |
각 권 672쪽~624쪽 | 각 권 29,000원
본격 중세 유럽 무술 소개서!
막연하게만 떠오르는 중세 유럽~르네상스 시
대에 활약했던 검술과 격투술의 모든 것을 담은
책. 영화 등에서만 접할 수 있었던 유럽 중세시
대 무술의 기본이념과 자세, 방어, 보법부터, 시
대를 풍미한 각종 무술까지, 일러스트를 통해
알기 쉽게 설명한다.

최신 군용 총기 사전
토코이 마사미 지음 | 오광웅 옮김 | 564쪽 | 45,000원
세계 각국의 현용 군용 총기를 총망라!
주로 군용으로 개발되었거나 군대 또는 경찰의
대테러부대처럼 중무장한 조직에 배치되어 사
용되고 있는 소화기가 중점적으로 수록되어 있으며, 이외에
도 각 제작사에서 국제 군수시장에 수출할 목적으로 개발. 시
제품만이 소수 제작되었던 총기류도 함께 실려 있다.

초패미컴, 초초패미컴
타네 키요시 외 2인 지음 | 문성호 외 1인 옮김 |
각 권 360, 296쪽 | 각 권 14,800원
게임은 아직도 패미컴을 넘지 못했다!
패미컴 탄생 30주년을 기념하여, 1983년 『동
키콩』부터 시작하여, 1994년 『타카하시 명인
의 모험도 IV』까지 총 1000여 개의 작품에 대한
리뷰를 담은 영구 소장판. 패미컴과 함께했던
아련한 추억을 간직하고 있는 모든 이들을 위한
책이다.

초쿠소게 1,2
타네 키요시 외 2인 지음 | 문성호 옮김 |
각 권 224, 300쪽 | 각 권 14,800원
망작 게임들의 숨겨진 매력을 재조명!
『쿠소게クソゲー』란 '똥-クソ'과 '게임-Game'의
합성어로, 어감 그대로 정말 못 만들고 재미없
는 게임을 지칭할 때 사용되는 조어이다. 우리
말로 바꾸면 망작 게임 정도가 될 것이다. 레트
로 게임에서부터 플레이스테이션3까지 게이머
들의 기대를 저버렸던 수많은 쿠소게를 총망라하였다.

초에로게, 초에로게 하드코어
타네 키요시 외 2인 지음 | 이은수 옮김 |
각 권 276쪽, 280쪽 | 각 권 14,800원
명작 18금 게임 총출동!
에로게란 '에로-エロ'와 '게임-Game'의 합성어
로, 말 그대로 성적인 표현이 담긴 게임을 지칭
한다. '에로게 헌터'라 자처하는 베테랑 저자들
의 엄격한 심사(?)를 통해 선정된 '명작 에로게'
들에 대한 본격 리뷰집!!

세계의 전투식량을 먹어보다

키쿠즈키 토시유키 지음 | 오광웅 옮김 | 144쪽 | 13,000원

전투식량에 관련된 궁금증을 한권으로 해결!
전투식량이 전장에서 자리를 잡아가는 과정과, 미국의 독립전쟁부터 시작하여 역사 속 여러 전쟁의 전투식량 배급 양상을 살펴보는 책. 식품부터 식기까지, 수많은 전쟁 속에서 전투식량이 어떠한 모습으로 등장하였고 병사들은 이를 어떻게 취식하였는지, 흥미진진한 역사를 소개하고 있다.

민족의상 1, 2

오귀스트 라시네 지음 | 이지은 옮김 |
각권 160쪽 | 각 권 8,000원

화려하고 기품 있는 색감!!
디자이너 오귀스트 라시네의 「복식사」 전 6권 중에서 민족의상을 다룬 부분을 바탕으로 제작되었다. 당대에 정점에 올랐던 석판 인쇄 기술로 완성되어, 시대가 흘렀음에도 그 세세하고 풍부하고 아름다운 색감이 주는 감동은 여전히 빛을 발한다.

세계장식도 I, II

오귀스트 라시네 지음 | 이지은 옮김 | 각 권 160쪽 |
각 권 8,000원

공예 미술계 불후의 명작을 농축한 한 권!
19세기 프랑스에서 가장 유명한 디자이너였던 오귀스트 라시네의 저서 「세계장식 도집성」에서 인상적인 부분을 뽑아내 콤팩트하게 정리한 다이제스트판 공예 미술의 각 분야를 포괄하는 내용을 담은 책으로, 방대한 예시를 더욱 정교하게 소개한다.

중세 유럽의 복장

오귀스트 라시네 지음 | 이지은 옮김 | 160쪽 | 8,000원

고품격 유럽 민족의상 자료집!!
19세기 프랑스의 유명한 디자이너 오귀스트 라시네가 직접 당시의 민족의상을 그린 자료집. 유럽 각지에서 실제로 입었던 민족의상의 모습을 그대로 풍부하게 수록하였다. 각 나라의 특색과 문화가 담겨 있는 민족의상을 감상할 수 있다.

서양 건축의 역사

사토 다쓰키 지음 | 조민경 옮김 | 264쪽 | 14,000원

서양 건축사의 결정판 가이드 북!
건축의 역사를 살펴보는 것은 당시 사람들의 의식을 들여다보는 것과도 같다. 이 책은 고대에서 중세, 르네상스기로 넘어오며 탄생한 다양한 양식들을 당시의 사회, 문화, 기후, 토질 등을 바탕으로 해설하고 있다.

그림과 사진으로 풀어보는 **이상한 나라의 앨리스**

구와바라 시게오 지음 | 조민경 옮김 | 248쪽 | 14,000원

매혹적인 원더랜드의 논리를 완전 해설!
산업 혁명을 통한 눈부신 문명의 발전과 그 그늘. 도덕주의와 엄숙주의, 위선과 허영이 병존하던 빅토리아 시대는 「원더랜드」의 탄생과 그 배경으로 어떻게 작용했을까? 순진 무구한 소녀 앨리스가 우연히 발을 들인 기묘한 세상의 완전 가이드북!!

세계의 건축

코우다 미노루 외 1인 지음 | 조민경 옮김 | 256쪽 |
14,000원

고품격 건축 일러스트 자료집!
시대를 망라하여, 건축물의 외관 및 내부의 장식을 정밀한 일러스트로 소개한다. 흔히 보이는 풍경이나 딱딱한 도시의 건축물이 아닌, 고풍스러운 건물들을 섬세하고 세밀한 선화로 표현하여 만화, 일러스트 자료에 최적화된 형태로 수록하고 있다

그림과 사진으로 풀어보는 **알프스 소녀 하이디**

지바 가오리 외 지음 | 남지연 옮김 | 224쪽 | 14,000원

하이디를 통해 살펴보는 19세기 유럽사!
「하이디」라는 작품을 통해 19세기 말의 스위스를 알아본다. 또한 원작자 슈피리의 생애를 교차시켜 「하이디」의 세계를 깊이 파고든다. 「하이디」를 읽을 사람은 물론, 작품을 보다 깊이 감상하고 싶은 사람에게 있어 좋은 안내서가 되어줄 것이다.

지중해가 낳은 천재 건축가 -안토니오 가우디

이리에 마사유키 지음 | 김진아 옮김 | 232쪽 | 14,000원

천재 건축가 가우디의 인생, 그리고 작품
19세기 말~20세기 초의 카탈루냐 지역 및 그의 작품들이 지어진 바르셀로나의 지역사, 그리고 카사 바트요, 구엘 공원, 사그라다 파밀리아 성당 등의 작품들을 통해 안토니오 가우디의 생애를 본격적으로 살펴본다.

영국 귀족의 생활

다나카 료조 지음 | 김상호 옮김 | 192쪽 | 14,000원

영국 귀족의 우아한 삶을 조명한다
현대에도 귀족제도가 남아있는 영국. 귀족이 영국 사회에서 어떠한 의미를 가지고 또 기능하는지, 상세한 설명과 사진자료를 통해 귀족 특유의 화려함과 고상함의 이면에 자리 잡은 책임과 무게, 귀족의 삶 깊숙한 곳까지 스며든 '노블레스 오블리주'의 진정한 의미를 알아보자.

요리 도감

오치 도요코 지음 | 김세원 옮김 | 384쪽 | 18,000원

요리는 힘! 삶의 저력을 키워보자!!
이 책은 부모가 자식에게 조곤조곤 알려주는 요리 조언집이다. 처음에는 요리가 서툴고 다소 귀찮게 느껴질지 모르지만, 약간의 요령과 습관만 익히면 스스로 요리를 완성한다는 보람과 매력, 그리고 요리라는 삶의 지혜에 눈을 뜨게 될 것이다.

사육 재배 도감

아라사와 시게오 지음 | 김민영 옮김 | 384쪽 | 18,000원

동물과 식물을 스스로 키워보자!
생명을 돌보는 것은 결코 쉬운 일이 아니다. 꾸준히 손이 가고, 인내심과 동시에 책임감을 요구하기 때문이다. 그럴 때 이 책과 함께 한다면 어떨까? 살아있는 생명과 함께하며 성숙해진 마음은 그 무엇과도 바꿀 수 없는 보물로 남을 것이다.

식물은 대단하다

다나카 오사무 지음 | 남지연 옮김 | 228쪽 | 9,800원

우리 주변의 식물들이 지닌 놀라운 힘!
오랜 세월에 걸쳐 거목을 말려 죽이는 교살자 무화과나무, 딱지를 만들어 몸을 지키는 바나나 등 식물이 자신을 보호하는 아이디어, 환경에 적응하여 살아가기 위한 구조의 대단함을 해설한다. 동물은 흉내 낼 수 없는 식물의 경이로운 능력을 알아보자.

그림과 사전으로 풀어보는 마녀의 약초상자

니시무라 유코 지음 | 김상호 옮김 | 220쪽 | 13,000원

'약초'라는 키워드로 마녀를 추적하다!
정체를 알 수 없는 약물을 제조하거나 저주와 마술을 사용했다고 알려진 「마녀」란 과연 어떤 존재였을까? 그들이 제조해온 마법약의 재료와 제조법, 마녀들이 특히 많이 사용했던 여러 종의 약초와 그에 얽힌 이야기들을 통해 마녀의 비밀을 알아보자.

초콜릿 세계사
─근대 유럽에서 완성된 갈색의 보석

다케다 나오코 지음 | 이지은 옮김 | 240쪽 | 13,000원

신비의 약이 연인 사이의 선물로 자리 잡기까지의 역사!
원산지에서 「신의 음료」라고 불렸던 카카오. 유럽 탐험가들에 의해 서구 세계에 알려진 이래, 19세기에 이르러 오늘날의 형태와 같은 초콜릿이 탄생했다. 전 세계로 널리 퍼질 수 있었던 초콜릿의 흥미진진한 역사를 살펴보자.

초콜릿어 사전

Dolcerica 가가와 리카코 지음 | 이지은 옮김 | 260쪽 | 13,000원

사랑스러운 일러스트로 보는 초콜릿의 매력!
나른해지는 오후, 기력 보충 또는 기분 전환 삼아 한 조각 먹게 되는 초콜릿. 「초콜릿어 사전」은 초콜릿의 역사와 종류, 제조법 등 기본 정보와 관련 용어 그리고 그 해설을 유머러스하면서도 사랑스러운 일러스트와 함께 싣고 있는 그림 사전이다.

판타지세계 용어사전

고타니 마리 감수 | 전홍식 옮김 | 248쪽 | 18,000원

판타지의 세계를 즐기는 가이드북!
온갖 신비로 가득한 판타지의 세계. 「판타지세계 용어사전」은 판타지의 세계에 대한 이해를 돕고 보다 깊이 즐길 수 있도록, 세계 각국의 신화, 전설, 역사적 사건 속의 용어들을 뽑아 해설하고 있으며, 한국어판 특전으로 역자가 엄선한 한국 판타지 용어 해설집을 수록하고 있다.

세계사 만물사전

헤이본사 편집부 지음 | 남지연 옮김 | 444쪽 | 25,000원

우리 주변의 교통 수단을 시작으로, 의복, 각종 악기와 음악, 문자, 농업, 신화, 건축물과 유적 등, 고대부터 제2차 세계대전 종전 이후까지의 각종 사물 약 3000점의 유래와 그 역사를 상세한 그림으로 해설한다.

고대 격투기

오사다 류타 지음 | 남지연 옮김 | 264쪽 | 21,800원

고대 지중해 세계의 격투기를 총망라!
레슬링, 복싱, 판크라티온 등의 맨몸 격투술에서 무기를 활용한 전투술까지 풍부하게 수록한 격투 교본. 고대 이집트 · 로마의 격투술을 일러스트로 상세하게 해설한다.

에로 만화 표현사

키미 리토 지음 | 문성호 옮김 | 456쪽 | 29,000원

에로 만화에 학문적으로 접근하다!
에로 만화 주요 표현들의 깊은 역사, 복잡하게 얽힌 성립 배경과 관련 사건 등에 대해 자세히 분석해본다.